1타 강사의 속성 과외!

지텔프
32+
벼락치기
10시간 완성 Level 2

KB108252

지델프 32+ 벼락치기 10시간 완성 Level 2

초판 1쇄 인쇄 2020년 8월 7일
초판 1쇄 발행 2020년 8월 20일

지 은 이 | 파고다교육그룹 언어교육연구소
펴 낸 이 | 고루다
펴 낸 곳 | Wit&Wisdom 도서출판 위트앤위즈덤
책 임 편 집 | 박세미
디자인 총괄 | 손원일, 정현아
마 케 팅 | 도정환, 진부영, 유철민, 김용란, 김대환
임 프 린 트 | PAGODA Books
출 판 등 록 | 2005년 5월 27일 제 300-2005-90호
주 소 | 06614 서울특별시 서초구 강남대로 419, 19층(서초동, 파고다타워)
전 화 | (02) 6940-4070
팩 스 | (02) 536-0660
홈 페 이 지 | www.pagodabook.com

저 작 권 자 | ⓒ 2020 정윤호

ISBN 978-89-6281-857-4 (13740)

도서출판 위트앤위즈덤 www.pagodabook.com
파고다 어학원 www.pagoda21.com
파고다 인강 www.pagodastar.com
테스트 클리닉 www.testclinic.com

PAGODA Books는 도서출판 Wit&Wisdom의 성인 어학 전문 임프린트입니다.
낙장 및 파본은 구매처에서 교환해 드립니다.

1타 강사의 속성 과외!

지텔프 32+ 벼락치기

10시간 완성 Level 2

PAGODA Books

머리말

"본인 스스로를 믿고,
10시간 벼락치기 지텔프"

G-TELP 시험을 준비하는 수험생 여러분, 안녕하세요. 정윤호입니다. 이번 파고다에서 '지텔프 32 + 벼락치기 10시간 완성(Level 2)'을 출판하게 되어 이렇게 인사드립니다. 본서를 보시는 학생 중, G-TELP 시험을 처음 접해보거나 원하는 점수를 아직 획득하지 못한 수험생도 있을 듯합니다. 이런 분들을 위해 단기간에 여러분의 목표 점수에 도달할 방법을 소개하고자 본서를 집필하게 되었습니다.

G-TELP 문제 구성이나 유형에 대해서는 본서에 있는 모의고사를 통해 알 수 있으니 참고 바랍니다. 서문에서 제가 드리고 싶은 말씀은 어떻게 하면 32점을 목표로 하는 수험생의 바람을 빠르고 정확하게 충족시킬 수 있는가에 대한 것입니다.

본서의 구성을 크게 '동사 편/준동사 편/연결 편'으로 나눠 보았습니다. G-TELP 시험을 주관하는 G-TELP KOREA의 출제분야나 의도를 파악하고 이를 효과적으로 학습하기 위한 분류법입니다. 구체적으로 보면, '동사 편'에서는 '동사의 시제 / 조동사 / 가정법'으로 3개의 Chapter로 구성하였고, '준동사 편'에서는 하나의 Chapter 안에 'to부정사'와 '동명사'를 집중적으로 다뤘으며, '연결 편'에서는 '연결어(사)'와 '관계사'로 2개의 Chapter로 구분해보았습니다.

본서는 총 6개의 Chapter로 구성되어 있습니다. 저자나 선생님에 따라 영문법(English Grammar)의 분류는 다양할 수 있는데 보통 20여 개의 Chapter로 구성된 사실로 미루어 짐작하건대 TOEIC, TOEFL, TEPS 등 다른 공인 영어 인증 시험보다 단기간에 목표 점수를 원하는 수험생에게 G-TELP가 '최선의, 최고의, 최후의' 시험이 아닐까 생각합니다.

더 놀라운 것은 다른 인증 시험과 비교해 G-TELP 문법 파트 내 각각의 Chapter 안에 들어 있는 내용이 지엽적이고 부차적이며 꼬여 있는 내용이 아니라 핵심적이고 직관적인 내용에 한정되어 있다는 사실입니다. 이에 본서에서는 단순하고 체계적이면서 효율성 있게 전체 42개의 기출 포인트를 제시했습니다.

32점을 목표로 하는 수험생은 G-TELP 듣기 파트나 독해 파트에 대한 고민이 있을 수 있습니다. 하지만 현장에서 G-TELP 수업을 해 본 경험으로 보았을 때 그리 큰 걱정을 하지 않아도 될 듯합니다. 문법 100점, 듣기 100점, 독해 100점, 총 300점으로 구성된 G-TELP 시험은 평균 점수로 따져 절대평가 방식을 추구합니다. 이러한 시험 방식은 다른 공인 영어 시험과 비교해 매력적입니다. 더구나 각 파트의 과락도 없습니다. 본서를 통해 학습하면 문법 파트는 최소 80점 이상이나 100점 만점을 기대하셔도 좋습니다. 평균 32점은 총점으로 환산하면 96점입니다. 그러니 듣기와 독해는 속된 표현으로 '한 줄로 줄을 세워도 큰 타격이 없다'는 논리입니다. 따라서 문법 파트에 심혈을 기울이고 모든 에너지를 쏟으시길 바랍니다.

목표 점수가 32점인 수험생뿐만 아니라 그 이상의 점수를 원하는 수험생 역시 본서에 제시한 기출 포인트만 이해한다면 단 10시간 만에 목표 점수를 획득할 수 있다고 믿어 의심치 않습니다. 물론 개인의 능력 차이는 어디에서나 존재하기 마련입니다. 하지만 Trust Yourself! 자신을 믿고 Chapter 1으로 책장을 넘기시기를 바랍니다.

저자 **정윤호** 드림

이 책의 구성과 특징

기출 포인트 42

G–TELP 시험에 출제되는 필수 문법을 42개 포인트로 정리했습니다. 기출 포인트가 적용된 문장 형태를 이해하기 쉽게 표로 제시하고, 정답과 오답을 구별하는 근거도 함께 수록하였습니다.

Check Point & 연습문제

기출 포인트를 활용하여 Check point 문제를 풀어보고, 실전 유형의 연습 문제를 통해 실전 감각을 익힙니다.

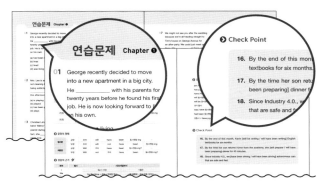

모의고사

실제 시험과 동일한 난이도로 구성된 모의고사를 통해 실전에 대비합니다.

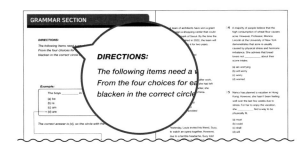

정답 및 해설

본문에 수록된 문제의 지문, 스크립트, 해석 그리고 문제 풀이에 적용한 핵심 포인트를 함께 확인합니다.

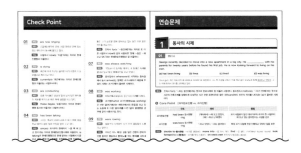

목 차

학습 플랜

G-TELP 소개

G-TELP 학습 전략

동사 편

Chapter 1   동사의 시제 18

기출 포인트 1   현재진행 (am / is / are 동사원형-ing)

기출 포인트 2   현재완료진행 (have / has been 동사원형-ing)

기출 포인트 3   과거진행 (was / were 동사원형-ing)

기출 포인트 4   과거완료진행 (had been 동사원형-ing)

기출 포인트 5   미래진행 (will be 동사원형-ing)

기출 포인트 6   미래완료진행 (will have been 동사원형-ing)

Chapter 2   조동사 34

기출 포인트 7   will (예정)

기출 포인트 8   can (능력)

기출 포인트 9   must / should / have to (의무 · 당위성)

기출 포인트 10   could / may / might (추측)

기출 포인트 11   should 생략 (동사의 경우)

기출 포인트 12   should 생략 (형용사의 경우)

기출 포인트 13   조동사 + have p.p.

Chapter 3   가정법 50

기출 포인트 14   가정법과거

기출 포인트 15   가정법과거완료

기출 포인트 16   If 생략 가정법 도치

기출 포인트 17   If 대용어구

준동사 편

Chapter 4   준동사 62

to부정사

기출 포인트 18   to부정사의 형용사적 용법 (명사 수식: ~하는)

기출 포인트 19   to부정사의 부사적 용법 (목적: ~하기 위해서)

기출 포인트 20   to부정사의 명사적 용법 (3형식)

기출 포인트 21   to부정사의 명사적 용법 (5형식)

기출 포인트 22   가주어 It과 진주어 to부정사

기출 포인트 23   to부정사의 관용적 표현

동명사

기출 포인트 24   동명사의 용법 (주어 자리)

기출 포인트 25   동명사의 용법 (목적어 자리)

기출 포인트 26   동명사의 용법 (보어 자리)

기출 포인트 27   동명사의 관용적 표현

to부정사와 동명사의 구별

기출 포인트 28   to부정사 vs. 동명사 (주어자리는 주로 동명사 사용)

기출 포인트 29   to부정사 vs. 동명사 (의미 차이 없음)

기출 포인트 30   to부정사 vs. 동명사 (의미 차이 있음)

연결 편

Chapter 5　연결어(사) ················· 94

기출 포인트 31　전치사

기출 포인트 32　대등(등위)접속사

기출 포인트 33　상관접속사

기출 포인트 34　종속접속사

기출 포인트 35　접속부사

기출 포인트 36　전치사 vs. 종속접속사 / 종속접속사 vs. 접속부사

Chapter 6　관계사 ················· 126

관계대명사

기출 포인트 37　주격 관계대명사

　　　　　　　주격 관계대명사 who

　　　　　　　주격 관계대명사 which

　　　　　　　주격 관계대명사 that

　　　　　　　주격 관계대명사 what

기출 포인트 38　소유격 관계대명사

　　　　　　　소유격 관계대명사 whose

　　　　　　　소유격 관계대명사 whose / of which

기출 포인트 39　목적격 관계대명사

　　　　　　　목적격 관계대명사 whom

　　　　　　　목적격 관계대명사 which

　　　　　　　목적격 관계대명사 that

　　　　　　　목적격 관계대명사 what

관계부사

기출 포인트 40　관계부사

　　　　　　　관계부사 when

　　　　　　　관계부사 where

　　　　　　　관계부사 why

　　　　　　　관계부사 how

복합관계사

기출 포인트 41　복합관계대명사

기출 포인트 42　복합관계부사

모의고사

GRAMMAR

LISTENING

READING AND VOCABULARY

정답 및 해설 [책 속의 책]

시험장 암기 노트 [부록]

학습 플랜

>> 10시간 완성

1	2	3	4	5
Chapter 1 Chapter 2 Chapter 3	Chapter 1 연습문제 Chapter 2 연습문제 Chapter 3 연습문제	Chapter 4	Chapter 4 연습문제	Chapter 5 Chapter 6
6	**7**	**8**	**9**	**10**
Chapter 5 연습문제 Chapter 6 연습문제	모의고사 (Grammar)	모의고사 (Listening)	모의고사 (Reading & Vocabulary)	Review

>> 6시간 완성

1	2	3	4	5	6
Chapter 1 Chapter 2 Chapter 3	Chapter 4	Chapter 5 Chapter 6	모의고사 (Grammar)	모의고사 (Listening)	모의고사 (Reading & Vocabulary)

G-TELP 소개

>> G-TELP란?

G-TELP(General Tests of English Language Proficiency)는 국제테스트 연구원(ITSC, International Testing Services Center)이 주관하는 국제적인 공인영어시험입니다. 우리나라에서는 1986년에 G-TELP KOREA가 설립되어 G-TELP 시험을 운영 및 주관하고 있습니다. G-TELP는 듣기(Listening), 읽기(Reading), 말하기(Speaking), 쓰기(Writing) 등 언어의 4대 영역을 종합 평가하는 영어 평가 교육 시스템으로, 현재 국가공무원선발 국가자격시험, 기업의 인사 고과, 대학(원) 졸업 자격 대체시험 등으로 널리 활용되고 있습니다.

접수

- **인터넷 접수**

  지텔프 코리아 홈페이지(www.g-telp.co.kr)에서 회원가입 후 접수할 수 있습니다.

- **방문 접수**

  접수기간에 지텔프 코리아 본사(1588-0589)로 방문하여 접수할 수 있습니다.

  ※ 고사장에서는 시험접수를 받지 않습니다.

응시

- **준비물**

  신분증, 컴퓨터용 사인펜, 수정테이프, 시계

  ※ 신분증 인정 범위: 주민등록증, 운전면허증, 기간 만료 전의 여권, 공무원증, 외박, 외출, 휴가증, 군인신분증, 학생증, 재학증명서(중고생), 외국인등록증(외국인)

- **입실 시간**

  정기시험 14시 20분 입실완료 (시험 시작 후, 입실 절대 불가)

점수 계산

- **각 영역 점수**

  (맞은 개수/전체 문제 개수) × 100

- **총점**

  각 영역 점수 합계 / 3

  ※ 소수점 이하 점수는 올림 처리됩니다.

성적 확인

- **온라인 성적 확인**

  시험일로부터 4일 후

- **원본 성적표 발송**

  발표 후 다음 화요일 (온라인 출력은 확인 직후부터 가능)

  ※ 성적은 응시일자를 기준으로 2년간 유효합니다.

성적 활용

정부 및 국가 자격증	기준 점수	정부 및 국가 자격증	기준 점수	정부 및 국가 자격증	기준 점수
군무원 9급	32점	입법고시	65점	공인노무사	65점
경찰공무원(순경) 가산점 2점	48점	법원행정고시	65점	공인회계사	65점
소방간부 후보생	50점	세무사	65점	감정평가사	65점
국가공무원 5급	65점	카투사	73점	관광통역안내사	74점
국가공무원 7급	65점	변리사	77점		

※ 그 외 공공기관 및 기업에서도 G-TELP 성적을 활용하고 있습니다.

›› Level 구성

G-TELP는 문법, 청취, 독해 및 어휘의 세 가지 영역의 종합 영어 능력을 객관식의 4지선다형 질문으로 평가합니다. 시험은 수준이 가장 높은 Level 1부터 가장 낮은 Level 5까지의 등급으로 구성되어 수준별 평가가 가능합니다. 한국에서는 Level 2 가 영어 대체시험에 활용되고, 그 외 레벨은 공인 영어 성적으로 거의 활용되지 않습니다.

구분	출제 방식 및 시간	평가 기준	합격자의 영어 구사 능력	응시료 및 응시자격
Level 1	청취: 30문항, 약 30분 독해 및 어휘: 70문항, 70분 총 100문항, 약 100분	Native Speaker에 준하는 영어 실력: 상담, 토론 가능	원어민 수준의 의사소통, 국제회의 통역이 가능한 수준	응시료: 83,600원 (*수시시험만 접수 가능) 응시자격: Level 2 각 영역별 75점 이상 획득 시
Level 2	문법: 26문항, 20분 청취: 26문항, 약 30분 독해 및 어휘: 28문항, 40분 총 80문항, 약 90분	다양한 상황에서 대화 가능: 업무 상담 및 해외 연수 가능	일상 생활 및 업무 상담, 회의 및 세미나, 해외 연수 등이 가능한 수준	응시료: (정기접수/추가접수) 일반 (60,300원/64,700원) 졸업인증 (41,600원/46,000원) 군인할인 (30,200원/34,600원) 한국장학재단 (43,100원/47,500원) 기초생활수급자 (20,000원/22,000원) 응시자격: 제한 없음
Level 3	문법: 22문항, 20분 청취: 24문항, 약 20분 독해 및 어휘: 20문항, 40분 총 70문항, 약 80분	간단한 의사소통과 친숙한 상태에서의 단순 대화 가능	간단한 의사소통과 해외 여행, 단순한 업무 출장이 가능한 수준	응시료: 64,900원 (*수시시험만 접수 가능) 응시자격: 제한 없음
Level 4	문법: 20문항, 20분 청취: 20문항, 약 15분 독해 및 어휘: 20문항, 25분 총 60문항, 약 60분	기본적인 문장으로 최소한의 의사소통 가능	기본적인 어휘의 짧은 문장을 통한 최소한의 의사소통 가능한 수준	응시료: 48,400원 (*수시시험만 접수 가능) 응시자격: 제한 없음
Level 5	문법: 16문항, 15분 청취: 16문항, 약 15분 독해 및 어휘: 18문항, 25분 총 50문항, 약 55분	극히 초보적인 수준의 의사소통 가능	일상의 인사, 소개 등만 가능한 수준	응시료: 46,200원 (*수시시험만 접수) 응시자격: 제한 없음

G-TELP 학습 전략

>> Level 2 구성

영역	내용	문항 수	배점
문법	시제, 조동사, 가정법, 준동사, 연결어(사), 관계사	28	100점
청취	PART 1 개인적인 이야기 PART 2 특정 주제에 대해 정보를 제공하는 공식적인 담화 PART 3 어떤 결정에 이르고자 하는 비공식적인 협상 등의 대화 PART 4 일반적인 어떤 일의 진행이나 과정에 대한 설명	7 6 7 or 6 6 or 7	100점
독해 및 어휘	PART 1 과거 역사 속의 사건이나 현시대의 이야기 PART 2 최근의 사회적이고 기술적인 묘사에 초점을 맞춘 기사 PART 3 전문적인 것이 아닌 일반적인 내용의 백과사전 PART 4 어떤 것을 설명하거나 설득하는 상업 서신	7 7 7 7	100점
		80	300점

※ 영역별 시험 시간 제한 규정 폐지됨.

>> 영역별 출제 경향

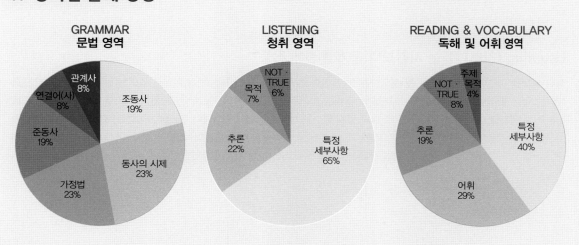

GRAMMAR
문법 영역

관계사 8%
연결어(사) 8%
준동사 19%
조동사 19%
동사의 시제 23%
가정법 23%

LISTENING
청취 영역

NOT·TRUE 6%
목적 7%
추론 22%
특정 세부사항 65%

READING & VOCABULARY
독해 및 어휘 영역

주제·목적 4%
NOT·TRUE 8%
추론 19%
어휘 29%
특정 세부사항 40%

▶▶ 영역별 학습 방법

G-TELP Level 2는 약 90분 동안 총 80문항의 정답을 찾는 시험으로 4지선다형 객관식 유형의 시험입니다. TOEIC과 비교했을 때 '절대평가'라는 점이 가장 매력적이고, 단기간에 원하는 점수를 획득할 수 있는 시험입니다.

주의▶ 최단 시간에 목표 점수를 얻기 위해서는 먼저 본인이 원하는 목표 점수를 정하고, 영역별 학습 전략을 설정해야 합니다.

Grammar (문법) "평균 점수를 끌어올릴 수 있는 효자 파트"

지엽적이고 전 영역을 다루는 TOEIC 시험보다 G-TELP는 중·고등학교 영문법 지식을 요구합니다. 그중에서도 **동사(동사의 시제, 조동사, 가정법), 준동사(to부정사, 동명사), 연결어(전치사, 접속사, 관계사) 내용만 시험에 출제**되고, 20분 동안 26문제를 풀어야 합니다. Listening(청취)이나 Reading & Vocabulary(독해 & 어휘) 파트보다 단기간에 점수를 올릴 수 있으므로 속도보다 정확도를 높이는 훈련에 시간을 투자해야 합니다.

⑦ 학습 방법

32점을 목표로 하는 수험생	**Grammar 70~80점, Listening + Reading & Vocabulary 20~30점을 목표로 정하자.** Grammar에서 가장 쉬운 내용은 조동사, 가정법, to부정사, 동명사이고, 그 다음으로는 전치사, 접속사가 있습니다. 동사의 시제와 관계사는 다소 어려운 내용에 속합니다. 본서의 별책 부록을 활용해 출제 빈도수 높은 문법 내용을 숙지하세요.
고득점(가산점)을 목표로 하는 수험생	**Grammar 100점을 목표로 정하자.** 쉬운 내용은 빠르게 핵심 위주로 습득하고, 어려운 내용은 넓이와 깊이를 가지고 학습하세요.

Listening (청취) "듣는 시간보다 듣기 훈련에 집중"

청취 문제를 시간이 부족해서 다 못 풀었다는 말 들어보셨나요? Script(스크립트)가 제대로 들리지 않아 무슨 말인지 모르겠다는 말은 들어보셨을 것입니다. G-TELP의 청취는 4개의 파트로 구성되어있고, 총 30문항을 26분 동안 해결하는 파트입니다. 시험지에 Question(질문)은 따로 나와 있지 않고, 4개의 선택지만 있습니다. Script(스크립트) 길이가 길기도 하지만 한 지문에 6~7문항을 해결해야 하므로 TOEIC과 비교해 다소 어려울 수 있습니다. 하지만 Script(스크립트)를 읽어주기 전에 질문을 먼저 읽어주기 때문에 문제마다 Note-taking(노트테이킹)할 시간이 충분합니다.

? 학습 방법

32점 및 고득점을 목표로 하는 수험생	**듣기 순서 – 총 4단계로 구성** • 1단계 : Direction • 2단계 : 1st 질문(Question, 6~7문항을 질문 번호와 함께 읽어줄 때, 4개의 선택지에 Note-taking을 합니다.) • 3단계 : 시험지에 따로 나와있지 않은 Script를 읽어줄 때, 문항 번호에 Note-taking한 내용을 바탕을 정답을 고릅니다. • 4단계 : 2nd 질문(1st 질문과 동일한 내용으로 다시 한 번 읽어줄 때 Script와 Note-taking한 부분이 맞게 연결되는지 확인합니다.)
	Note-taking Direction(약 20초)과 Script를 읽어주는 시간을 활용해 4개의 선택지를 빠르게 확인하여 중요한 키워드에 표시를 하거나 Script 내용을 의문사와 동사 위주로 Note-taking합니다. Script의 단어와 선택지의 단어가 같은 경우가 많을 수 있습니다.
	배속 올리기 평소 1.2~1.5배속으로 듣기 훈련을 합니다.

? 학습 전략 – CDS (Chunk/Dictation/Skimming/Scanning/Shadowing)

Skimming	파트별 Direction과 Script를 읽어주는 시간에 4개의 선택지에서 의문사와 명사 위주로 중요한 키워드 확인하세요.
Shadowing	Script를 보면서 해석하고 의미를 파악한 후, Script를 보지 않고 파악한 내용을 연상하며 듣고 따라 읽어 보세요.
직청직해	단어가 아니라 Chunk(의미 덩어리) 단위로 듣고, 이에 따라 의미를 파악해보세요.
Dictation & Scanning	무조건 받아쓰기보다는 중요한 키워드를 중심으로 자신만의 방식대로 기호와 약어로 작성해보세요.

Reading & Vocabulary (독해 & 어휘) "고득점과 가산점을 받을 수 있는 파트"

문법에 이어 독해 및 어휘 파트는 고득점 또는 가산점을 얻을 수 있는 전략 파트입니다. 4개의 파트로 구성되어있고, 40분 동안 28문항을 해결해야 합니다. 문제 유형은 본문 내용과의 **일치 & 불일치**, 전체 지문을 이해해야 정답을 찾을 수 있는 추론, 8품사 중 명사, 동사, 형용사를 주로 묻는 어휘 유형으로 구성되어 있습니다.

주의 독해는 '영어의 꽃'이자 모든 퍼즐이 맞춰지는 '종합 예술'입니다. 독해의 기초 없이 고득점을 바라는 수험생은 어휘와 문법(구문)의 이해 부족으로 독해 지문을 해석하기가 어렵습니다. 독해하는 방법론이 선행되지 않았다면, 문제를 풀기 전에 먼저 어휘, 문법, 구문, 독해 방법을 학습하시기 바랍니다.

② 학습 방법

32점을 목표로 하는 수험생	**일치 & 불일치 유형** 문제에 주로 not, true, false 단어가 포함되어있습니다. 이 유형은 본문과의 일치와 불일치를 묻는 문제로 정답의 근거가 Paraphrasing(바꿔 쓰기)으로 제시되므로 평소에 동의어와 반의어를 학습해야 합니다. 난이도는 다소 쉬운 유형입니다.	
	추론 유형 문제에 주로 could be가 포함되어있고, 전체 지문의 이해를 요구하면서 다른 문제와의 상관관계를 이해해야 정답을 찾을 수 있는 문제입니다. 전체적인 이해를 요하므로 다소 어렵게 느껴지는 유형입니다.	
	어휘 평소 동의어 학습을 통해 대비하고, 모르는 단어를 문맥에서 유추하는 습관을 지니는 것이 좋습니다. 난이도는 높지 않습니다.	
고득점(가산점)을 목표로 하는 수험생	**일치 & 불일치 유형** 지문에서 Paraphrasing(바꿔 쓰기) 표현을 확인합니다.	
	추론 전체 단락을 대표하는 주제를 요약합니다.	
	어휘 평소 다양한 글을 읽으며 모르는 단어를 정리하여 어휘량을 늘릴 수 있습니다. 전체 단락의 흐름을 이해하면서 추론하는 연습도 중요합니다.	

② 학습 전략

독해	**시간 관리** 독해 파트는 시간이 부족할 수 있기 때문에 시간 관리가 가장 중요합니다. Part 4 → Part 2 → Part 1 → Part 3 순서로 문제를 해결하는 것이 도움이 될 수 있습니다.
	직독직해 시간을 줄일 수 있는 방법이니 반복하여 연습합니다.
	Chunk & Chunking (Clustering) Chunk(의미 덩어리) 단위로 Chunking(의미 파악)하는 연습을 합니다.
	Skimming (= Previewing) & Scanning 지문을 모두 읽기보다는 필요 없는 것은 버리고(Skimming), 중요한 것은 빠르게 찾는(Scanning) 연습을 합니다.
	문제 (Question) → 지문 (Paragraph) 문제가 지문의 단락 순서와 거의 동일하므로, 문제를 먼저 보고 지문으로 넘어갑니다.

독해	**Note-taking**	
	눈으로 보는 것보다 종이에 직접 써보는 것이 실수를 줄일 수 있습니다. 정답의 근거를 지문에서 찾아 체크해보세요.	
	정답을 나타내는 Signal Words	
	정답에는 항상 근거가 있습니다. Part 2는 시험·연구에 관한 글로 제목이 문제의 정답입니다.	
	Paraphrasing	
	독해에서 가장 중요한 문제풀이 기술입니다. 평소 독해 연습을 하면서 전체 문장에 쓰인 단어, 구, 절, 문장이 다음 문장에 나오는 것들과 어떻게 이어지는지를 확인합니다.	
	절대적인 어휘	
	절대적인 어휘를 포함하는 선택지는 배제합니다. 균형감 있는 표현이 주로 정답입니다.	
	소거법 적용	
	4개의 선택지에서 정답이 아닌 표현부터 차례대로 소거합니다.	
	속도 〈 정확도	
	목표 점수를 달성하기 위해서는 실수를 줄이는 것이 가장 중요합니다.	
	다독	
	평소에 다양한 소재의 글을 읽는 것이 독해에 도움이 될 수 있으나 단기간에 목표 점수를 획득하고자 하는 학생들에게는 어려울 수 있습니다.	
어휘	**어휘 정리**	
	따로 시간을 내어 정리하기 보다는 평소 자투리 시간을 활용합니다.	
	전문 용어 및 명칭 명사	
	G-TELP에서는 배제시켜도 되니 따로 암기하지 않고 넘어갑니다.	
	동의어, 반의어	
	중요한 부분이지만 시간이 없다면 문맥을 통해 추론합니다.	
	어휘 유추	
	시험 당일, 시험지에 모르는 어휘가 나올 수 있습니다. 평소 모르는 단어는 바로 사전을 찾지 말고 문맥에서 유추하는 연습을 하고, 반드시 단어장을 만들어 정리하여 암기합니다.	
	어원	
	어휘를 공부하는 좋은 방법일 수 있으나 단기간에 목표 점수를 획득하고자 하는 학생들은 선택의 문제가 될 수 있습니다.	

동사 편

Chapter 1 동사의 시제

기출 포인트 1   현재진행 (am / is / are 동사원형-ing)
기출 포인트 2   현재완료진행 (have / has been 동사원형-ing)
기출 포인트 3   과거진행 (was / were 동사원형-ing)
기출 포인트 4   과거완료진행 (had been 동사원형-ing)
기출 포인트 5   미래진행 (will be 동사원형-ing)
기출 포인트 6   미래완료진행 (will have been 동사원형-ing)

Chapter 2 조동사

기출 포인트 7   will (예정)
기출 포인트 8   can (능력)
기출 포인트 9   must / should / have to (의무 · 당위성)
기출 포인트 10   could / may / might (추측)
기출 포인트 11   should 생략 (동사의 경우)
기출 포인트 12   should 생략 (형용사의 경우)
기출 포인트 13   조동사 + have p.p.

Chapter 3 가정법

기출 포인트 14   가정법과거
기출 포인트 15   가정법과거완료
기출 포인트 16   If 생략 가정법 도치
기출 포인트 17   If 대용어구

Chapter 1

동사의 시제

동사는 주체가 되는 주어의 동작이나 상태를 표현하는 말로 문장에서 서술어 역할을 한다. 이러한 동사의 생김새는 고정된 것이 아니라 쓰임과 문맥에 따라 변화무쌍하게 그 모양이 바뀐다. 특히 동사는 12가지 시제에 따라 그 형태와 모습이 바뀌는데, G-TELP 문법 파트에서는 진행시제와 완료시제가 주로 출제된다.

G-TELP Grammar Point   G-TELP 출제 빈도수: 6문제 / 26문제

1. 12가지 시제 중 6가지 시제 출제: 진행시제 / 완료진행시제
2. 정답의 근거: 시간(시점)부사
3. 시간과 조건의 부사절: 현재(완료)가 미래(완료)를 대신함

Grammar Point   동사의 12가지 시제

영어를 구성하는 성분에는 주성분과 수식어구가 있다. 주성분에는 주어, 목적어, 보어, 동사가 있는데, 이 중 동사는 문장의 뼈대인 문장의 5형식을 결정하는 매우 중요한 요소이다. 동사는 본래의 모습 그대로 고정된 것이 아니라 시제에 따라 형태가 바뀔 수 있는데 이를 동사의 12가지 시제라고 한다.

❯ 동사의 12가지 시제

과거	현재	미래
과거 동사	동사원형 / 동사원형-(e)s	will 동사원형
과거진행	**현재진행**	**미래진행**
was / were 동사원형-ing	am / is / are 동사원형-ing	will be 동사원형-ing
과거완료	**현재완료**	**미래완료**
had p.p.	have / has p.p.	will have p.p.
과거완료진행	**현재완료진행**	**미래완료진행**
had been 동사원형-ing	have / has been 동사원형-ing	will have been 동사원형-ing

Grammar Point 　자주 출제되는 6가지 시제

동사의 시제는 그 쓰임이 정말 다양하고 다소 복잡하다. 하지만 수험생에게 희소식이 될 만한 사실은 G-TELP에서는 소위 나올 법한 곳에서만 나온다는 것이다. 다시 말해 다른 공인 영어 시험(TEPS, TOEIC, TOEFL 등)에서 나오는 지엽적이고 세부적인 내용을 묻지 않고, 거의 100% 가깝게 진행시제와 완료진행시제만 정답으로 나오는 경향이 있다.

⦿ 진행시제와 완료진행시제 ✮

시제	동사의 형태	해석
현재진행	am/is/are 동사원형-ing	현재 진행 중이다.
현재완료진행	have/has been 동사원형-ing	과거로부터 시작한 동작이 현재도 진행 중이다.
과거진행	was/were 동사원형-ing	과거에 진행 중이었다.
과거완료진행	had been 동사원형-ing	과거보다 앞선 과거(대과거)부터 시작한 동작이 과거의 한 시점에도 진행 중이었다.
미래진행	will be 동사원형-ing	미래에 진행 중일 것이다.
미래완료진행	will have been 동사원형-ing	미래의 한 시점에도 진행 중일 것이다.

- I am studying Korean. 나는 한국어 공부를 (지금) 하고 있다. [현재진행]
- I have been studying Korean. 나는 한국어 공부를 해 오고 있다. [현재완료진행]
- I was studying Korean. 나는 한국어 공부를 하고 있었다. [과거진행]
- I had been studying Korean. 나는 한국어 공부를 해 오고 있었다. [과거완료진행]
- I will be studying Korean. 나는 (미래에) 한국어 공부를 하고 있을 것이다. [미래진행]
- I will have been studying Korean. 나는 (미래에) 한국어 공부를 해 오고 있을 것이다. [미래완료진행]

단기간에 G-TELP 성적을 원하는 수험생은 위에 제시한 진행시제와 완료진행시제에 대한 기본적이고 핵심적인 사항과 내용을 숙지한다면 문법 파트 26문제 중 동사의 시제에 관한 6문제를 모두 맞출 수 있을 것이다.

❶ 시간(시점)부사를 찾아라

동사의 시제는 다른 문법 문제보다 정답을 찾는 데 있어 다소 어렵다는 말을 현장에서 주로 듣는 편이다. 항상 원인이 있으면 결과가 있기 마련이고 그 반대로 결과가 있다면 원인이 있기 마련이다. 제시된 지문에서 시간(시점)부사를 찾을 수 있다면 어렵지 않게 정답을 고를 수 있다. **주의** 이러한 부사가 나오지 않을 경우, 앞뒤 문장의 맥락을 보고 판단해야 한다.

❷ 시간과 조건의 부사절 쓰임에 주의하자

항상 모든 법칙에는 예외가 있기 마련이다. 영문법에도 수많은 예외가 존재한다. 동사의 시제에서 예외 중 하나가 바로 **시간과 조건의 부사절**이다. 이는 현재(완료)가 미래(완료)를 대신한다는 점이다. 그러나 시간과 조건의 명사절에서는 시제를 일치시킨다.

❸ 선택지 소거법을 활용하자

이 책의 특징은 정답의 근거만 다루는 교재와는 다르게 **오답의 근거도 표기**했다는 점이다. 오답의 근거를 보면 정답의 근거를 빠르고 쉽게 찾을 수 있으니 정답의 근거뿐만 아니라 오답의 근거 역시 숙지하자.

❹ 동사의 규칙/불규칙 변화를 제대로 알자

'기본에 충실하자'라는 말은 누구나 다 알고 있을 것이다. 동사의 시제를 다루는 문제의 기본은 동사의 시제 변화, 즉 **원형, 현재형, 과거형, 과거분사형, 현재분사형** 등의 그 변화형을 제대로 알고 있어야 한다는 점이다. 특히 현재형과 완료진행형이 주로 출제되는 동사의 시제 파트에서는 현재분사형을 제대로 알고 있어야 한다. 그렇다고 동사의 다른 변화형을 모르고 있어도 된다는 말은 아니다. 문장을 해석하거나 독해할 경우 동사의 변화형이 무조건 나오기 때문이다.

현재진행 (am / is / are 동사원형-ing)

현재진행은 현재 말하는 시점에서 지금 하고 있는 행동이나 동작을 표현할 때 사용된다.

❯ 주어에 따른 동사의 변화 '~하고 있다, ~하는 중이다'로 해석

인칭	수	주어	동사	
1인칭	단수	I	am	동사원형-ing
	복수	We	are	
2인칭	단·복수	You	are	
3인칭	단수	He/She/It	is	
	복수	They	are	

❯ 문장의 형태

평서문	긍정	주어	am/is/are	동사원형-ing	–
	부정	주어	am/is/are	not	동사원형-ing
의문문	긍정	Am/Is/Are	주어	동사원형-ing?	–
	부정	Am/Is/Are	not	주어	동사원형-ing?

❯ 정답의 근거 시간(시점)부사는 문두에도 위치할 수 있음 ⭐

주어	동사	시간(시점)부사	
I We You He She It They	현재진행	now	지금 ~하고 있는 중이다
		right now	바로 지금 ~하고 있는 중이다 (특정 시점에 한창 진행되고 있는 일을 표현)
		today	오늘
		these days	요즘
		this week/year	이번 주/올해
		currently	최근에
		at the moment	바로 지금, 마침
		at the present time	현재로서는
		at this time	이때에
		while + 주어 + 동사	~하는 동안에

❯ 오답의 근거   선택지에 주로 나오는 표현들

현재형 동사 반복되는 일이나 습관, 일반적인 사실을 표현
will 동사원형
had p.p.
과거 동사
has p.p.
have been 동사원형-ing
will now 동사원형
now 현재형 동사
have now p.p.

❯ Check Point

01. Due to CBS (Cell Broadcasting System), all cell phones in the cinema [are now ringing / had been now ringing] at the same time.

02. Currently, our Earth [was dying / is dying] of serious air and water pollution.

03. These days, doctors [will be conducting / are conducting] cell cloning experiments for the purpose of treating patients who don't have long to live.

현재완료진행 (have / has been 동사원형-ing)

현재완료진행은 과거에 시작해 현재 말하고 있는 시점인 지금까지 일어나고 있는 일을 표현하거나 과거 시점부터 현재 시점까지 지속되는 일을 표현하는 데 사용된다.

주어에 따른 동사의 변화   '(계속해서) ～해 오고 있다'로 해석

인칭	수	주어		동사	
1인칭	단수	I	have		
	복수	We	have		
2인칭	단·복수	You	have	been	동사원형-ing
3인칭	단수	He/She/It	has		
	복수	They	have		

문장의 형태

평서문	긍정	주어	have/has	been	동사원형-ing	－
	부정	주어	have/has	not	been	동사원형-ing
의문문	긍정	Have/Has	주어	been	동사원형-ing?	－
	부정	Have/Has	not	주어	been	동사원형-ing?

정답의 근거   시간(시점)부사는 문두에도 위치할 수 있음 ⭐

주어	동사	시간(시점)부사	
I We You He She It They	현재완료진행	since + 시간/과거를 나타내는 시간(시점)부사	～이후로
		after + 주어 + have/has p.p.	～한 후에
		ever since + 주어 + 과거 동사	～한 이후로 줄곧[계속]
		for + 기간 + now	～동안(에)
		lately	최근에
		recently	최근에
		up to now	지금까지
		all day	하루 종일
		already	이미, 벌써
		just	이제 방금, 막

❯ 오답의 근거 선택지에 주로 나오는 표현들

현재형 동사
am/is/are 동사원형-ing [현재진행] 지금 어떤 일을 하는 중이라는 지속의 의미
과거 동사
was/were 동사원형-ing
would have p.p.
will 동사원형
will have been 동사원형-ing

❯ Check Point

> **04.** She [is taking / has been taking] a number of lessons since elementary school to become the best pianist.
>
> **05.** Up to now, we ['ll ask / 've been asking] you to show crucial evidence, but no one has.
>
> **06.** To express respect for their teacher, Mr. Jung, students now [have been clapping / are clapping] for 17 minutes while he is walking towards the school gate.

과거진행 (was / were 동사원형-ing)

과거진행은 특정 과거 시점에 한창 진행되고 있었던 일을 표현할 경우에 사용된다.

❯ 주어에 따른 동사의 변화 '∼하고 있었다, ∼하는 중이었다'로 해석

인칭	수	주어	동사	
1인칭	단수	I	was	
	복수	We	were	
2인칭	단 · 복수	You	were	동사원형-ing
3인칭	단수	He/She/It	was	
	복수	They	were	

❯ 문장의 형태

평서문	긍정	주어	was/were	동사원형-ing	−
	부정	주어	was/were	not	동사원형-ing
의문문	긍정	Was/Were	주어	동사원형-ing?	−
	부정	Was/Were	not	주어	동사원형-ing?

❯ 정답의 근거 시간(시점)부사는 문두에도 위치할 수 있음 ☆

주어	동사	시간(시점)부사	
I We You He She It They	과거진행	always	항상, 늘
		forever	영원히
		constantly	끊임없이
		continually	계속해서
		when + 주어 + 과거 동사	∼할 때
		while + 주어 + 과거 동사	∼하는 동안(에)
		and	그리고
		but	그러나
		at + 시간	(때의 한 점 · 시각 · 시절 등)에
		in + 시간	∼(사이)에, ∼동안, ∼(기간) 중에

❯ 오답의 근거 선택지에 주로 나오는 표현들

am / is / are 동사원형-ing
has p.p.
과거 동사 특정 과거 시점에 한창 진행되는 중이었던 일을 표현할 수 없음
would 동사원형
had p.p. [과거완료] 특정 과거 시점 이전에 일어난 대과거의 일을 표현
would have p.p.
will be 동사원형-ing

❯ Check Point

07. Whenever her tutor arrived, my sister [is always watching / was always watching] TV without having finished her homework.

08. I hurt my shoulder while I [was working / will be working] out in the gym.

09. The crew of the sunken ship [were rowing / would have rowed] constantly to survive.

기출 포인트 4 **과거완료진행 (had been 동사원형-ing)**

과거완료진행은 과거 시점보다 앞선 대과거부터 과거의 한 시점까지 해 오고 있는 중이었다는 사실을 강조하는 경우에 사용된다.

❯ 주어에 따른 동사의 변화 '(계속해서) ~해 오고 있었다, 그때 ~하고 난 뒤였다'로 해석

인칭	수	주어	동사		
1인칭	단수	I	had	been	동사원형-ing
	복수	We			
2인칭	단 · 복수	You			
3인칭	단수	He/She/It			
	복수	They			

❯ 문장의 형태

평서문	긍정	주어	had	been	동사원형-ing	–
	부정	주어	had	not	been	동사원형-ing
의문문	긍정	Had	주어	been	동사원형-ing?	–
	부정	Had	not	주어	been	동사원형-ing?

❯ 정답의 근거   시간(시점)부사는 문두에도 위치할 수 있음 ☆

주어	동사	시간(시점)부사	
I We You He She It They	과거완료진행	for + 기간	~동안(에)
		by the time + 주어 + 과거 동사	~할 때쯤
		last night ^{과거시점부사}	지난밤에
		before/when + 주어 + 과거 동사	~전에, ~할 때
		before + 동사원형-ing ^{동명사}	~전에
		since + 주어 + 과거 동사 until + 주어 + 과거 동사	~한 이래로 ~할 때까지
		have/has p.p. ^{현재완료} ever since + 주어 + 과거 동사	~해 왔다 그 후로 쭉 ~했다
		주어 + 과거 동사	~했다
		at + 시간	(때의 한 점 · 시각 · 시절 등)에
		in + 시간	~(사이)에, ~동안, ~(기간) 중에

❯ 오답의 근거   선택지에 주로 나오는 표현들

현재형 동사

am/is/are 동사원형-ing

과거 동사

was/were 동사원형-ing [과거진행] 특정 과거 시점에 한창 진행 중이었던 일

would 동사원형

would have p.p.

will have been 동사원형-ing

> **10.** I [’d been working / ’ll have been working] for the company for 5 years without a vacation, so my boss let me go on a special trip.
>
> **11.** My nephew [would worry / had been worrying] ever since the school report was sent.
>
> **12.** Sujin [had been working / was working] as a nurse in Korea for seven years before she emigrated to Australia.

기출 포인트 5　　**미래진행 (will be 동사원형-ing)**

미래진행은 '~하는 중일 것이다'라는 의미로 특정 미래 시점에서 한창 진행되고 있을 일을 강조하는 경우에 사용된다.

❯ 주어에 따른 동사의 변화 '~하고 있을 것이다'라고 해석

인칭	수	주어	동사		
1인칭	단수	I	will	be	동사원형-ing
	복수	We			
2인칭	단·복수	You			
3인칭	단수	He/She/It			
	복수	They			

❯ 문장의 형태

평서문	긍정	주어	will	be	동사원형-ing	–
	부정	주어	will	not	be	동사원형-ing
의문문	긍정	Will	주어	be	동사원형-ing?	–
	부정	Will	not	주어	be	동사원형-ing?

❯ 정답의 근거

주어	동사	시간(시점)부사	
I We You He She It They	미래진행	when + 주어 + 현재형 동사	～할 때
		if + 주어 + 현재형 동사	만약 ～한다면
		next week/month/year	다음 주/달/년에
		for + 기간	～동안(에)
		by the time + 주어 + 현재형 동사	～할 때쯤
		beginning this afternoon	오후에 시작하면서
		till	～할 때까지
		tomorrow	내일
		soon	곧

❯ 오답의 근거   선택지에 주로 나오는 표현들

will 동사원형 [단순미래] ～할 것이다, 미래에 대한 단순한 약속, 제안, 예측

현재형 동사

am/is/are 동사원형-ing

과거 동사

would have p.p.

will have been 동사원형-ing

have p.p.

❯ Check Point

13. Tomorrow afternoon, my dog and I [will take / will be taking] a walk together at Heidi Park.

14. If the football game starts late evening, a majority of workers [gather / will be gathering] in a public bar with a big screen as soon as they finish work.

15. By the time solid evidence is revealed, the prosecutor [will already be leaving / is already leaving] to arrest the company's representative.

미래완료진행 (will have been 동사원형-ing)

미래완료진행은 과거 또는 현재에 시작해서 특정 미래 시점까지 동작의 지속 시간이나 진행되고 있을 일을 표현할 때 사용된다.

❱ 주어에 따른 동사의 변화 '~하고 있을 것이다. (미래 시점까지) 계속해서 ~하는 중일 것이다'로 해석

인칭	수	주어	동사			
1인칭	단수	I				
	복수	We	will	have	been	동사원형-ing
2인칭	단 · 복수	You				
3인칭	단수	He/She/It				
	복수	They				

❱ 문장의 형태

평서문	긍정	주어	will	have	been	동사원형-ing	–
	부정	주어	will	not	have	been	동사원형-ing
의문문	긍정	Will	주어	have	been	동사원형-ing?	–
	부정	Will	not	주어	have	been	동사원형-ing?

❱ 정답의 근거 ✫

주어	동사	시간(시점)부사	
I We You He She It They	미래완료진행	for + 기간	~동안
		by the time + 주어 + 현재형 동사	~할 때쯤에 …하고 있을 것이다
		by that time	그때까지
		since + 시간	~이래로

❱ by the time 용법 주절과 종속절의 위치는 서로 바뀔 수 있음 ✫

종속절			주절	
by the time	주어	과거 동사 ~,	주어	had p.p.
by the time	주어	현재형 동사 ~,	주어	will have p.p.

❯ 오답의 근거 선택지에 주로 나오는 표현들

am/is/are 동사원형-ing
has p.p.
have/has been 동사원형-ing
will 동사원형 [단순미래] 미래에 대한 단순한 약속, 제안, 예측
will be 동사원형-ing 특정 미래 시점에 하는 중일 것이라는 의미로, 지속의 의미를 나타내는 'for + 기간'과 함께 사용하지 못함
과거 동사
was/were 동사원형-ing
had been 동사원형-ing
조동사 + have p.p.

❯ Check Point

16. By the end of this month, Kevin [will be writing / will have been writing] English textbooks for six months.

17. By the time her son returns home from the academy, she [will prepare / will have been preparing] dinner for 45 minutes.

18. Since Industry 4.0., we [have been driving / will have been driving] autonomous cars that are safe and fast.

01 George recently decided to move into a new apartment in a big city. He _____ with his parents for twenty years before he found his first job. He is now looking forward to living on his own.

(a) had been living
(b) lives
(c) lived
(d) was living

02 Mrs. Lee is angry with her son for not cleaning his messy room and for being addicted to various games. He _____ computer games since this afternoon and hasn't left his room!

(a) is playing
(b) played
(c) has been playing
(d) plays

03 Christian Lim, the lead singer of the band 'Mercy', was actually a jazz pianist during years at university. In fact, she _____ for only three years now.

(a) will have been singing
(b) is singing
(c) has been singing
(d) sang

04 Andrew will be meeting his girlfriend at the railway station this afternoon. He says it will be convenient for her to find him there. He _____ for her at Café Mona Lisa in front of the arrival gate when she arrives.

(a) will be waiting
(b) waits
(c) is waiting
(d) will wait

05 Sue and her friends had to leave the class urgently and run to the bus stop in front of the school to catch the last school bus. They _____ an important debate on global warming when the bus driver started honking the horn.

(a) are holding
(b) held
(c) were holding
(d) would hold

06 Anne won a 2020 Ferrari sports car in a raffle contest, but her sister had to drive the car home because Anne has not learned how to drive. She _____ for the driving school closest to home.

(a) now looks
(b) will now look
(c) had now looked
(d) is now looking

07 We might not see you after the wedding because we're all heading straight to Tim's house on George Avenue for an after-party. We could just meet up there. We _____ at Tim's until midnight if you'd like to stop by.

(a) are hanging out
(b) will be hanging out
(c) hung out
(d) will hang out

08 The Olympic swimming champion from China, Sun Yang, was suspended from competition for eight years for a drug-testing violation. He _____ a multiyear battle with the World Anti-Doping Agency to preserve his eligibility in international competition.

(a) had been fighting
(b) fought
(c) would fight
(d) was fighting

09 Victoria met her grandfather yesterday. She was told that she would have to study another fifteen years after graduating from a medical school so that she could be a medical specialist. By that time, she _____ medicine for 24 years!

(a) has been studying
(b) will be studying
(c) is studying
(d) will have been studying

10 Lisa screamed loudly when her brother, who was supposed to be in a sleep in his bedroom, abruptly walked into her bedroom in the middle of night. She _____ horror movies when Chris entered the room to scare her.

(a) watched
(b) will be watching
(c) was watching
(d) is watching

11 The Department of Health is currently developing a new drug that can treat patients suffering from Corona Virus. Right now, the Department _____ the drug's efficacy as well as safety. They plan to start releasing the drug by 2021.

(a) still tests
(b) still tested
(c) is still testing
(d) will still test

12 Even though Tim started preparing his business presentation on marketing strategies from the early this morning, he has not finished yet. By the time the office closes at 10 p.m., he _____ at the desk more than 6 hours.

(a) will have been sitting
(b) would have sat
(c) will be sitting
(d) had been sitting

Chapter 2 조동사

조동사는 동사를 도와 동사의 뜻을 더욱더 풍성하고 구체적으로 만들어 주는 역할을 하고, 조동사 뒤에는 반드시 동사원형을 사용해야 하는 특징이 있다.

G-TELP Grammar Point   G-TELP 출제 빈도수: 5문제 / 26문제

1. 조동사의 종류와 그 쓰임 이해
2. 조동사 should 생략: 동사/형용사인 경우
3. 조동사 + have p.p. 종류와 그 쓰임 이해

- 문맥에서 내용을 파악해야 문제의 정답을 찾을 수 있는 경우: 2문제 / 5문제
- 정답의 근거가 명확하게 있어 2~3초 만에 정답을 찾을 수 있는 경우: 3문제 / 5문제

❯ 조동사의 문장 구조

[긍정문] 조동사 + 동사원형

[부정문] 조동사 + not + 동사원형

[의문문-긍정] 조동사 + 주어 + 동사원형 ~?

[의문문-부정] 조동사 + not + 주어 + 동사원형 ~?

주의 '조동사 + 조동사' 동시에 사용 불가, 둘 중 하나만 사용

Grammar Point   조동사의 종류와 의미

❯ G-TELP 시험에서 정답으로 자주 나오는 조동사 ✪

조동사	용법	의미
can	가능성, 능력	~할 수 있다
could	추측	~할 수 있다, ~할지도 모른다
may	약한 추측	~할지도 모른다
might	약한 추측	~할지도 모른다
must	의무	~해야만 한다
shall	명령, 지시	~해야만 한다
should	의무, 당위성	~해야만 한다
will	미래, 예정	~할 것이다
would	소망, 미래, 예정, 현재 사실의 반대	~일 것이다

❷ G-TELP 시험에서 정답으로 잘 나오지 않는 조동사

조동사	용법	의미
ought to	의무, 조언, 필요성	～해야 한다
need	의무, 조언, 필요성	～할 필요가 있다
would rather	선택	차라리 ～하는 게 좋다
had better	의무, 조언, 필요성	～하는 편이 좋다[낫다]
dare	주로 부정문 · 의문문에서 사용	감히 ～하다
used to	과거의 규칙, 습관	～하곤 했다

이것만은 꼭 기억하자! 문제 유형에 따른 난이도와 전략

❶ 정답의 근거가 명확히 들어 있는 경우 (동사의 경우) 난이도: 매우 쉬움

이 유형은 G-TELP에서 조동사와 관련된 문제뿐만 아니라 전반적인 문법 파트에서 고득점을 얻을 수 있는 속칭 '꿀' 문제이다. 주절에 나오는 동사의 종류만 알면 종속접속사 that으로 이어지는 종속절의 동사는 무조건 동사원형이 정답이 되는 경우이다. 이는 두 가지로 나눌 수 있는데 종속절 안에 있는 동사 앞에 조동사 should가 나오는 경우와 생략되는 경우이다.

❷ 정답의 근거가 명확히 들어 있는 경우 (형용사의 경우) 난이도: 매우 쉬움

주절에 나오는 특정한 형용사가 눈에 보이면 위의 동사의 경우와 같이 종속절의 동사는 무조건 동사원형이 정답이다. 이 역시 조동사 should가 나오거나 생략될 수 있다.

❸ 문맥을 이해해야 하는 경우 난이도: 약간 어려움

이러한 유형의 정답을 찾기 위해서는 해석을 잘해야 한다. 문맥에서 요구하는 내용에 대한 이해, 즉 해석이 어느 정도 이상이 되어야 정답을 찾을 수 있다. G-TELP에 나오는 문제 유형 중, 가장 어려운 문제에 속한다고 봐도 과언이 아니다. 왜냐하면 조동사가 들어 있는 문장뿐만 아니라 그 이외의 문장을 이해해야 문제에서 요구하는 정답을 찾을 수 있기 때문이다. 이에 대한 해결책은 본서에 나오는 조동사의 용법과 의미를 먼저 숙지하고, 평소 영어 단어를 열심히 공부하고 해석하는 훈련에 공을 들이는 것이다.

❹ 조동사 + have p.p. 난이도: 약간 어려움

우선 본서에 제시된 '조동사 + have p.p.'를 숙지해야 한다. 다른 조동사 파트보다는 출제 빈도수가 그리 높지 않지만, 독해를 하는 데 필요한 문법이므로 정리된 8가지 종류와 뜻을 학습하자.

❺ 선택의 문제

32점이 목표인 학생들은 조동사 5문제 중 2문제가 위에 제시한 세 가지 형식으로 출제되기 때문에 만약에 시간이 없거나 자신이 없다면 다른 문제에 집중할 필요가 있다. 그렇다고 해서 이러한 문제를 찍거나 풀지 말라는 말은 아니다. 다만 32점이 목표인 수험생은 다른 문제에 집중할 수 있는 시간에 대한 선택의 문제라는 뜻이다.

조동사 will은 미래를 표현하는 가장 대표적인 조동사이다. G-TELP에서 출제 빈도가 높은 편이니, 주의를 필요로 한다.

❯ 문장의 형태

		will	
현재형	긍정	will	
		축약형	'll
	부정	will not	
		축약형	won't
과거형	긍정	would	
		축약형	'd
	부정	would not	
		축약형	wouldn't

* 'll과 'd의 '(아포스트로피 apostrophe)는 줄임말(축약, 생략)을 나타낸다.

의문문	긍정	Will 주어 동사원형 ∼?
	부정	Will not 주어 동사원형 ∼?
	부정 (축약형)	Won't 주어 동사원형 ∼?

❯ 용법　G-TELP 시험에서 예측·추측·예정이 주로 출제됨 ⭐

순번	용법	의미
1	예측, 추측, 예정	∼일[할] 것이다
2	주어의 의지 미래	∼할 것이다, ∼하려고 하다
3	짐작	(아마도) ∼일 것이다
4	진리	∼할 것이다
5	진실, 가능한 일	∼한다
6	습관, 고집, 경향	곧잘 ∼한다, ∼하는 법이다
7	의지	∼할 작정입니까?
8	부탁, 요청	∼해 주시겠습니까?
9	권유	∼하시죠?
10	명령	∼해라
11	거절	∼하지 않을 것이다

❯ 대용어 will 대신에 사용할 수 있는 표현 ⭐

순번	표현	의미
1	am/is/are going to-동사원형	~할 예정이다^{주어의 의지}
		~할 것이다^{가까운 미래}
2	am/is/are about to-동사원형	막 ~하려고 하다
3	am/is/are to-동사원형	~할 예정이다
4	am/is/are due to-동사원형	~하기로 예정되어 있다
5	왕래 · 발착 동사	go, come, leave, start, arrive 등
6	현재시제	시간이나 조건의 부사절에서는 현재시제가 미래시제를 대신

* G-TELP 시험에서는 1번과 6번이 자주 출제된다.

❯ Check Point

19. If you study English hard, your dream [must / will] come true.

20. The first day of next month is our first wedding anniversary, so we [could go / will go] on a trip to Australia for 11 days.

21. Due to the highly contagious virus, education authorities [will soon begin / might soon begin] providing non-face-to-face and online classes.

기출 포인트 8 can (능력)

G-TELP 시험에서 조동사 will 다음으로 중요한 조동사가 can이다. can은 '~할 수 있다'는 의미로 사용되는 경우가 가장 보편적이지만 다른 뜻으로도 사용된다.

❯ 문장의 형태

현재형	긍정	can
	부정	cannot 축약형 can't
과거형	긍정	could
	부정	could not 축약형 couldn't

의문문	긍정	Can 주어 동사원형 ~?
	부정	Can not 주어 동사원형 ~?
	부정 (축약형)	Can't 주어 동사원형 ~?

❯ 용법 ✫

순번	용법	의미
1	가능	~할 수 있다
2	능력	~할 줄 안다
3	추측	~이 있을 수 있다, ~할 적이 있다
4	허락, 허가	~해도 좋다, ~해도 된다
5	의심, 의혹	과연 ~일까?
6	가벼운 명령, 권고	~해라, ~하는 것이 좋다
7	호의, 의도	~해 주다
8	비난, 원망	~해도 좋으련만
9	제안	~할 수도 있다

* 일반적으로 회화체에서 허락·허가를 표현할 때 may보다 can을 더 많이 쓴다.

❯ 대용어 can 대신에 사용할 수 있는 표현

	가능	능력	허락, 허가
	~할 수 있다	~할 줄 안다	~해도 된다
can	○	○	○
be able to	○	○	×

* 가능이나 능력의 의미일 때에는 can을 be able to로 바꿔서 사용할 수 있다.

❯ Check Point

22. When officially becoming adults, we [can drink / may drink] alcohol without our parents' permission.

23. I [shouldn't swim / couldn't swim], so I had to pay twice as much as anyone else to complete the program.

24. It's a miserable reality, but all I [shall do / can do] is let her hear my voice.

must / should / have to (의무 · 당위성)

'~해야만 한다'라는 의미를 지닌 조동사는 시험 출제자에게 문법, 독해 그리고 듣기 평가에서 두루두루 활용하기 좋은 도구가 될 수 있다. 왜냐하면 의무나 당위성의 의미를 문장에 부여하면 글쓴이의 주장을 강조하기 때문이다. 특히 조동사 should는 G-TELP 문법 문제에서 정말 중요하므로 반드시 숙지해야 한다.

❯ 문장의 형태

[must]

현재형	긍정	~해야만 한다	must (= have to)	
	부정	~해서는 안 된다^{금지}	must not	
		축약형	mustn't	
		~할 필요가 없다	do/does not have to	do/does not need to
		축약형	don't/doesn't have to	don't/doesn't need to
과거형	긍정	~해야만 했었다	had to	
	부정	~할 필요가 없었다	did not have to	did not need to
		축약형	didn't have to	didn't need to

의문문	긍정	Must 주어 동사원형 ~?

[shall / should]

현재형	긍정	~하여야 한다	shall
	부정	~해서는 안 된다	shall not
		축약형	shan't
과거형	긍정	~해야만 한다	should
	부정	~하지 말아야 한다	should not
		축약형	shouldn't

* should는 현대 영어에서 현재형과 과거형이 같은 형태(should)로 사용되는 경우도 있다.
** shall not의 축약형 shan't는 잘 사용하지 않는 형태이다.

[have to]

현재형	긍정	주어가 1인칭, 2인칭, 3인칭 복수일 경우	have to
		주어가 3인칭 단수일 경우	has to
	부정	주어가 1인칭, 2인칭, 3인칭 복수일 경우	don't have to
		주어가 3인칭 단수일 경우	doesn't have to
과거형	긍정	주어와 관계없이	had to
	부정	주어와 관계없이	did not have to 축약형 didn't have to

* 다른 조동사와 다르게 have to는 현재시제에서 주어가 3인칭 단수일 때 have가 has로 바뀐다.
** 과거 시제에서도 have가 had로 바뀐다.

❯ 용법

[must] G-TELP 시험에서 주로 '~해야만 한다'로 필요·의무를 나타낼 때 사용됨 ⭐

순번	용법	의미
1	필요, 중요성	~해야 한다
2	의무, 명령, 충고	~해야만 한다
3	주장, 권유	꼭 ~해야 한다
4	추정	~임에 틀림없다
5	필연	반드시 ~하다

[should] G-TELP 시험에서 주로 '~해야만 한다'로 의무·당위성을 나타낼 때 사용됨 ⭐

직설법	단순미래		~일 것이다
	의지 미래	화자의 의지, 결의	~하겠다
		청자의 의지 확인	~할까요?
가정법	의무, 당연		~하여야 한다
	유감, 놀람		~하다니
	가능성, 기대		반드시 ~일 것이다
	가정, 양보		만일 ~이라면

* G-TELP 문법 파트에 should와 관련된 문제는 출제 빈도수가 매우 높다. 기출 포인트 11과 12에서 자세히 다루기로 하겠다.

[have to] G-TELP 시험에서 주로 '~해야만 한다'로 의무를 나타낼 때 사용됨 ⭐

순번	용법	의미
1	의무	~해야 한다
2	충고, 권고	~해야 한다
3	확신	틀림없이 ~일[할] 것이다

❯ 대용어 의무·당위성을 나타내는 표현의 강도 비교

must 〉 should (ought to) 〉 have/has/had to 〉 need

* 위의 5개 조동사는 뜻이 거의 같지만 강도에 따라 문맥에서 의미하는 바가 다르다.

❯ Check Point

25. Whether humans eat to live or live to eat is a matter that we [must choose / can choose].

26. In a world where people live, we [will / must] respect and care for each other.

27. If autonomous cars are implemented in our daily lives, we [may / must] create a newly enacted car insurance policy.

'~할 수도 있다, ~할지도 모른다, ~했을지도 모른다'라는 의미를 지닌 조동사로 추측을 나타내어 어떤 상황에 대한 불확실한 상태를 표현하기도 한다.

❯ 문장의 형태

[could]

현재형	긍정	can
	부정	cannot 축약형 can't
과거형	긍정	could
	부정	could not 축약형 couldn't

의문문	긍정	Could 주어 동사원형 ~?
	부정	Could not 주어 동사원형 ~?
	부정 (축약형)	Couldn't 주어 동사원형 ~?

[may · might]

현재형	긍정	may
	부정	may not 축약형 mayn't
과거형	긍정	might
	부정	might not 축약형 mightn't

의문문	긍정	May/Might 주어 동사원형 ~?
	부정	May not/Might not 주어 동사원형 ~?
	부정 (축약형)	Mayn't/Mightn't 주어 동사원형 ~?

❯ 용법

[could]

순번	용법	의미
1	능력, 가능, 경향	~할 수 있었다
2	조건절, 소망	~할 수 있다(면)
3	허가, 부탁	~해 주시겠습니까?

[may]

순번	용법	의미
1	불확실한 추측	∼일[할]지도 모른다, 아마 ∼일[할] 것이다
2	허락, 허가	∼해도 좋다, ∼해도 괜찮다
3	용인	∼라고 해도 무방하다, ∼하는 것은 당연하다
4	목적, 결과	∼하기 위해서, ∼할 수 있도록
5	양보	∼인지 모르지만, ∼일지라도
6	감탄문	∼하기를

* 불확실한 추측의 부정은 may not이고, 용인일 때 부정은 cannot[can't]이다.

[might]

순번	용법	의미
1	현재·과거의 가능성	∼일지는 모르겠다
2	정중한 제안을 할 경우	∼해 보세요
3	정중한 허락을 구할 경우	∼해도 될까요?
4	남의 말을 전달할 경우	∼할지도 모른다고 했다

❯ **대용어** 가능성을 나타내는 표현의 강도 비교

can 〉 could 〉 may 〉 might

* 위의 4개 조동사는 뜻이 거의 같지만 강도에 따라 문맥에서 의미하는 바가 다르다.

❯ **Check Point**

28. Perhaps singer J has prepared so hard that he [could / will] win the Rookie of the Year award by topping the Billboard chart.

29. Forest fires caused by volcanic eruption that originated from instability in the crust [should / may] be more frequent this summer than last summer.

30. Romeo said it [might / would] be true that Peter loved Sally for a long time.

G-TELP 문법 파트에 항상 출제되는 유형이다. 이러한 유형은 해석이 아니라 특정한 종류의 동사를 보고 <u>정답을 바로 선택할 수 있어 시간이 단축</u>되므로 수험생이 단기간에 고득점을 얻을 수 있는 핵심 전략 파트다.

❯ 특정한 종류의 동사 주장·명령·요구·제안의 동사 ⭐

주절			종속절		
주어	동사		종속접속사	주어	동사
I We You He She It They	결정	decide	(that)	I we you he she it they	(should) 동사원형
	명령	direct			
		order			
	요구	ask			
		demand			
		desire			
		lobby			
		request			
		require			
	제안	propose			
		suggest			
	주장	argue			
		insist			
		urge			
	충고	advise			
		recommend			

* 종속접속사 that은 그대로 사용할 수도 있고, 생략할 수도 있다.
* 종속절에 있는 조동사 should는 영국식 영어에서는 주로 사용하고, 미국식 영어에서는 생략한다.

❯ 기출 예상

용법	동사	의미
명령	command	명령하다
요구	claim	요구[청구]하다
제안	prefer	(청구, 소송, 권리, 요구 등을 법원에) 제출[제기]하다
주장	plead	주장하다, 변호하다, 변론하다

❯ 빈출 오답

현재형 동사

am / is / are 동사원형-ing

am / is / are not p.p.

have / has p.p.

have / has not been p.p.

과거 동사

will 동사원형

will not be p.p.

to-동사원형

❯ Check Point

31. The civic group suggested to the Finance Ministry that the government [make / made] an extra budget for the economy of the working class.

32. Hoping to have a peaceful civic rally, the police commissioner ordered that many police officers [work / will work] for the safety of citizens rather than violence.

33. In the Future National Competition Forum, the professor pointed out that companies [were innovating / innovate] differently because the future is a hyper-connected society.

G-TELP 문법 파트에 항상 출제되는 유형이다. 이러한 유형은 해석이 아니라 특정한 종류의 형용사를 보고 **정답을 바로 선택할 수 있어 시간이 단축**되므로 수험생이 단기간에 고득점을 얻을 수 있는 핵심 전략 파트다.

❯ 특정한 종류의 형용사 감성적·이성적 판단의 형용사 ⭐

주절			종속절		
주어	동사	이성적 판단의 형용사	종속접속사	주어	동사
It	be	best — 가장 잘하는	(that)	I we you he she it they	(should) 동사원형
		compulsory — 강제적인, 의무적인, 필수의			
		desirable — 바람직한			
		essential — 필수적인, 극히 중요한			
		imperative — 반드시 해야 하는, 긴요한			
		important — 중요한, 중대한, 소중한			
		necessary — 필요한			
		urgent — 긴급한, 시급한			

* 종속접속사 that은 그대로 사용할 수도 있고, 생략할 수도 있다.

❯ 기출 예상

용법	형용사	의미
이성적 판단의 형용사	advisable	권할 만한, 바람직한
	appropriate	적절한
	good	좋은, 바람직한
	natural	당연한
	proper	적절한, 올바른, 정당한
	rational	합리적인, 이성적인
	right	바른, 옳은
	vital	필수적인
감성적 판단의 형용사	curious	호기심이 강한, 이상한
	fortunate	운이 좋은, 행운의
	regrettable	유감스러운, 후회되는
	strange	이상한
	stupid	어리석은
	surprising	놀라운

❯ 빈출 오답

현재형 동사
am/is/are 동사원형-ing
am/is/are not 동사원형-ing
am/is/are not p.p.
have/has p.p.
have/has not p.p.
have/has not been p.p.
과거 동사
will 동사원형
would 동사원형
will not 동사원형
will not be p.p.
to-동사원형

❯ Check Point

34. It is mandatory that drivers who drive more than 30 kilometers per hour in a school zone [should pay / are paying] fines.

35. It is stupid that parents [will pass / pass] their cell phones and show videos to their children when shopping.

36. It is important that a leader [has had / should have] a happy mind before he or she can be successful.

조동사 + have p.p.

조동사 뒤에 **have p.p.**가 오면 과거 사실에 대한 추측이나 후회를 의미한다. 이러한 용법은 문장을 해석하여 정확한 문맥을 파악하는 것이 중요하다. 또한 가정법과거완료 학습 시 중요하다.

❯ 특정한 종류의 조동사 + have p.p. ⭐

종류	용법	의미
should have p.p.	과거 사실에 대한 후회나 유감	~했어야 했는데 (결국 못했다)
would have p.p.	과거 사실에 대한 추측	~했을 텐데
will have p.p.	미래의 기준 시점까지 완료·계속·경험·결과	(미래에) ~할 것이다, ~일 것이다

❯ 과거 사실에 대한 추측 ⭐

종류	의미
may[might] have p.p.	~이었을지도 모른다 과거 사실에 대한 약한 추측
must have p.p.	~이었음에 틀림이 없다 과거 사실에 대한 강한 추측
cannot have p.p.	~이었을 리가 없다 과거 사실에 대한 부정적인 추측
could have p.p.	~할 수도 있었다 과거 사실에 대한 아쉬움이나 가능성
would have p.p.	~했을 것이다 과거 사실에 대한 유감

* will have p.p.는 '(미래에, 나중에) ~할 것이다, ~일 것이다'라는 의미로 would have p.p.와 같은 의미가 아니니 주의하자.

❯ 과거 사실에 대한 후회 ⭐

종류	의미
should[ought to] have p.p.	~했었어야 했는데 (하지 못했다)
need not have p.p.	~할 필요가 없었는데 (했다)
shouldn't have p.p.	~하지 말았어야 했는데 (했다)

❯ Check Point

37. He [should have wanted / must have wanted] to sleep after taking a hot shower because he has been working on his project over the last two days.

38. The patient who was admitted to the emergency department due to a severe stomachache [cannot have drunk / should not have drunk] milk that was expired.

39. My grandfather was worried that his granddaughter [might have caught / should have caught] a cold because she went in the rain with her puppy.

연습문제 Chapter ❷

01 Brian did not go to school today because he hasn't been feeling well over the last three days. His mother made an appointment with a doctor early this morning and _____ take Brian to the clinic after lunch time.

(a) can
(b) should
(c) may
(d) will

02 Twinkle is a famous store selling a wide range of cosmetics at a low price, but it does not provide quality customer service. Regular customers say that instead of selling cheap cosmetics, Twinkle _____ focus on training staff and improving the quality of products.

(a) should
(b) will
(c) might
(d) can

03 Taking exams is stressful and frustrating. To pass exams, students put all their efforts into studying for long years. It is best that a student _____ all of main summaries they have studied and memorized before taking the exams.

(a) reviews
(b) reviewed
(c) will review
(d) review

04 Grace couldn't attend a fashion event, so she asked me to fill in for her. She insisted that I _____ with brand executives and top designers for the collaboration of Seoul Fashion Festival later this year.

(a) will establish a good rapport
(b) established a good rapport
(c) am establishing a good rapport
(d) establish a good rapport

05 Many lakes and rivers around the world are drying up and disappearing. In order to survive, many people and animals _____ walk or travel long distances to search for drinkable water. Sometimes, due to severe dehydration, they lose their lives while moving from one place to another.

(a) can
(b) shall
(c) must
(d) might

06 Swimmers work out to maximize their speed, muscle strength, endurance, and breathing capacity. A typical workout includes weight training, jumping rope and climbing a mountain. It is important that a swimmer _____ regularly to be in supreme health condition.

(a) trains
(b) to train
(c) train
(d) will train

07 Researchers are suggesting that teenagers get at least 8 hours of sleep per day. Those who sleep less than 8 hours _____ grow less taller and have weak muscles and bones because a lack of sleep or sleep disruptions will hinder growth hormone production.

(a) must
(b) may
(c) shall
(d) would

08 Researchers have found that endocrine-disrupting chemicals (edcs) increase our body weight when absorbed. Most people these days _____ hardly find foods not containing EDCs. To solve the problem, eating more plants is highly recommended.

(a) may
(b) should
(c) will
(d) can

09 Some people are reluctant to make important decisions on their own because they are afraid of a feeling of loss, regret, uncertainty, and failure. However, psychologists recommend that a person _____ risks because doing so can help mental health.

(a) to take
(b) takes
(c) is taking
(d) take

10 BCD broadcasting station announced a new drama called *Who wants to be a star.* Based on the true stories of famous actors and singers in 2000s, the drama deals with fierce competition, loves, success and failure, and the lifestyle of entertainers. It _____ premiere on July 7 during prime time.

(a) can
(b) might
(c) will
(d) would

11 The buk is a traditional Korean drum with a round wooden body that is covered on both ends with animal skin. Legend has it that the buk was used for court music only. However, some experts think that the buk _____ have been used widely for folk music since the period of the Three Kingdoms of Korea.

(a) should
(b) would
(c) might
(d) will

12 Karis has been working as a nurse for 15 years. Although she likes her job, the frequent night shifts and long working hours stress her out. If given the chance, she _____ settle down in a small regional area.

(a) can
(b) would
(c) may
(d) should

가정법

'만약 ~라면'의 의미로 어떤 사실과 관계없이 상황이나 심정을 가정하거나 소망하는 경우를 가정법이라고 한다.

G-TELP Grammar Point G-TELP 출제 빈도수: 6문제 / 26문제

1. 가정법과거[완료]에 사용된 주절과 종속절에 있는 동사의 시제
2. 가정법 도치인 경우에 주절과 종속절에 있는 동사의 시제
3. If 가정법 대용어가 사용될 때 주절과 종속절에 있는 동사의 시제

• 가정법과거: 3문제 / 6문제
• 가정법과거완료: 3문제 / 6문제
• 가정법과거[완료]에서 종속접속사 If를 생략한 도치 구문이나 If 가정법의 대용어를 제시하는 경우

기출 포인트 **14** 가정법과거

가정법과거는 '만약 ~한다면 …할 텐데'의 의미로, 현재 사실과 정반대되는 상황이나 실현 가능성이 거의 없는 경우를 표현할 때 사용한다.

❯ 문장의 형태 ☆

종속절			주절	
	주어	동사	주어	동사
(Even) If	I we you he she it they	과거형 동사	I we you he she it they	조동사 과거형^{would/should/could/might} + 동사원형
		were		
		were not 축약형 weren't		
		were to-동사원형		
		조동사 과거형^{would/should/could/might} + 동사원형		
	(주어 + be동사) 현재분사/과거분사			

❯ 오답의 근거

현재형 동사, 동사원형(es), doesn't 동사원형

am/is/are to-동사원형, am/is/are 동사원형-ing, am/is/are not 동사원형-ing

have/hsa not p.p.

과거형 동사, wasn't 동사원형-ing, did not 동사원형

had p.p., had not p.p.

will 동사원형, will not 동사원형, will be 동사원형-ing, will not be 동사원형-ing

can 동사원형, may 동사원형, should 동사원형

would not have p.p.

❯ 주의 사항

① 종속절은 부사절이기 때문에 종속절과 주절의 위치가 서로 바뀔 수 있다. ★★
② 종속절의 주어와 be동사가 주절의 것과 같다면 동시에 생략이 가능하다.
  : (Even) If (주어+be동사) 현재분사/과거분사 ~, 주절[주어+동사]. ★★
③ 종속절에 쓰이는 종속접속사 If는 생략할 수 있는데, 이때 종속절에 있는 주어와 동사의 위치가 서로 바뀐다. 이를 'If 생략 가정법 도치'라고 한다. …→ 동사+주어, 주절[주어+동사]. ★★

❯ Check Point

40. If I were a bird, I [could see / see] a bigger world.

41. If she had a more generous personality, she [would have / will have] more friends.

42. If the Earth stopped spinning, it [has be / would be] hard for all mankind to survive.

❶ 절의 개념

주어와 동사가 있는 단어들의 덩어리가 모여서 절(節)을 만든다.

❷ 절의 종류

종속절			주절	
종속접속사	주어	동사 ~,	주어	동사

❸ 종속절의 위치

종속절은 부사절이기 때문에 위치가 자유롭다.

[문두]

종속절			주절	
종속접속사	주어	동사 ~,	주어	동사

[문중]

주절	종속절			주절
주어	, 종속접속사	주어	동사 ~,	동사

[문미]

주절		종속절		
주어	동사	종속접속사	주어	동사

가정법과거완료는 '만약 ~했다면 …했을 텐데'라는 의미로, 과거 사실과 정반대되는 상황을 표현하여 과거의 일에 대한 아쉬움을 대한 후회나 나타낼 때 사용한다.

❯ 문장의 형태 ⭐

종속절			주절	
If	주어	동사	주어	동사
		had p.p.		조동사 과거형^{would/should/could/might} + have p.p.

❯ 정답의 근거

종속절에 있는 동사의 형태는 과거완료^{had p.p.} 이외에 상황에 따라 had not p.p., hadn't p.p., had been p.p., had been 동사원형-ing 등이 사용될 수 있다.

❯ 오답의 근거

[능동태]

현재형 동사, 동사원형(es), doesn't 동사원형, am/is/are to-동사원형, am/is/are 동사원형-ing, am/is/are not 동사원형-ing, have/has not p.p.

과거 동사, was/were not 동사원형-ing, did not 동사원형, had p.p., had not p.p.

will 동사원형, will not 동사원형 (= won't 동사원형), will be 동사원형-ing, will not be 동사원형-ing

can 동사원형, may 동사원형, should 동사원형, would not have p.p.

[수동태]

am/is/are p.p.

was/were 동사원형-ing, was/were being p.p., was/were p.p., had been p.p.

❯ 주의 사항

• 종속절은 부사절이기 때문에 종속절과 주절의 위치가 서로 바뀔 수 있다.
• 종속절에 쓰이는 종속접속사 If는 생략할 수 있는데, 이때 종속절에 있는 주어와 동사의 위치가 서로 바뀐다. 이를 'If 생략 가정법 도치'라고 한다. ⋯→ Had + 주어 + p.p. ~, 주절[주어 + 동사].

❥ Check Point

> **43.** If we had scored one more goal, we [would have won / win] the International Champions Cup.
>
> **44.** If he had joined the army, he [did not grow / could have grown] mentally and physically.
>
> **45.** If my son had talked to me more, we [were not being / could have been] closer.

기출 포인트 16 **If 생략 가정법 도치**

가정법 구조에서 종속절에 사용된 종속접속사 If를 생략하면 종속절의 주어와 동사의 어순이 서로 바뀌게 되는데 이를 'If 생략 가정법 도치'라고 한다.

❥ If 생략 가정법 도치: 가정법과거 ⭐

종속절			주절	
	주어	동사	주어	동사
(Even) If	I we you he she it they	과거 동사	I we you he she it they	조동사 과거형 ^{would/should/could/might} + 동사원형
		were		
		were not 축약형 weren't		
		were to-동사원형		
		조동사 과거형 ^{would/should/could/might} + 동사원형		
		(주어＋be동사) 현재분사/과거분사		

종속절		주절	
동사	주어	주어	동사
과거 동사	I we you he she it they	I we you he she it they	조동사 과거형 ^{would/should/could/might} + 동사원형
Were			
Were not 축약형 Weren't			
Were to-동사원형			
조동사 과거형 ^{would/should/could/might} + 동사원형			
현재분사/과거분사	(주어＋be동사)		

(Even) If

❯ If 생략 가정법 도치: 가정법과거완료 ⭐

종속절			주절	
		동사		동사
If	주어	had p.p.	주어	조동사 과거형^{would/should/could/might} + have p.p.

종속절				주절	
	동사		동사		동사
~~If~~	Had	주어	p.p.	주어	조동사 과거형^{would/should/could/might} + have p.p.

❯ 종속절에서 '주어 + be동사' 동시 생략

종속절			주절	
종속접속사	(주어 + be동사)	동사원형-ing ^{현재분사}	주어	동사
		p.p. ^{과거분사}		
		형용사		
		전치사구		
		명사		

- 종속접속사를 생략할 수 있지만 그대로 사용하면 의미를 강조한다.
- 종속절의 주어와 동사가 주절의 주어, 동사와 같을 경우에 종속절의 주어와 be동사를 동시에 생략할 수 있다.
- 생략된 주어와 be동사를 포함한 종속절을 분사구문이라고 한다.
- 종속절과 주절의 위치는 서로 바뀔 수 있다.

❯ Check Point

46. [Had I completed / I had completed] Mt. Halla from start to finish, I could have climbed a higher mountain.

47. [Wearing / Wore] their masks, they wouldn't catch the flu.

48. [I had / Had I] had breakfast when I was a high school student, I would be healthier now.

가정법을 표현할 때 종속접속사 If를 사용하지 않고 If를 대신하여 가정법을 표현할 수 있는 말이나 어구를 'If 대용어구'라고 한다.

❯ Provided / Providing (that) 구문

~라는 조건이라면 Provided / Providing (that)이 주로 출제됨 ⭐

종속절			주절	
Provided / Providing (that) ~할 경우에 한해 = If, Only if	주어	동사 ~,	주어	동사

종속절			주절	
As long as ~하는 동안은, ~하는 한은, ~하기만 하면	주어	동사 ~,	주어	동사

종속절			주절	
On condition (that) ~이라고 하는 조건으로 = Under the condition (that)	주어	동사 ~,	주어	동사

- 종속접속사 that은 생략할 수 있다.
- 종속절과 주절의 위치는 서로 바뀔 수 있다.

~을 고려해 보면

종속절			주절	
Considering (that) ~을 고려하면	주어	동사 ~,	주어	동사

종속절			주절	
Given / Giving (that) ~을 고려해 보면	주어	동사 ~,	주어	동사

~을 가정하면

종속절			주절	
Supposed / Suppose (that) ~한다면	주어	동사 ~,	주어	동사

종속절			주절	
Imagine (that) 생각[상상]해 봐	주어	동사 ~,	주어	동사

기타

종속절			주절	
In case ~할 경우를 대비하여	주어	동사 ~,	주어	동사

종속절			주절	
Unless ~이 아니면 = If ~ not	주어	동사 ~,	주어	동사

종속절			주절	
As if 마치 ~인 것처럼	주어	동사 ~,	주어	동사

종속절			주절	
As though 마치 ~인 것처럼	주어	동사 ~,	주어	동사

❯ Check Point

49. [Provided that / Giving that] you give us a discount coupon, we will buy an expensive car.

50. [In case / As long as] you are always honest with us, we will not betray you.

51. [Unless / On condition that] I would return home before sunset, my father allowed me to visit my best friend in the army.

01 Although she can afford to travel around the world, Min chooses domestic tourism to explore national heritage and culture. If she were more sociable, she _____ with her family and friends.

(a) would travel
(b) travels
(c) will travel
(d) was traveling

02 Jack wasn't able to buy a flight ticket to Australia because the Korean government did not allow people to travel other countries after the spread of the Corona virus. If he had known the fear of virus, he _____ a plan for studying its treatment.

(a) was drawing up
(b) drew up
(c) would draw up
(d) would have drawn up

03 Kevin is disappointed that he didn't pass the interview with the personnel director. If he had prepared the interview with a group of professional people and practiced various interview scenarios beforehand, he _____ the interview.

(a) had passed
(b) would pass
(c) is passing
(d) would have passed

04 Fiona wasn't able to buy the latest laptop which is famous for outstanding functions and exterior features, because the store ran out of stock already. If she had known it would sell out so quickly, she _____ the laptop earlier.

(a) would have bought
(b) would buy
(c) bought
(d) was buying

05 A Korean chef urgently hired a translator to translate her cook book into English. However, she's worried that it might contain a number of grammatical and spelling errors. If she _____ it, she would pay a proofreader who is officially recognized.

(a) could still afford
(b) can still afford
(c) had still afforded
(d) still affords

06 Due to her busy work schedule, Jenny forgot all about her mother's birthday yesterday. If someone had reminded her, she _____ the date and made sure to take her mother out for a wonderful dinner.

(a) would have remembered
(b) had remembered
(c) would remember
(d) will be remembering

07 At the orientation, Jack found out that the lady he had an argument with on the bus is his associate professor of mechanical engineering. If he _____ that she was the professor, he would have apologized before initiating the argument.

(a) knows
(b) had known
(c) would know
(d) knew

08 An academic institution will recruit four additional teachers in order to provide one-to-one care for students. If the institution had a bigger budget, they _____ more teachers to meet the increasing demands of students and their parents.

(a) are hiring
(b) hired
(c) would hire
(d) will hire

09 Ten of the national soccer team players are sick due to food poisoning, so the team has only seven players in good shape. They won't qualify for the international tournament. If their players recover quickly they _____ the FIFA World Cup.

(a) would win
(b) are winning
(c) had won
(d) will win

10 Ria was scheduled to visit her best friend living in Jeju, but she arrived late at the airport and there was a delay in taking off and landing. If she hadn't been late, she _____ a delicious breakfast this morning.

(a) would enjoy
(b) will be enjoying
(c) would have enjoyed
(d) had enjoyed

11 David personally wants to attend the London Symphony Orchestra at the Sejong Culture and Arts Center this Friday, but he cannot be there. If he were the owner of his company, he _____ to the Center to watch it live.

(a) is going
(b) would go
(c) had gone
(d) will go

12 Grace wants her 21-year-old son to learn spoken and written English. If he were fluent in English, Grace _____ a fair amount of money for translation and interpretation fees in her business.

(a) could save
(b) saves
(c) had saved
(d) are saving

준동사 편

Chapter 4 준동사

to부정사

기출 포인트 18 to부정사의 형용사적 용법 (명사 수식: ~하는)

기출 포인트 19 to부정사의 부사적 용법 (목적: ~하기 위해서)

기출 포인트 20 to부정사의 명사적 용법 (3형식)

기출 포인트 21 to부정사의 명사적 용법 (5형식)

기출 포인트 22 가주어 It과 진주어 to부정사

기출 포인트 23 to부정사의 관용적 표현

동명사

기출 포인트 24 동명사의 용법 (주어 자리)

기출 포인트 25 동명사의 용법 (목적어 자리)

기출 포인트 26 동명사의 용법 (보어 자리)

기출 포인트 27 동명사의 관용적 표현

to부정사와 동명사의 구별

기출 포인트 28 to부정사 vs. 동명사 (주어 자리는 주로 동명사 사용)

기출 포인트 29 to부정사 vs. 동명사 (의미 차이 없음)

기출 포인트 30 to부정사 vs. 동명사 (의미 차이 있음)

준동사

한 문장에 동사를 연이어 두 번 사용할 수 없다. 그러나 굳이 두 개의 동사를 모두 사용하고자 할 때는 어떻게 해야 할까? 이것이 바로 준동사의 탄생 비밀이다. 준동사의 종류에는 to부정사, 동명사, 분사가 있다.

두 가지 동사 중 하나의 동사를 문맥에 맞게 동사원형 앞에 to를 사용한 to부정사, 동사원형에 ing을 붙인 동명사, 동사의 현재 분사형이나 과거분사형으로 바뀐 것들이 준동사의 종류이다.

중요한 점은 준동사 즉 to부정사, 동명사, 분사 모두 동사의 성질을 가지고 있다는 사실이다. 동사에는 부정, 시제, 태가 존재하고, 타동사라면 뒤에 목적어를 가질 수 있고, 그 동사의 형식에 따라 1~5형식 구조로 사용될 수 있다. 준동사 역시 동사가 가지고 있는 이러한 성질을 지닐 수 있다. 예를 들어, to부정사는 시제와 태가 존재하고 부정으로도 만들 수 있다. 물론 동명사나 분사 역시 그러하다.

G-TELP 문법 파트에서는 분사보다 to부정사와 동명사가 압도적으로 많이 출제되고 있다. to부정사와 동명사는 각각 어떤 경우에 사용되고, 이 둘의 차이는 무엇인지를 묻는 문제가 자주 시험에 나온다.

G-TELP Grammar Point   G-TELP 출제 빈도수: 5문제 / 26문제

- to부정사: 1~2문제 / 5문제
- 동명사: 1~2문제 / 5문제
- to부정사 vs. 동명사: 2문제 / 5문제

이것만은 꼭 기억하자!   to부정사

❶ 종류

부정사에는 크게 두 가지가 있는데, 우선 동사의 원형을 말하는 원형부정사가 있고, 그 원형부정사 앞에 to를 붙인 to부정사가 있다.

부정사	원형부정사	동사원형
	to부정사	to + 동사원형

❷ 원형부정사

원형부정사는 조동사 다음에 사용되거나 지각동사나 사역동사의 목적격보어 자리에 주로 사용된다.

- 조동사 + 원형부정사^{동사원형}
- 지각동사 / 사역동사 + 목적어 + 목적격보어(원형부정사^{동사원형})

❸ to부정사

to부정사는 문장에서 명사적/형용사적/부사적 용법으로 사용되는 것이 주를 이룬다. 이와 더불어 동사의 성질이 있으므로 태(능동·수동), 시제(단순·완료), 의미상의 주어, 부정으로 표현할 수 있다.

[to부정사의 용법]

용법	역할	해석	
명사적 용법	(진)주어, 목적어, 보어	~하는 것, ~하기	
형용사적 용법	명사 수식, 보어	~하는, ~할	
부사적 용법	동사·형용사 수식	목적	~하기 위해서, ~하려고
		원인	~해서, ~하게 돼서
		결과	~해서 (결과) …하다
		이유·판단의 근거	~하다니
		조건	~하면
		양보	~이지만, ~일지라도
		형용사 수식	~하기에 …한

[to부정사의 태와 시제]

태		능동태	to-동사원형
		수동태	to be p.p.
시제		단순시제	to-동사원형
		완료시제	to have p.p.

- to have been p.p.는 to부정사의 완료수동태라고 한다.
- 단순시제는 to부정사의 시제와 본동사의 시제가 같거나 보다 이후의 일을 의미하고, 완료시제는 to부정사의 시제가 본동사의 시제보다 이전 즉 과거를 의미한다.

[to부정사의 부정]

not/never + to-동사원형

- not/never는 부사이기 때문에 동사적 성질이 있는 to부정사를 부정할 수 있다. 하지만 같은 의미의 부정어인 no는 형용사이기 때문에 to부정사에 사용할 수 없고 명사를 부정한다.

[to부정사의 의미상의 주어]

주어 동사		to-동사원형	: 주어가 to부정사의 주체
주어 동사	for + 목적격 의미상의 주어	to-동사원형	: 주어가 to부정사의 주체가 아니기 때문에 의미상의 주어 필요

- to부정사 앞에 'for + 목적격'이 있는 경우와 없는 경우로 나눠보자면, 전자는 문장의 주어가 to부정사를 행하는 주체이기 때문에 'for + 목적격'을 앞에 사용하지 않지만, 그렇지 않은 경우에는 to부정사 앞에 'for + 목적격'을 사용해야 한다.

to부정사의 형용사적 용법 (명사 수식: ~하는)

to부정사가 명사를 뒤에서 수식^{후치 수식}하고, 해석은 '∼하는, ∼할'이라고 한다.

▶ to부정사의 형용사적 용법 ☆

구조	해석
명사 to-동사원형	(동사원형)하는 명사

▶ 오답의 근거

to have p.p. [완료시제] ⋯ G-TELP 시험에서 완료시제는 거의 다루지 않음

▶ 주의사항

to부정사와 현재분사의 구별

	to부정사	현재분사
구조	to-동사원형	동사원형-ing
용법	능동, 미래	능동, 진행
해석	∼하는, ∼할	∼하는

• 학습 현장에서 to부정사와 현재분사를 혼동하는 수험생을 많이 본다. 왜냐하면 이 둘 모두가 앞에 있는 명사를 뒤에서 수식하는 후치 수식이 가능하기 때문이다. 둘 다 형용사적 용법으로 명사를 꾸며줄 수 있기 때문에 혼동하기 쉽다. to부정사는 미래의 의미(∼하는, ∼할), 현재분사는 진행의 의미(∼하는, ∼하고 있는)로 보면 혼동하지 않을 듯하다.

▶ Check Point

52. Julia studied English hard becouse she wanted to have the ability [winning / to win] an English Speech Contest.

53. If you give me a pen [writing / to write] with, I'll sign it for you.

54. We may get lost in the mountains, so we must put some food [to eat / eating] in our backpacks.

to부정사의 부사적 용법 (목적: ~하기 위해서)

to부정사의 부사적 용법은 동사나 형용사를 주로 수식한다. 이에 대한 의미는 '~하기 위해서'(목적), '~해서, ~하게 돼서'(원인), '~해서 (결국) …하다'(결과), '~하다니'(이유 · 판단의 근거), '~한다면'(조건), '~일지라도'(양보) 등이 있다.

❯ to부정사의 부사적 용법 중 목적   2형식과 5형식에서 주로 출제됨 ☆

형식	구조					해석
1형식	주어	완전 자동사	–			
2형식	주어	불완전 자동사	주격보어	–		
3형식	주어	완전 타동사	목적어	–	to-동사원형	~하기 위해서
4형식	주어	수여동사	간접목적어	직접목적어		
5형식	주어	불완전 타동사	목적어	목적격보어		

· to부정사^{to-동사원형}는 문맥에 따라 문장 맨 앞에 있기도 하지만, G-TELP에서는 문장 맨 뒤에 위치하는 경우가 더 많다.

❯ 오답의 근거

to have p.p. [완료시제] ···▸ G-TELP 시험에서 완료시제는 거의 다루지 않음

to 동사원형-ing ···▸ to가 전치사인 경우

동사원형-ing [동명사]

having p.p. [완료동명사]

❯ 주의사항

to부정사 vs. 전치사 to

	to부정사	전치사 to
구조	to + 동사원형	to + (동)명사

· to는 크게 to부정사나 전치사로 사용된다. to부정사일 때에는 뒤에 동사원형이 나오고 전치사일 때에는 명사나 동명사가 주로 나온다.

❯ Check Point

55. [To be / To have been] happy, where and what are you doing now?

56. In order them [to preparing / to prepare] for employment, our professor has allowed senior students to only take an exam instead of attending all classes.

57. In order for glaciers not [melting / to melt], our global community needs a treaty and a fine regulation to prevent global warming.

to부정사의 명사적 용법 (3형식)

'주어 + 완전 타동사 + 목적어' 3형식 구조에서 목적어 자리에 to부정사를 취하는 완전 타동사가 있다. 이때 목적어로 사용된 to 부정사는 '~하는 것을'이라고 해석한다.

> ### to부정사를 목적어로 취하는 동사   출제 빈도수가 높은 완전 타동사 ⭐

주어	완전 타동사		목적어
I We You He She It They	choose	~을 택하다	to-동사원형
	claim	~을 (사실이라고) 주장하다	
	decide	~을 결심[결정]하다	
	expect	~을 기대[예기, 예상]하다	
	fail	(~하지) 못하다[않다], 게을리하다	
	hope	~을 바라다, 희망하다	
	learn	~을 배우다, 익히다, 습득하다	
	manage	용케(잘) ~을 해내다	
	need	~할 필요가 있다	
	promise	~을 약속[계약]하다	
	refuse	~하는 것을 거부하다	
	seek	~하려고 노력[시도]하다	
	want	~하고 싶다	
	wish	~을 희망하다, 바라다	

> ### to부정사를 목적어로 취하는 동사   출제 예상 완전 타동사

주어	완전 타동사		목적어
I We You He She It They	afford	~할 여유가 있다	to-동사원형
	agree	~하기로 의견이 일치하다, 합의하다	
	ask	~을 부탁하다, 청하다	
	attempt	~을 꾀하다, 시도하다	
	care	~하고 싶다고 생각하다	
	dare	감히 ~하다	
	demand	~을 요구하다	
	desire	~을 바라다, 원하다	
	determine	~을 결정하다	

주어	불완전 타동사		목적어
I We You He She It They	elect	~을 결정[채택]하다	to-동사원형
	guarantee	~을 보증[약속]하다, 책임지다	
	intend	~할 작정[의도]이다	
	offer	제공하다, 제의[권고]하다, ~하려고 시도하다	
	plan	~을 계획하다, ~할 작정이다, 마음먹다	
	pretend	~인 체하다, 속이다, 감히 ~하다	
	resolve	~을 하려고 결심[결의]하다	
	volunteer	~하겠다고 자신하여 떠맡다	

❯ 자동사이지만 뒤에 to부정사가 나오는 경우 G-TELP 시험에서는 tend가 주로 출제됨 ✦

주어	불완전 자동사		목적어
I We You He She It They	appear	~인 듯하다	to-동사원형
	arrange	미리 짜다, 준비하다, 타협하다, 의논하다; 협정하다	
	consent	~하는 것을 동의[승낙]하다	
	hesitate	주저하다, 망설이다	
	hurry	서두르다	
	long	~하기를 열망[갈망]하다	
	prepare	~할 각오하다, 마음의 준비를 하다	
	seem	~처럼 보이다, ~인 듯하다	
	tend	~하는 데 도움이 되다	
	yearn	몹시 ~하고 싶다, 열망하다	
	wait	~하는 것을 기다리다	

❯ 오답의 근거

to-동사원형

to be 동사원형-ing

to have p.p. [완료시제] ⋯❱ G-TELP 시험에서 완료시제는 거의 다루지 않음

동사원형-ing

having p.p. [완료동명사]

❯ Check Point

58. My wife wants [to have been / to be] a university professor.

59. Emily, who is the most obese among my friends, decided [to exercise / exercising] hard starting today.

60. To keep up with technology, older people should learn [to use / having used] the latest digital products.

기출 포인트 21   to부정사의 명사적 용법 (5 형식)

'주어＋불완전 타동사＋목적어＋목적격보어' 5형식 구조에서 목적격보어 자리에 'to부정사' 또는 'to be＋보어'를 사용하는 불완전 타동사가 있다. 이러한 동사는 수동태가 되면 '주어＋be p.p.＋주격보어 $^{to-동사원형}$ (＋by＋목적격)'가 된다.

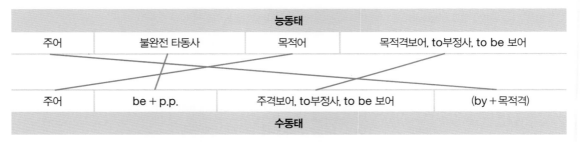

능동태			
주어	불완전 타동사	목적어	목적격보어, to부정사, to be 보어
주어	be + p.p.	주격보어, to부정사, to be 보어	(by + 목적격)
수동태			

- 능동태에서 수동태로 문장 전환이 될 경우 목적격보어는 주격보어로 바뀌는데 이때 목적격보어 자리에 나온 것들은 주격보어 자리에 그대로 사용된다. G-TELP에서 이러한 문장 전환을 자주 보여주는 5형식 불완전 타동사로는 ask / encourage / call 동사가 있다. ask / encourage 동사는 목적격보어 자리에 'to부정사', call은 그 자리에 'to be 보어'가 온다.

- 능동태의 주어는 수동태로 문장 전환 시 'by＋목적격'으로 바뀌는데 일반인 주어일 경우에는 주로 생략한다. (by us / them / you / people 등)

▶ to부정사를 목적격보어로 취하는 동사   출제 빈도수가 높은 불완전 타동사 ⭐

주어	불완전 타동사		목적어	목적격보어
I We You He She It They	advise	~에게 …할 것을 충고[조언]하다	me us you him her it them	to-동사원형
	allow	~에게 …하는 것을 허락[허가]하다		
	ask	~에게 …할 것을 묻다, 요청하다		
	encourage	~에게 …하도록 격려하다		
	expect	~가 …할 것을 기대하다		
	force	~가 …하는 것을 강요하다		
	instruct	~에게 …하라고 지시[명령]하다		
	order	~에게 …하도록 지시[명령]하다		
	require	~에게 …하도록 요구[명령]하다		
	tell	~에게 …하라고 말[충고, 명]하다		
	want	~가 …하기를 원하다		

▶ to부정사를 목적격보어로 취하는 동사   출제 예상 불완전 타동사

주어	불완전 타동사		목적어	목적격보어
I We You He She It They	beg	~에게 …해 달라고 부탁[간청]하다	me us you him her it them	to-동사원형
	cause	~으로 하여금 …하게 하다		
	compel	~에게 …하도록 시키다[강요하다]		
	decide	~에게 …할 결심을 하게 하다		
	deem	~은 …하다고 생각하다		
	design	~가 …하도록 꾀하다, ~에게 …을 시킬 작정이다		
	drive	~을 할 수 없이 …하게 하다		
	enable	~을 …할 수 있게 하다		
	forbid	~에게 …하기를 금하다[허락하지 않다]		
	incline	~에게 …하고 싶어지게 하다, 마음이 기울어지게 하다		
	intend	~에게 …을 시킬 작정이다		
	invite	~에게 …하도록 요구[요청]하다		
	lead	~에게 …할 마음이 내키게 하다		
	like	~가 …해 주기를 바라다, 원하다		
	motivate	~에게 …할 동기를 주다		
	permit	~에게 …할 것을 허락하다		
	persuade	~을 재촉하여 …하도록 시키다		

주어		불완전 타동사	목적어	목적격보어
I We You He She It They	pressure	~에게 …하도록 강요하다	me us you him her it them	to-동사원형
	program	~가 …하도록 계획하다[방향을 잡아주다]		
	push	~에게 …하도록 강요하다		
	teach	~에게 …하는 방법을 가르치다[훈련시키다]		
	train	~하도록 …을 훈련시키다		
	urge	~에게 …하도록 강제[설득, 간청, 권고]하다		
	warn	~에게 …하도록 주의하다[타이르다]		
	wish	~에게 …하기를 바라다[요구하다]		

❯ 'to be + 보어'를 목적격보어로 취하는 동사   G-TELP 시험에서는 believe가 주로 출제됨 ⭐

주어		불완전 타동사	목적어	목적격보어
I We You He She It They	assume	~을 …이라고 생각[추정, 추측]하다	me us you him her it them	(to be) 보어
	believe	~을 …이라고 생각하다[믿다]		
	consider	~을 …이라고 여기다[생각하다]		
	declare	~을 …이라고 단언하다		
	deem	~을 …이라고 생각하다[여기다]		
	discover	~이 …임을 알다		
	feel	~을 …이라고 생각하다		
	find	~가 …이라는 것을 알다[깨닫다]		
	guess	~가 …이라고 추측하다		
	hold	~을 …이라고 생각하다		
	imagine	~이 …이라고 상상하다		
	intend	~을 …로서 나타내려고 하다		
	know	~이 …임을 알고 있다		
	presume	~가 …이라고 생각[간주]하다		
	prove	~가 …임을 증명하다		
	show	~가 …이라고 증명하다		
	suppose	~가 …이라는 것을 가정하다		
	take	~을 …이라고 생각하다[느끼다]		
	think	~을 …이라고 생각하다[간주]하다		
	wish	~가 …이기를 바라다		

❯ 오답의 근거

현재형 동사
to be 동사원형-ing
to have p.p. [완료시제] ⋯▸ G-TELP 시험에서 완료시제는 거의 다루지 않음
to having p.p.
동사원형-ing
having p.p.
will 동사원형

❯ Check Point

61. The captain allowed the anglers [fishing / to fish] on a safe rock where the water current was not swift.

62. Ms. Sullivan encouraged disabled Helen Keller [to graduate / to have graduated] from high school.

63. Every mother in the world believes every child [being / to be] honest.

일반적인 문장에서 주어 자리에 사용할 수 있는 형태에는 단어, 구, 절이 있다. 구에는 to부정사구 또는 동명사구가 주를 이룬다. 절에는 종속접속사 that절, 관계대명사 what절, whether절, 의문사절(간접의문문: 의문사＋주어＋동사), 복합관계대명사절 등이 있다. 주어가 길거나 중요한 정보가 들어 있는 경우 그 주어 자리에 가주어 It을 사용하고 앞에 있던 주어는 문장 맨 뒤에 위치시키는데 이것을 진주어라고 한다. G-TELP에서는 **진주어 자리에 동명사보다 to부정사를 더 선호**한다.

❯ 주어 자리에 오는 것들

주어가 될 수 있는 것들		주어와 동사의 수 일치
단어	명사	명사와 대명사에 따라 동사의 단·복수 결정
	대명사	
구	to부정사구	단수 동사 *모든 구와 절은 단수 취급
	동명사구	
절	that절	
	what절	
	whether절	
	의문사절	
	복합관계대명사절	

❯ 진주어 – 가주어 구문 ☆

가주어	동사		진주어
It This, That, There 사용 불가	동사	구	to부정사구
			동명사구
		절	that절
			what절
			if절/whether절
			의문사절
			복합관계대명사절

- 가주어 It은 의미가 없기 때문에 해석하지 않고, This／That／There를 사용할 수 없다.
- 진주어 자리에 나오는 절에 사용할 수 있는 의문사 if(~인지 아닌지)는 주어 자리에는 사용할 수 없고 진주어 자리에만 사용된다.

❷ Check Point

64. It is impossible [to read / reading] and understand the four great tragedies by Shakespeare in one day.

65. It is important [to have locked up / to lock up] doors securely before leaving home.

66. When using public transportation, it is essential [having worn / to wear] a mask to prevent droplet infection.

기출 포인트 23   **to부정사의 관용적 표현**

완전 타동사의 목적어나 불완전 타동사의 목적격보어 자리에만 to부정사를 사용하는 것이 아니라 관용적으로 to부정사를 사용하는 경우도 있는데, G-TELP에서는 'too ~ to부정사'과 'have no choice but to부정사' 등이 잘 출제된다.

❷ to부정사의 관용적 표현   출제 빈도수 높음 ⭐

관용적 표현		해석
be able		~할 수 있다
be likely		~할 것 같다
be unlikely		~일 것 같지 않다
be about		막 ~하려고 하다
be willing		기꺼이 ~하다
be unwilling		~하기를 꺼리다
be supposed	to-동사원형	~하기로 되어 있다, ~할 의무가 있다
be ready		~할 준비가 되다
be reluctant		~하기를 꺼리다
be due		~할 예정이다
have no choice but		~하지 않을 수 없다, ~할 수 밖에 없다
would like		~하고 싶다
would love		~하고 싶다

❯ too ~ to부정사　너무 ~해서 …할 수 없다　⭐

· too + 형용사/부사 + to-동사원형 ~

· so + 형용사/부사 + that + 주어 + can't 동사원형~

· 'too + 형용사/부사 + for + 목적격 + to-동사원형' 구문에서 to부정사의 주체와 문장의 주어가 다를 경우 'for + 목적격'을
　to부정사 바로 앞에 사용하고 이것을 'to부정사의 의미상의 주어'라고 한다.

❯ have no choice but to부정사 동의 표현　~하지 않을 수 없다

· have no choice but to-동사원형

· cannot help but to-동사원형

· cannot but 동사원형

· cannot help 동사원형-ing

❯ to부정사의 관용적 표현　출제 예상 표현

· in order to-동사원형 ~하기 위해서

· too 형용사/부사 to-동사원형 너무 ~해서 …할 수 없다

· 형용사/부사 enough to-동사원형 ~할 만큼 충분히 …하다

❯ 오답의 근거

to be 동사원형-ing

동사원형-ing

having p.p.

❯ Check Point

> **67.** Emily was too drunk [to drive / to have driven] yesterday.
>
> **68.** In order to boost the domestic economy, we have no choice but [to implement / implementing] a third extra budget.
>
> **69.** Is he healthy enough [having joined / to join] the army?

동명사는 '동사원형 + ing' 형태로 문장에서 명사 역할[주어/목적어/보어]을 하는 동시에 동사의 성질을 가지고 있고, '~하는 것' 또는 '~하기'라고 해석한다. 동명사가 주어로 사용될 때 동사는 단수 동사를 사용한다. 목적어로 사용되는 경우는 완전 타동사[3형식]와 불완전 타동사[5형식]의 목적어 또는 전치사의 목적어로 사용된다. 보어로 사용되는 경우는 2형식 불완전 자동사나 5형식 불완전 타동사의 보어로 사용된다. 동명사는 문장에서 명사로 분류되지만, 동사의 성질이 있으므로 명사를 수식하는 형용사가 아닌 부사의 수식을 받고, to부정사처럼 시제와 태 그리고 부정을 만들 수 있다.

❶ 동명사의 용법

1형식	주어	완전 자동사	–	
2형식		불완전 자동사	주격보어	–
3형식		완전 타동사	목적어	–
4형식		수여동사	간접목적어	직접목적어
5형식		불완전 타동사	목적어	목적격보어

• 주어: 1~5형식 모든 주어 자리에 동명사 가능
• 목적어: 3형식 목적어 자리와 5형식 목적어 자리에 동명사 가능
• 보어: 2형식 주격보어 자리와 5형식 목적격보어 자리에 동명사 가능

❷ 동명사의 태와 시제

태	능동태	동사원형-ing
	수동태	being p.p.
시제	단순시제	동사원형-ing
	완료시제	having p.p.

• having been p.p.는 동명사의 완료수동태라고 한다.
• 단순시제는 동명사의 시제와 본동사의 시제가 같거나 보다 이후의 일을 의미하는 경우를 말하고, 완료시제는 동명사의 시제가 본동사의 시제보다 이전 즉 과거를 의미한다.

❸ 동명사의 부정

not/never + 동사원형-ing

• not/never는 부사이기 때문에 동사적 성질이 있는 동명사를 부정할 수 있다. 하지만 같은 의미의 부정어인 no는 형용사이기 때문에 동명사에 사용할 수 없고 명사를 부정한다.

❹ 동명사의 의미상의 주어

| 주어 동사 | | 동사원형-ing | : 주어가 동명사의 주체 |
| 주어 동사 | 소유격·목적격
의미상의 주어 | 동사원형-ing | : 주어가 동명사의 주체가 아니기 때문에 의미상의 주어 필요 |

• 동명사 앞에 '소유격·목적격'이 있는 경우와 없는 경우로 나눠보자면, 전자는 문장의 주어가 동명사를 행하는 주체이기 때문에 '소유격·목적격'을 앞에 사용하지 않지만, 그렇지 않은 경우에는 '소유격·목적격'을 동명사 앞에 사용해야 한다.

주의 동명사의 의미상의 주어 자리에는 주격을 사용할 수 없다.

❺ 동명사 vs. 현재분사

동명사와 현재분사의 생김새는 '동사원형 + ing'로 동일하다. 하지만 이 둘은 역할과 해석에 있어 서로 다르다. 동명사는 명사 역할을 하면서 문장에서 주어, 목적어, 보어 역할을 하지만 현재분사는 보어 역할을 하거나 명사를 수식한다.

형태	분류	품사	역할	해석	쓰임
동사원형-ing	동명사	명사	주어, 목적어, 보어	~하는 것, ~하기	용도, 목적
	현재분사	형용사	명사 수식, 보어	~하는	상태, 동작

• 동명사와 현재분사를 형태로 구별하기는 힘들지만, 쓰임을 보면 쉽다. 동명사는 '용도나 목적'으로 '~을 하기 위한'이라는 의미를 연상하고, 현재분사는 '~하는 중'이라는 의미를 부여해 보자. 예를 들어, a sleeping baby에서 sleeping은 '잠을 자는 아기'의 상태나 동작을 묘사하고 있으므로 현재분사라고 말한다. 이에 반해 sleeping car는 '잠을 자기 위한 차'라는 용도와 목적의 의미이므로 동명사다. '~을 위한'의 의미를 지닌 전치사 for를 각각의 sleeping 앞에 넣어보자. a baby for sleeping은 a car for sleeping은 자연스러우므로 sleeping car에 동명사가 사용되었음을 확인할 수 있다.

❻ 현재분사

분사의 역할	형용사	명사 수식	전치 수식
			후치 수식
		보어	주격보어
			목적격보어
분사의 종류	현재분사^{동사원형-ing}	능동	~하는
	과거분사^{p.p.}	수동	~되는, ~당하는, 이미 ~된

• G-TELP 문법 파트에서 현재분사는 동사의 시제 중 진행시제와 관련하여 출제되는 한계가 있지만 듣기나 독해 지문에서는 자주 나오니 잘 숙지하기를 바란다.

동명사의 용법 (주어 자리)

G-TELP 문법에서는 주어 자리에 주로 동명사를 선호하고, 동사는 주어가 동명사이기 때문에 단수 동사를 써야 한다. 하지만 동사원형으로 시작하는 직접명령문에서는 동명사를 사용해서는 안 된다. 전치사구가 문두로 이동하면 '주어＋동사'의 어순이 '동사＋주어'로 도치된다. **주의** 이때 주어 자리에 동명사가 오면 동사는 단수 동사를 써야 한다.

❯ 주어 자리에는 to부정사보다 주로 동명사를 사용

G-TELP에서 흔히 볼 수 있는 문법 사항 중 하나는 주어 자리에 to부정사보다는 동명사를 더 선호한다는 사실이다. 주어 자리에 사용하는 동명사(구)는 단수 취급을 하므로 동사는 단수형으로 사용해야 한다.

단문인 경우 동명사 주어 자리에 동사원형을 사용할 수 없음 ✮

주어	동사
동사원형-ing	단수 동사

중문인 경우 동명사 주어 자리에 동사원형을 사용할 수 없음 ✮

주어	동사	대등(등위)접속사	주어	동사
동사원형-ing	단수 동사	and^{순접} but^{역접}	동사원형-ing	단수 동사

복문인 경우 동명사 주어 자리에 동사원형을 사용할 수 없음 ✮

주절		종속절		
주어	동사	종속접속사	주어	동사
동사원형-ing	단수 동사	(that)	동사원형-ing	단수 동사

❯ 명령문에서는 동명사가 아니라 동사원형 사용

한 문장에서 주어는 생략될 수 있지만 동사는 무조건 있어야 한다. 주어를 생략하고 동사원형으로 시작하는 문장을 직접명령문이라고 한다. 이러한 문장에서는 동사원형 자리에 동명사 또는 to부정사를 사용할 수 없다.

긍정문	동사원형	~해라
부정문	Don't + 동사원형 Never + 동사원형	~하지 마라

▶ 전치사구(부사구) 문두 도치 ☆

장소의 부사구가 문장 맨 앞으로 나가면 주어와 동사의 어순이 서로 바뀌게 되는데 이를 '부사구 문두 도치'라고 한다.

주의 주어 자리에 사용하는 동명사 대신에 동사원형을 사용할 수 없고 동명사 주어의 동사는 단수 동사를 사용해야 한다.

전치사 + 목적어 + 단수 동사 + 동명사 주어
〈전치사구/부사구〉　　　　〈도치〉

▶ 오답의 근거

to-동사원형 ⋯▸ G-TELP 시험에서 to부정사는 주어 자리에 거의 나오지 않음

to be 동사원형-ing ⋯▸ G-TELP 시험에서 to부정사는 주어 자리에 거의 나오지 않음

to have p.p. [to부정사의 완료시제] ⋯▸ G-TELP 시험에서 to부정사는 주어 자리에 거의 나오지 않음

having p.p. [동명사의 완료시제] ⋯▸ G-TELP 시험에서 완료시제는 거의 다루지 않음

▶ 주의 사항

① 단문·중문·복문에서 주어 자리에는 동명사 이외에 명사, to부정사구, 명사절(that절/what절/whether절/의문사절/복합관계대명사절)을 쓸 수 있다.

② G-TELP에서는 주어 자리에 to부정사보다 동명사를 더 선호한다. ★

③ 주어를 사용하지 않고 동사원형으로 문장을 시작할 수도 있는데, 이를 직접명령문이라고 하고 '~해라'라는 의미를 가진다.

▶ Check Point

70. [To buy / Buying] some expensive jewelry is a wish for all women.

71. [Having acted / Acting] naturally is important at a job interview and speaking confidently is also essential to attract attention from interviewers.

72. I believe that [being cleared / clearing] the snow in front of the house helps make me a good neighbor.

문장에서 목적어 자리에는 여러 가지를 쓸 수 있는데, 우선 단어일 경우에는 명사나 대명사가 주로 나온다. 구일 경우에는 to부정사구나 동명사구가 주로 나오고, 절이면 종속접속사 that, 관계대명사 what절, whether절, 의문사절, 복합관계대명사절을 사용할 수 있다.

❯ 목적어 자리에 나올 수 있는 것들

		목적어
단어	명사	○
	대명사	○
구	to부정사구	○
	동명사구	○
	전치사구	×
절	that절	○
	what절	○
	whether절	○
	의문사절	○
	복합관계대명사절	○

❯ 타동사와 전치사의 목적어 자리 ✬

G-TELP에서 동명사는 주로 3형식 완전 타동사의 목적어 자리와 5형식 불완전 타동사의 목적어 자리에 사용된다. 또한, 전치사의 목적어 자리에도 동명사가 사용되기도 한다.

▶ 3형식에서 목적어 자리에 동명사를 취하는 동사 출제 빈도 높음

주어	완전 타동사		목적어
	allow	~을 허락[허용]하다	
	anticipate	~을 기대하다	
	advocate	~을 옹호[지지]하다	
	appreciate	~을 고맙게 여기다[감사하다]	
	avoid	~을 피하다	
	ban	~을 금지하다	
	conduct	~을 수행하다	
	consider	~을 고려하다	
	contemplate	~을 생각하다	
	delay	~을 늦추다	
	deny	~을 부정하다	
	encourage	~을 격려하다	
	enjoy	~을 즐기다	
	favor	~을 찬성하다	
I	finish	~을 끝내다	
We	imagine	~하는 것을 상상하다	
You	include	~을 포함시키다	
He	involve	~을 포함[수반]하다	동사원형-ing
She	mention	~라고 말하다	
It	mind	~을 꺼려하다	
They	overcome	~을 극복하다	
	practice	~을 연습[훈련]하다	
	postpone	~을 연기하다	
	prohibit	~을 금지하다	
	recall	~을 상기하다	
	recommend	~을 추천하다	
	reconsider	~을 재고하다	
	report	~을 보고하다[전하다]	
	require	~을 필요로 하다	
	resist	~에 저항하다	
	suggest	~을 제안하다	
	take up	~을 계속하다	
	tolerate	~을 묵인하다, 관대하게 다루다	

❯ 3형식에서 목적어 자리에 동명사를 취하는 동사 출제 예상

주어	완전타동사		목적어
I We You He She It They	abhor	~하는 것을 몹시 싫어하다	동사원형-ing
	acknowledge	~을 인정[시인, 고백]하다	
	admit	~을 인정하다	
	advise	~하도록 충고[권고]하다	
	allow	~을 허락[허가]하다	
	can't help	~할 수 밖에 없다	
	celebrate	~을 기념[축하]하다	
	detest	~하는 것을 몹시 싫어하다	
	discuss	~을 논하다	
	doubt	~을 의심하다	
	endure	~을 참다	
	escape	~을 탈출하다	
	experience	~을 경험하다	
	fancy	~을 상상[공상]하다	
	forgive	~을 용서하다	
	give up	~을 포기하다	
	go on	~하기를 계속하다	
	justify	~을 정당화하다	
	miss	~을 이해하지 못하다	
	omit	~을 빠뜨리다[잊다]	
	permit	~을 허락[용인, 동의]하다	
	put off	~을 연기하다[미루다]	
	quit	~을 그만두다	
	resent	~에 대해 분개하다[노하다]	
	resume	~을 다시 시작하다	
	risk	(피해를 입을) 위험에 무릅쓰다, ~을 받을 각오로 행동하다	
	stand	~을 견디다[참다]	
	understand	~을 이해하다	

❯ 5형식에서 목적어 자리에 동명사를 취하는 동사 ✪

주어	불완전 타동사	목적어	목적격보어
I We You He She It They	believe consider find make think	동사원형-ing	형용사·명사

- G-TELP 문법 파트에서는 다른 동사에 비해 find가 자주 나온다.
- 목적어 자리에 동명사가 아니라 to부정사가 나오면 반드시 가목적어 it을 사용하고 to부정사는 문장 맨 뒤로 이동한다. 이때 가목적어 it 대신에 this, that, there를 사용할 수 없다.

주어	불완전 타동사		가목적어	목적격보어	진목적어
I We You He She It They	believe	~을 …라고 믿다	it	형용사·명사	to-동사원형
	consider	~을 …라고 생각하다			
	find	~을 …이라고 알아차리다			
	make	~을 …한 상태로 보이게 하다			
	think	~을 …라고 생각하다			

❯ 전치사는 목적어와 함께 사용   전치사 뒤에 나오는 목적어의 종류

전치사는 단독으로 사용할 수 없고 반드시 뒤에 목적어를 취해야 한다. 그 목적어로 동명사가 사용될 수 있고, G-TELP 문법 파트에서는 of 또는 be against가 주로 출제된다. ✪

- 전치사＋대명사
- 전치사＋명사 ✪
- 전치사＋동명사 ✪
- 전치사＋관계대명사 what절
- 전치사＋간접의문문 의문사 + 주어 + 동사
- 전치사 뒤에 나오는 명사와 동명사의 차이점은 동명사는 뒤에 목적어를 취할 수 있는 반면에 명사는 그럴 수 없다는 점이다.

❯ 오답의 근거

현재시제

to-동사원형

to have p.p.

to be 동사원형-ing

to be p.p.

having p.p. [완료시제] ⋯→ G-TELP 시험에서 완료시제는 거의 다루지 않음

will 동사원형

❯ Check Point

73. We should avoid [to take action / taking action] that may cause racial discrimination.

74. For my health, I find [to ride / riding] a bike helpful.

75. An employee from A & B securities firm in New York is accused of illegally [having manipulated / manipulating] the accounts figures.

기출 포인트 26　동명사의 용법 (보어 자리)

동명사는 주어나 목적어 자리뿐만 아니라 보어 자리에도 사용될 수 있다. 보어는 2형식과 5형식일 때 필요하다. 이러한 주격보어나 목적격보어 자리에 동명사를 사용하면 '과거'의 의미를 나타내고, to부정사를 사용하면 '미래'의 의미를 지닌다. 이것이 바로 G-TELP에 자주 출제되는 유형이다.

주어	불완전 자동사	동사원형-ing ^{동명사} to-동사원형 ^{to부정사}	과거 미래
		주격보어	의미

주어	불완전 타동사	목적어	동사원형-ing ^{동명사} to-동사원형 ^{to부정사}	과거 미래
			목적격보어	의미

* G-TELP에서는 5형식 불완전 타동사 중, 동사 call이 주로 나온다.

to be 동사원형-ing

having p.p.

❷ Check Point

76. My dream is [traveling / to be traveling] all over Europe after becoming an adult.

77. Emily's hobby is [having watched / watching] American dramas while drinking coffee.

78. James sneaked a look at Julie's answer sheet during the English exam. The teacher called such an act [being cheated / cheating].

기출 포인트 27   동명사의 관용적 표현

동명사의 관용적 표현에는 to가 전치사로 쓰인 경우, 전치사 in이 생략된 경우, keep 동사의 쓰임, 기타 중요 관용적 표현이 있다.

❷ to가 전치사로 쓰인 경우

관용적 표현	목적어	의미
be used to		~하는 데 익숙하다
contribute to		~에 공헌하다
devote[dedicate] A to		A를 ~에 바치다
in addition to	동사원형-ing	~에 덧붙여
look forward to		~을 기대하다
object to		~에 반대하다
pay attention to		~에 주의를 기울이다
when it comes to		~에 관해서 말하자면

* be used to가 주로 G-TELP 문법 파트에 출제된다.

주의 ► (be) used to 표현

- be used to 동사원형-ing ~하는 데 익숙하다
- be used to-동사원형 ~하는 데 사용되다
- used to + 동사원형 ~하곤 했다

❯ 전치사 in이 생략된 경우

be busy	(in)		~하느라 바쁘다
spend 시간/돈	(on/in)	동사원형-ing	~에 시간[돈]을 쓰다
have a hard time/difficulty/problem/trouble	(in)		~하는 데 어려움을 겪다

❯ keep 동사의 쓰임 ✦

keep (on)		계속 ~하다
keep (목적어)	동사원형-ing	계속 ~하다
keep (목적어) from		~을 …하는 것으로부터 막다

❯ 기타 ✦

be worth		~할 가치가 있다
cannot help	동사원형-ing	~하지 않을 수 없다
go		~하러 가다
upon		~하자마자

* G-TELP 시험에서는 주로 go + 동사원형-ing과 upon + 동사원형-ing이 출제된다.

❯ 오답의 근거

to-동사원형

to be 동사원형-ing

having p.p. [완료시제] ⋯➔ G-TELP 시험에서 완료시제는 거의 다루지 않음

❯ Check Point

79. Unlike Generation X, Generation Z is used to [use / using] the Internet and IT (Information Technology).

80. The government has kept them [using / from using] Internet Cafe (PC rooms) after 10 p.m. to prevent crimes committed by teenagers.

81. Lucas went [to be shopping / shopping] for his parents' clothes upon [having getting / getting] his first paycheck.

이것만은 꼭 기억하자! **to부정사와 동명사의 구별**

G-TELP에서는 to부정사와 동명사의 차이를 구별하는 것이 중요하다. to부정사는 주로 미래를 의미하고 동명사는 과거를 의미하는 경향이 있다. 주어 자리에는 to부정사보다는 동명사를 선호한다. 완전 타동사의 목적어 자리에 to부정사와 동명사를 모두 사용하는 동사 중, 의미의 차이가 없는 경우와 의미의 차이가 있는 경우를 묻는 문제가 주로 출제된다.

to부정사와 동명사의 의미 차이

to부정사	앞으로 일어날 일	미래지향적	일시적	즉흥적
동명사	이미 일어난 일	과거, 현재	지속적	경험적

07 The City Hall of Seoul has set up a new bike-sharing system, which makes use of an online application. Called City Bikes, the app allows users _____ for its service by their smartphones.

(a) paying
(b) having paid
(c) to pay
(d) to be paying

08 Aside from the depressing atmosphere, Donna is unwilling to visit hospitals because of how she feels about patients fighting death and fatal diseases. So, she believes that _____ love for families and friends should be done while they are alive.

(a) expressing
(b) to express
(c) to have expressed
(d) having expressed

09 Suji read somewhere that passive smoking are as harmful as smoking. That is why she intentionally refuses _____ with smokers.

(a) to be staying
(b) staying
(c) having stayed
(d) to stay

10 On his way to school, Steven saw Mary Jo, a renowned fashion designer who has been an inspiration for his studies, design, and future career. He couldn't resist _____ for her autograph.

(a) to ask
(b) having asked
(c) to be asking
(d) asking

11 Dermatologists say that sunscreen products like sun cream can prevent sunburn and premature aging and decrease the risk of skin cancer. They encourage people _____ sunscreen to all exposed skin 30 minutes before sun exposure and reapply it every 2 hours.

(a) applying
(b) to be applying
(c) to apply
(d) will apply

12 A koala's diet is composed entirely of eucalyptus leaves. Eucalyptus is low in nutrition and has toxic compounds in the leaves, so koalas are inactive and spend the day asleep in the fork of the tree. This demands _____ a considerable amount of leaves as an energy-saving adaptation to their poor diet.

(a) to have eaten
(b) to eat
(c) having eaten
(d) eating

연결 편

Chapter 5 연결어(사)

기출 포인트 31   전치사
기출 포인트 32   대등(등위)접속사
기출 포인트 33   상관접속사
기출 포인트 34   종속접속사
기출 포인트 35   접속부사
기출 포인트 36   전치사 vs. 종속접속사 / 종속접속사 vs. 접속부사

Chapter 6 관계사

관계대명사

기출 포인트 37   주격 관계대명사
　　　　　　　　 주격 관계대명사 who
　　　　　　　　 주격 관계대명사 which
　　　　　　　　 주격 관계대명사 that
　　　　　　　　 주격 관계대명사 what

기출 포인트 38   소유격 관계대명사

소유격 관계대명사 whose

소유격 관계대명사 whose / of which

기출 포인트 39   목적격 관계대명사

목적격 관계대명사 whom

목적격 관계대명사 which

목적격 관계대명사 that

목적격 관계대명사 what

관계부사

기출 포인트 40   관계부사

관계부사 when

관계부사 where

관계부사 why

관계부사 how

복합관계사

기출 포인트 41   복합관계대명사

기출 포인트 42   복합관계부사

Chapter 5 연결어(사)

단어와 단어, 구와 구, 절과 절, 문장과 문장을 이어주는 역할을 하는 것을 연결어 또는 연결사라고 한다. 이러한 연결어(사)에는 전치사, 접속사, 관계사가 있다. G-TELP 문법 파트에서는 빈칸에 알맞은 접속사를 묻는 문제와 전치사와 접속사를 구별하는 문제가 주로 출제된다. 관계사에서는 빈칸에 알맞은 관계사를 넣는 문제가 출제된다. Chapter 5 에서는 전치사와 접속사, Chapter 6 에서는 관계사에 대해 알아보자.

본론으로 넘어가기 전에 연결어 학습의 중요성을 다시 한번 강조하는데 그 이유는 올바른 연결어를 묻는 문제의 정답을 찾는 것도 중요하지만 특히 독해하는 데 있어 매우 중요하기 때문이다. 듣기를 잘 하기 위한 방법 중 하나 역시 다양한 연결어 학습이다. 따라서 연결어가 문법/독해/듣기 영역에서 중요하다는 점을 명심하고 본서를 통해 잘 정리하길 바란다.

G-TELP Grammar Point

G-TELP 출제 빈도수: 2문제 / 26문제

- 종속접속사: 0~2문제 / 2문제
- 접속부사: 1문제 / 2문제
- 전치사 vs. 종속접속사: 0~1문제 / 2문제

Grammar Point 연결어의 종류

연결어(사)	전치사	단순 전치사
		이중 전치사
		구 전치사
		분사형 전치사
	접속사	대등[등위]접속사
		상관접속사
		종속접속사
		접속부사
	관계사	관계대명사
		유사관계대명사
		관계형용사 + 명사
		관계부사
	복합관계사	복합관계대명사
		복합관계형용사 + 명사
		복합관계부사

* 접속부사는 부사에 속하지만 접속 기능이 있어 본서에서는 접속사로 분류했다.

G-TELP 문법 파트에서는 빈칸에 알맞은 연결어를 넣는 문제가 자주 출제되는데, 주로 '전치사와 종속접속사'의 차이를 묻는 문제와 '관계대명사와 관계부사'의 차이를 묻는 문제가 출제된다. 언급했던 전치사, 종속접속사, 관계대명사, 관계부사만 알고 있다고 해서 문제의 정답을 찾을 수 있는 것은 아니다. 왜냐하면 선택지에 위의 연결어들이 나와 있기 때문이다. 따라서 본서에 제시한 연결어의 종류를 숙지하여 올바른 정답을 빠르고 정확하게 찾길 바란다.

기출 포인트 31 　전치사

전치사는 대명사나 명사 또는 명사상당어구 ^{명사구, 동명사, 간접의문문, 명사절} 앞에 놓여 주로 명사를 수식하는 형용사나 동사를 수식하는 부사구로 사용된다. 따라서 전치사는 단독으로 사용할 수 없고 항상 뒤에 목적어가 따라 나온다. '전치사 + 목적어'를 전치사구라고 한다. 이러한 전치사의 종류에는 단순/이중/구전치사가 있고 분사형에서 나온 분사형 전치사구가 있다. G-TELP 문법 파트에서는 전치사와 종속접속사를 구별하는 것이 시험에 자주 출제된다.

❷ 전치사 뒤에 나오는 목적어의 종류

- 전치사 + 대명사
- 전치사 + 명사
- 전치사 + 동명사
- 전치사 + 관계대명사 what절
- 전치사 + 간접의문문 ^{의문사 + 주어 + 동사}

❷ 단순 전치사의 종류

시간	at/in/on, within/after/before, since/from, for/during/through, by/until
원료·방법	of, from, into, with
교통수단	by, in, on
단위·가격	by, at, for
목적	for, after, on
수단·도구	by, through, with
연관·언급	about, of, on, over
원인·이유	of/from/through, at/with
장소·위치·방향	at/in/on, on/beneath, over/under, above/below, to/for/toward, up/down, behind/in front of, after/before, near/by/beside/next to, round/around/about, between/among
찬성·반대	for, against

❯ 이중 전치사의 종류

across from	~의 바로 맞은편에
as against	~와 대조적으로, ~에 비해
as for	~에 관해 말하면
as to	~에 관해
except for	~을 제외하고는 (= but for)
from among	~의 가운데서
from behind	~뒤에서부터
from under	~밑에서부터
since before	~이전부터
till after	~이후까지

❯ 구 전치사의 종류

according to	~에 따르면
because of	~ 때문에
but for	~이 없으면
by means of	~에 의하여
due to	~ 때문에
in addition to	~ 외에도
in front of	~ 앞에
in spite of	~에도 불구하고
in the middle of	~의 가운데에
instead of	~ 대신에
owing to	~ 때문에
regardless of	~을 개의치 않고
thanks to	~ 덕택에
up to	~까지

❯ 분사형 전치사의 종류

according to	~에 따르면
assuming	가정할 때 ^{접속사도 가능}
barring	~이 앞으로 없다면, 막는다면
based on	~에 근거해 볼 때
concerning	~에 관하여
considering	~을 고려하면
depending on	~에 따라
during	~동안에
excluding	~을 제외하고
following	~이후에 (= after)
forthcoming	다가오는
given	~을 고려해 볼 때, ~이 주어진다면
including	~을 포함하여
involving	~에 관한
notwithstanding	~에도 불구하고
owing to	~ 때문에
pending	발생할 때까지
pertaining to	~에 관하여
proceeding	~ 이전에 (= before)
ranging from A to B	A부터 B까지 아울러
regarding	~에 관하여
respecting	~에 관하여
seeing	~이므로, ~인 것으로 보아
surrounding	~을 둘러싼
touching	~에 관하여
upcoming	다가오는

• 분사형 전치사란 생김새는 현재분사 또는 과거분사처럼 보이지만 실제 문장에서는 전치사 역할을 하는 것으로 관용적 표현으로 이해하자.

❯ 전치사에 논리를 더하다

전치사가 지닌 단순한 의미가 문장에서 어떤 논리로 사용되는지 숙지한다면 문법 파트뿐만 아니라 독해나 듣기의 정답을 찾는 데 있어서도 매우 유용한 도구가 될 수 있다.

❯ 순접과 관련된 전치사

논리	전치사	의미
도입	speaking of	~에 대해 말하자면
	regarding	~에 관해
동의	according to	~에 따르면
매개	through	~을 통해
	by means of	~을 통해
목적	to the purpose of	~의 목적으로
	in an effort to	~할 노력으로
상황	in the midst of	~의 와중에
	from the viewpoint of	~의 관점에서
시간 관련	during	~동안에
	for	~동안에
	since	~이래로
예시	such as	~와 같은
	like	~처럼, 가령
	including	~을 포함하여
인과 관계	because of	~ 때문에
	due to	~ 때문에
	on account of	~ 때문에
	owing to	~ 때문에
조건	in the event of	~의 경우에
	in case of	~의 경우에

❯ 역접과 관련된 전치사 ⭐

논리	전치사	의미
대체	instead of	~ 대신에
	in place of	~ 대신에
양보 · 대조	unlike	~와 달리
	despite	~에도 불구하고
	in spite of	~에도 불구하고
예외 · 제외	except for	~ 외에는, ~을 제외하고
	aside from	~ 외에는, ~은 별도로 하고
	apart from	~은 별도로 하고

❷ Check Point

91. [Like / Unlike] humans, animals have the superior five senses.

92. The citizens will vote [against / for] a president who keeps his promises.

93. [According to / According as] the Urban Railroad Corporation, high-speed rail operations from Seoul to Busan will start from next month.

기출 포인트 32 대등[등위]접속사

대등접속사는 등위접속사라고도 하고, 단어와 단어, 구와 구, 절과 절을 대등하게 연결하는 역할을 한다. 이것의 특징은 문장 처음에 나올 수 없고 병렬 구조를 이룬다는 점이다.

❷ 대등접속사의 종류 (FANBOYS로 암기)

종류	의미	용법
for	왜냐하면	for + 주어 + 동사 ~, 주어 + 동사 (×)
		주어 + 동사 ~, for + 주어 + 동사 (○)
and	그리고	단어와 단어, 구와 구, 문장과 문장을 이어줌 순접
	~해라, 그러면 ~할 것이다	명령문 + and ~
	~가라, 와라, 해봐라	go, come, try + and[to] + 동사원형
nor	~도 역시 아니다	–
but	그러나	단어와 단어, 구와 구, 문장과 문장을 이어줌 역접
or	또는	단어와 단어, 구와 구, 문장과 문장을 이어줌 순접
	~해라, 그렇지 않으면 ~할 것이다	명령문 + or ~
yet	아직	–
so	그래서	원인 + so + 결과

- 종속접속사 because는 대등접속사 for와 같이 '왜냐하면, ~하므로'라는 의미로 사용되지만, 후자와는 다르게 주절 앞이나 뒤에서 모두 사용 가능하다.
- 대등접속사 and vs. but: *A* and *B*에서 A와 B의 관계는 순접이고, *A* but *B*에서 A와 B의 관계는 역접이다.
- 대등접속사 so는 인과 관계의 의미를 가져 *A* so *B*에서 A는 원인을 B는 결과를 뜻한다.

❯ Check Point

94. High school students usually study in the library, [and / but] college students draw up plans for the future in the library.

95. Now that the army is in the middle of military training, my son neither stays out [nor / or] has fun.

96. Bonita suddenly had a high fever, and [so / or] she couldn't go to the graduation party.

기출 포인트 33 상관접속사

상관접속사는 문장 안에 두 개 이상의 단어가 서로 붙어 있지 않고 분리되어 있지만 함께 짝을 이루는 접속사를 말한다.

주의 주어와 동사의 수 일치에 유의한다.

❯ 상관접속사의 종류

종류				뜻
not		but		A가 아니라 B (= B, not A)
not only		but also		A뿐만 아니라 B도 (= B as well as A)
either	A	or	B	A와 B 둘 중 하나
neither		nor		A와 B 둘 다 아닌
both		and		A와 B 둘 다

- not A but B, either A or B, neither A nor B에서 주어는 B이다.
- not only A but also B에서 주어는 B이다. 이는 B as well as A와 같은 의미가 있는데 이때 B가 주어가 됨에 주의하자.
- both A and B의 주어는 A와 B 둘 다이기 때문에 무조건 복수 동사를 사용한다.

주의 not only A but also B 표현 (as well = too)

not only = just = simply = merely = alone	~	but 주어 also 동사	~	–
		but 주어 + 동사		(as well)
		;^{세미콜론} 주어 + 동사		as well
		,^{콤마} 주어 + 동사		as well
		.^{마침표} 주어 + 동사		as well
= B as well as A				

❯ Check Point

97. Tigers are not herbivores [and / but] carnivores.

98. Emily, who is a mere beginner in the real world, is both naive [or / and] eager to do everything.

99. Martina was [neither / not only] strong but also good at martial arts, so she could become a police officer.

기출 포인트 34 　종속접속사

절은 주절과 종속절로 나뉜다. 주절은 문장의 핵심이 되는 주어와 동사로 이루어진 문장을 말하고, 종속절은 주절에 딸린 절로 이역시 주어와 동사로 구성된다. 하지만 주절과 종속절의 차이는 종속절로 시작할 때 문두에 종속접속사가 필요하다는 점이다.

❯ 절의 종류

절	주절	주어	동사	
	종속절	종속접속사	주어	동사

❯ 종속절의 위치　부사절로 사용되는 경우에 큰 제약이 없음

문장 맨 앞에 오는 경우　종속절과 주절 사이에 콤마가 있는 경우가 많음

종속절			주절	
종속접속사	주어	동사,	주어	동사

문장 맨 뒤에 오는 경우 종속절과 주절 사이에 콤마는 선택

주절		종속절		
주어	동사	종속접속사	주어	동사

문장 중간에 오는 경우 주절의 주어와 동사 사이에 종속절이 들어가 있는 형태로, 종속절의 시작과 끝에 콤마가 있는 경우가 많음

주절	종속절			주절
주어	, 종속접속사	주어	동사,	동사

❯ 종속접속사와 종속절의 '주어 + be동사' 생략

대부분의 문장에서 종속절을 종속접속사로 시작하지만, 주절의 주어와 동사가 종속절과 같은 경우에는 종속절의 주어와 be동사를 생략할 수 있고 종속접속사가 생략되기도 한다.

종속절			주절	
(종속접속사)	(주어＋be동사)	동사원형-ing ^{현재분사}	주어	동사
		p.p. ^{과거분사}		
		형용사		
		명사		

* 종속접속사를 생략할 수 있지만 그대로 사용하면 의미를 강조한다.
* 생략된 주어와 be동사를 포함한 종속절을 분사구문이라고 한다.
* 종속절이 부사절이기 때문에, 종속절과 주절의 위치는 서로 바뀔 수 있다.

❯ 종속절의 기능과 역할

종속접속사의 역할은 주절과의 관계 속에서 그 의미가 정해지는데 크게 명사절, 형용사절, 부사절의 기능을 하고, 그에 대한 역할도 각각 수행한다.

종속절	명사절	주어, 목적어, 보어
	형용사절	명사 수식, 보어
	부사절	동사/형용사/부사구/문장 전체/다른 부사 수식

◆ 명사절을 유도하는 종속접속사

종속접속사			주어	목적어	보어
종속접속사	that	~하는 것	○	○	○
관계대명사	what	~하는 것	○	○	○
의문사 대용어	whether	~인지 아닌지	○	○	○
	if	~인지 아닌지	×	○	×
의문사	when	언제 ~하는지	○	○	○
	where	어디서 ~하는지	○	○	○
	what	무엇을 ~하는지	○	○	○
	why	왜 ~하는지	○	○	○
	how	어떻게 ~하는지	○	○	○
복합관계대명사	whoever	~하는 사람이면 누구나	○	○	○
	whichever	~하는 것은 어느 것이나	○	○	○
	whatever	~하는 것은 무엇이나	○	○	○

· 의문사 대용어로 사용되는 If는 주어 자리와 보어 자리에는 사용할 수 없지만, 진주어 자리에는 사용 가능하다. (전치사의 목적어와 동격 자리 역시 사용 불가)
· 의문사 대용어나 의문사 다음에 주어와 동사가 나오는 어순의 문장을 간접의문문이라고 한다.

◆ 의문사의 역할·종류·의미

구분		의문사의 역할	의문사의 종류 및 의미
의문사절	의문대명사절	접속사 + 명사	what 무엇
			which 어느 것
			who 누가
			whom 누구를
	의문형용사절	접속사 + 형용사	what 무슨
			which 어느
			whose 누구의
	의문부사절	접속사 + 부사	when 언제
			where 어디서
			why 왜
			how 어떻게, 얼마나

❯ 형용사절을 유도하는 종속접속사

관계사	종류	의미	주어	목적어	보어	명사 수식
관계대명사	who	~하는	×	×	×	○
	which	~하는	×	×	×	○
	that	~하는	×	×	×	○
	what	~하는 것	○	○	○	×
관계부사	when	~하는, ~할 때	×	×	×	○
	where	~하는 장소	×	×	×	○
	why	~하는 이유	×	×	×	○
	how	~하는 방법	×	×	×	○

- '명사 수식'에서 명사는 관계사 앞에 있는 선행사를 말한다.
- 관계부사는 선행사를 포함할 수도 있는데 그 경우에는 명사절로 사용되어 주어, 목적어, 보어 역할도 가능하지만, 여기에서는 형용사절로 국한해 설명한다.
- 관계부사 how는 선행사 the way와 같이 사용할 수 없다.
- 관계대명사와 관계부사는 Chapter 6에서 자세히 다루기로 하고, 여기에서는 앞에 있는 명사, 즉 선행사를 수식하는 형용사 절로 이해하자.

❯ 부사절을 유도하는 종속접속사

부사구(절)는 문장에서 동사, 형용사, 다른 부사, 문장 전체 등을 수식하는 역할을 한다. 문장 내에서 부사 역할을 하면서 동시에 종속절을 이끌어 가는 종속접속사는 '원인 · 이유, 인과 관계, 결과, 목적, 시간, 부대 상황, 양보 · 대조, 조건 · 가정, 예외 · 제외, 제한' 등의 의미를 나타낸다.

❯ 종속접속사에 논리를 더하다

전치사와 마찬가지로 종속접속사 역시 단순하게 의미만 숙지하지 말고 문장 안에서 순접인지 역접인지를 구별함으로써 글의 논리를 이해하자.

[원인 · 이유] ✪

종속접속사	의미	순접 vs. 역접
as	~ 때문에	순접
because	~ 때문에	순접
in order that	~하기 위하여, ~할 목적으로	순접
in that	~이므로, ~라는 점에서^{문중}	순접
inasmuch as	~ 때문에	순접
now (that)	~이기 때문에^{문두}	순접
on account that	이런[그런] 이유로	순접
on the ground(s) that	~라는 근거[이유, 까닭]로	순접
seeing that	~인 것으로 보아^{문두}	순접
since	~ 때문에	순접
so (that)	그래서 ~하다	순접
that is because	그건 ~ 때문이다	순접
that is why	그건 ~ 이유 때문이다	순접
not because	~가 아니기 때문에	역접

[인과 관계] ✪

종속접속사	의미	순접 vs. 역접
as	~함에 따라, ~해서	순접
because	~ 때문에	순접
for	왜냐하면	순접
in order that	~하기 위해	순접
now that	~이니까, ~이므로	순접
since	~이니까, ~이므로	순접
so (that)	그래서 (~하다)	순접
that is because	그건 ~ 때문이다	순접
that is why	그건 ~ 이유 때문이다	순접

[결과]

원인 (너무 ~해서)			결과 (그 결과 ~하다)		
so	형용사	a(n)	명사	that	주어	동사
so	형용사/부사			that	주어	동사
so	much/many ^{긍정: 너무 ~해서} little/few ^{부정: 너무 덜 ~해서}			that	주어	동사
such	a(n)	형용사	명사	that	주어	동사

[목적]

종속접속사	의미	순접 vs. 역접
in order that	~하기 위해서	순접
so that	~하기 위해서	순접
that	~하기 위해서	순접
for fear (that)	~하지 않기 위해서	역접
lest (that)	~하지 않기 위해서	역접

• 'lest / for fear (that) + 주어 + (should) + 동사원형' 구조로 '~하지 않기 위해서'라는 의미가 있는데, that절 안에 동사를 'should + 동사원형'으로 사용해야 하고, 이때 조동사 should는 생략할 수 있다.

[시간] ⭐

종속접속사	의미	순접 vs. 역접
after	~한 후에	순접
as soon as	~하자마자	순접
as long as	~하는 한	순접
just as	동시에 ~할 때	순접
at the time	~할 때	순접
before	~하기 전에	순접
by the time	~할 무렵, ~할 때쯤	순접
even as	~함과 동시에	순접
ever since	~이후로 줄곧[계속]	순접
every time	~할 때마다	순접
just as	~함과 동시에	순접
not A before B	A하지 않아 B하다	순접
not A until B	B하고 나서야 비로소 A하다	순접
once	~하자마자, 일단 ~하면	순접
shortly (after)	~한 직후	순접
since	~한 이래로	순접
the first time	처음 ~했을 때	순접
the instant[minute, moment]	~하자마자	순접
the last time	마지막으로 ~했을 때	순접
the next time	다음에 ~할 때	순접
until	~할 때까지	순접
when	~할 때	순접
whenever	~할 때마다	순접
while	~하는 동안	순접

[부대 상황]

종속접속사	의미	순접 vs. 역접
as	~할 때	순접
while	~하면서	순접

[양보 · 대조] ☆

종속접속사	의미	순접 vs. 역접
although	비록 ~일지라도	역접
as	비록 ~일지라도	역접
even if	비록 ~일지라도	역접
even though	비록 ~일지라도	역접
granting[granted] that	설령 ~일지라도	역접
however	아무리 ~한다 하더라도	역접
no matter + 의문사	~일지라도 (= 의문사 + ever)	역접
though	비록 ~일지라도	역접
unless	~가 아니라면	역접
whatever	(무엇이) ~한다 해도	역접
whereas	~이지만, ~인 반면에	역접
whether or not	~이든지 아니든지	역접
whichever	(어느 것이) ~한다 해도	역접
while	~이지만, ~인 반면에	역접
whoever	누가 ~한다 해도	역접

• '형용사/부사/무관사 명사 + as + 주어 + 동사' 또는 '동사원형 + as + 주어 + may/will/would'에서 종속접속사 as는 '~이지만, 비록 ~일지라도, ~해봤자'라는 의미로 양보 · 대조로 사용된다.

[조건·가정] ⭐

종속접속사	의미	순접 vs. 역접
as if	마치 ~처럼	순접
as long as	~하는 한	순접
as though	마치 ~처럼	순접
if	만약 ~라면	순접
in case (that)	~하는 경우에는^{문두}	순접
in the event (that)	~인 경우에	순접
on condition that	~라는 조건으로	순접
once	일단 ~하기만 한다면	순접
only if	~인 경우에만, 일단 ~하면	순접
providing[provided] (that)	만약 ~한다면	순접
suppose[supposing] (that)	만약 ~한다면	순접
but that	~이 아니면, ~하지 않으면 (= unless)	역접
even if	비록 ~라고 할지라도	역접
if not	~이 아니라면	역접
unless	만약 ~하지 않는다면	역접
whether *A* or not	A인지 아닌지	역접

[예외·제외]

종속접속사	의미	순접 vs. 역접
but	~ 외에는, ~을 제외하고	역접
except when	~하는 것을 제외하고	역접

[제한] ⭐

종속접속사	의미	순접 vs. 역접
in so far as	~하는 한^{관념}	순접
as[so] long as	~하는 동안은^{시간}	순접
as[so] far as	~에 관한^{지역적 범위}	순접

- as far as: 《전치사적》 (거리·범위·정도가) ~까지, 《부사절을 이끌어》 ~와 같은[같이 먼] 거리까지, 《부사절을 이끌어》 ~하는 한; ~에 관한 한
- as long as: ~하는 동안은, ~하는 한은, ~하기만 하면 (조건)

❯ Check Point

100. [Unless / If] all the ice in the Arctic melts, harmful substances in the glacier can release into the ocean.

101. [Now / Before] fuel charges have risen by 20%, Korean have decided to go on a free trip to China, not to the United States.

102. When [watched / watching] home shopping on TV, Patricia often pays in a lump sum for an expensive handbag.

기출 포인트 35 **접속부사**

접속부사는 접속사 역할을 못하지만, 등위접속사^{and, but, or 등}처럼 문맥상 두 개의 문장을 연결해주고 앞 문장의 내용을 부가적으로 설명하는 역할을 하는 부사(구)로 사용된다. G-TELP에서 중요한 점은 문맥에서 접속부사의 **논리적 상관관계를 이해**하고 빈칸에 알맞은 접속부사를 넣어야 한다는 것이다.

전치사와 종속접속사와 마찬가지로 접속부사 역시 단순한 의미 파악뿐만 아니라 글의 논리를 이해해야 한다. G-TELP에서는 바로 이점이 중요하다. 즉 접속부사의 의미는 기본이고 선택지에서 전치사와 종속접속사 또는 다른 접속부사를 제시하기 때문에 문장 안에서 순접인지 역접인지를 구별해야 한다.

❯ 접속부사의 위치

접속부사는 종속접속사와 구별하는 것이 중요하다. 종속접속사가 있는 종속절은 문장 어디에나 위치할 수 있지만, 접속부사가 있는 문장은 제약이 따른다. 더불어 종속접속사는 문장 부호 중 **콤마** 혹은 **세미콜론**과 크게 상관없지만, 접속부사가 들어 있는 문장에서는 **문장 부호가 필요**하다.

주어	동사	종속접속사	주어	동사	○
종속접속사		주어	동사,	주어	동사	○
주어	, 종속접속사	주어	동사,	동사	○
주어	동사	접속부사	주어	동사	×

접속부사 바로 앞에 대등접속사 and가 있으면 문법적으로 올바르다.

주어	동사	대등접속사	접속부사	주어	동사	○, ×
주어	동사	and	also	주어	동사	○
주어	동사	and	then	주어	동사	○
주어	동사	and	therefore	주어	동사	○

- '대등접속사 + 접속부사'는 and also, and then, and therefore 등이 있다.
- 문맥에 따라 대등접속사는 but, or 등이 사용될 수도 있다.

접속부사가 있는 문장을 종속절처럼 문두, 문중, 문미에 사용하고 싶다면 콤마와 세미콜론을 이용한다.

접속부사,	주어	동사				○
주어	동사.	접속부사,	주어	동사		○
주어	, 접속부사,	동사				○
주어	동사	;	접속부사,	주어	동사	○
주어	동사.	주어	동사,	접속부사		○

종속절^{부사절}을 이끄는 종속접속사와 접속부사는 함께 사용할 수 없다. 단, If절 다음에 나오는 접속부사 then은 예외로 사용 가능하다.

종속접속사	주어	동사,	접속부사	주어	동사	×
If	주어	동사,	then	주어	동사	○

❯ 접속부사가 순접인 경우

접속부사가 순접으로 사용될 때 '강조, 인과 관계, 결과, 결론, 목적, 요약, 반복·재언급·부연 설명, 증거·확실성, 추가·첨가, 환언, 비교, 예시, 시간 관련, 시간의 순서, 도입, 대체' 등의 의미를 나타내고, 기타로 '동의, 매개, 상황, 양보·대조, 유사' 등의 의미를 나타낸다.

[강조]

접속부사	의미
at length	상세히
better yet	금상첨화로
definitely	분명히
even worse	설상가상으로
if so	만약 그렇다면
in any event	좌우간, 여하튼
in especial	특히
in fact	사실상
in particular	특히
indeed	사실상
naturally	당연히
of course	물론
particularly	특히
principally	주로, 대개
specifically	구체적으로
undoubtedly	당연히
unquestionably	당연히
without a doubt	의심의 여지없이

[인과 관계]

접속부사	의미
as a result	그 결과로서
consequently	결과적으로
eventually	마침내
for this reason	이러한 이유로
hence	그러므로
in conclusion	결과적으로
therefore	그러므로
thus	그러므로

[결과] ⭐

접속부사	의미
thus	따라서
accordingly	따라서
as a consequence	그 결과
as a result	그 결과
consequently	결과적으로
for this reason	이런 이유 때문에
hence	그래서
in consequence	따라서
in short	간단히 말해
then	그래서
thereby	그래서
therefore	따라서

[결론] ⭐

접속부사	의미
accordingly	따라서
after all	결국
at last	결국
briefly	간단히 말해
finally	마침내, 결국
in brief	간단히 말해
in conclusion	결론적으로
in summary	요약하자면
lastly	마지막으로
on the whole	대체로
thus	고로
to conclude	결론짓자면
to sum up	요약하자면

[목적]

접속부사	의미
for this reason	이런 이유로
to this end	이런 목적으로
with this purpose	이런 목적으로

[요약] ✦

접속부사	의미
after all	결국
altogether	전체적으로 보아, 요컨대
at last	결국
briefly	간단히 말해
finally	마침내
in brief	간단히 말해
in conclusion	결론적으로
in short	간단히 말해
in sum	요컨대
in summary	요약하자면
last(ly)	마지막으로
on the whole	대체로
thus	고로
to conclude	결론짓자면
to sum up	요약하자면

* altogether는 문두에 쓰여 문장 전체를 수식할 수 있다.

[반복 · 재언급 · 부연 설명] ✦

접속부사	의미
in other words	다시 말해서, 달리 말하자면
in short	간단히 말하면
more simply	더 간단히 말하면
namely	즉, 다시 말해
rather	차라리
so to speak	말하자면
that is (to say)	즉, 다시 말해서

[증거·확실성] ✮

접속부사	의미
certainly	분명히
doubtlessly	의심의 여지없이
evidently	분명히
indeed	실로, 사실상
naturally	당연히, 물론
needless to say	~은 말할 필요도 없이
not to mention	~은 말할 필요도 없이
obviously	분명히
of course	물론
undoubtedly	의심의 여지없이
without a doubt	의심의 여지없이
without question	의심의 여지없이

* naturally는 문장 전체를 수식할 수 있다.

[추가·첨가] ✮

접속부사	의미
additionally	부가적으로
again	또한
also	또한
and (then)	그리고
as well as	~ 외에도
at the same time	동시에, 또한
besides	게다가
further	게다가, 더 나아가
furthermore	더군다나
in fact	사실상
in addition (to)	~ 외에도, 게다가
in the same way	동일한 방법으로
indeed	실로, 사실상
likewise	유사하게
moreover	게다가
next	다음으로
on the other hand	다른 한편으로
or	즉
similarly	유사하게

to begin with	우선 첫째로
together with	～와 함께
what is more	게다가

• in fact (1) 사실은 방금 한 말에 대해 자세한 내용을 덧붙일 때 씀
(2) 사실은 특히 방금 한 말에 반대되는 내용을 강조할 때 씀

[환언]

접속부사	의미
at any rate	하여튼, 어쨌든
by the way	그런데
in other words	다른 말로 하면
namely	즉, 다시 말해
that is (to say)	즉, 다시 말해서
to put it another way	달리 말하면
to put it simply	간단히 말하면

[비교]

접속부사	의미
in comparison	～와 비교하면
in the same way	비슷하게
likewise	마찬가지로
similarly	마찬가지로

[예시]

접속부사	의미
for example	예를 들어
for instance	예를 들면
in another case	다른 경우라면
in particular	특히
in this case	이 경우에
in this manner	이런 식으로
(let's) say	예를 들면
namely	즉
that is	즉
to illustrate	예를 들면

[시간 관련] ☆

접속부사	의미
after a while	잠시 후에
afterward(s)	나중에
as time goes by	시간이 흐름에 따라
at last	마침내
at present	현재로선
at the same time	동시에
at this point	지금
immediately	즉시, 당장
in the meantime	한편
lately	최근에
later	나중에, 그 후에
meanwhile	한편
now	지금
nowadays	현재는, 요즘에
presently	현재
simultaneously	동시에
soon	곧
temporarily	일시적으로
then	그때
up until now	지금까지
while	~동안에
yet	아직

[시간의 순서] ☆

접속부사	의미
after that	그 후에
finally	마지막으로
first	첫째
in the first place	우선
later	나중에
next	다음으로
second	둘째
then	그런 후에
third	셋째

[도입]

접속부사	의미
at the same time	동시에, 또한
by the way	그런데
first of all	먼저, 무엇보다도
in the first place	먼저, 무엇보다도
initially	우선
on the one hand	한편으로
to begin with	우선, 먼저
to start with	우선, 먼저

[대체]

접속부사	의미
or	혹은
rather	차라리

[기타] ☆

논리	접속부사	의미
동의	in agreement	~에 동의하여
매개	this way	이런 식으로
상황	in my opinion	내 견해로는
양보 · 대조	worse	더욱 나쁘게
유사	similarly	마찬가지로

* 접속부사 worse는 그 앞과 뒤에 부정의 의미가 나오는 경우는 순접으로 사용된다.

▶ 접속부사가 역접인 경우

접속부사가 역접일 경우에는 '대조, 반박, 양보·대조, 역접' 등의 의미를 나타낸다.

[대조]

접속부사	의미
after (all)	~에도 불구하고
although	~에도 불구하고
at the same time	동시에
but	그러나
by contrast	대조적으로
conversely	반대로
despite	~에도 불구하고
even though	비록 ~일지라도
for all that	~에도 불구하고
however	그러나
in contrast	대조적으로
in spite of it that	~임에도 불구하고
in spite of that	~임에도 불구하고
nevertheless	~임에도 불구하고
notwithstanding	~임에도 불구하고
on the contrary	반대로, 반면에
on the other hand	반면에
still	그러나
though	비록 ~일지라도
whereas	반면에, ~에 반해서
while	반면에, ~동안에
yet	그러나

[반박]

접속부사	의미
instead	대신에, 그런 게 아니라
on the contrary	그와는 반대로
rather	그렇기는커녕, 반대로, 도리어

[양보·대조] ⭐

접속부사	의미
after all	~에도 불구하고
all[just] the same	그래도, 그럼에도 불구하고
anyhow	아무리 ~해도 부정문에서
anyway(s)	아무리 해도 ~할 수 없는 부정문에서
besides	~말고는 부정문에서
by contrast	대조적으로, 그에 반해서
contrariwise	대조적으로, 반대로
conversely	반대로
despite	~에도 불구하고
even	~할지라도
for all	~에도 불구하고
however	그러나
in contrast	대조적으로
in spite of that	그럼에도 불구하고
instead	~ 대신에
nevertheless	그럼에도 불구하고
nonetheless	~에도 불구하고
notwithstanding	불구하고
on the contrary	반대로, 반면에
on the other hand	반면에, 반대로
oppositely	반대로
otherwise	그렇지 않다면
still	그러나
though	불구하고
yet	그러나

[역접] ⭐

접속부사	의미
however	하지만, 그러나
nevertheless	그렇기는 하지만, 그럼에도 불구하고
nonetheless	그렇기는 하지만, 그럼에도 불구하고
otherwise	그렇지 않으면
still	그런데도, 그럼에도 불구하고
though	비록 ~일지라도
unfortunately	불행하게도
worst of all	가장 나쁜 것은
yet	그렇지만, 그런데도

* otherwise는 조건, worst of all은 추가 · 첨가에 사용되기도 한다.

❯ Check Point

103. Seoul is the capital city of Korea, [and especially / in especial] it has a very dense population.

104. Happiness is not in order of grades. [Additionally / In other words], good grades do not mean that everyone is happy.

105. He thought Vivian loved him; it was his illusion, [however / briefly].

전치사 vs. 종속접속사 / 종속접속사 vs. 접속부사

🔘 전치사와 종속접속사의 차이 ⭐

전치사와 종속접속사의 가장 큰 차이는 각각 뒤에 나오는 구성 요소가 다르다는 점이다. 전치사는 뒤에 반드시 목적어를 가져야 하는데 주로 사용되는 것은 명사나 명사 상당 어구이다. 종속접속사는 뒤에 주어와 동사로 시작되는 완전한 절이 나와야 하고, 종속절 혼자 사용할 수 없으므로 반드시 주절이 같이 동반되어야 한다.

🔘 전치사구

- 전치사 + 대명사
- 전치사 + 명사 ⭐
- 전치사 + 동명사 ⭐
- 전치사 + 관계대명사 what절
- 전치사 + 간접의문문 ^{의문사 + 주어 + 동사}

🔘 종속절의 위치   여기에서 종속절은 부사절이기 때문에 위치가 자유로움

문장 맨 앞에 오는 경우

종속절			주절	
종속접속사	주어	동사,	주어	동사

문장 중간에 오는 경우

주절	종속절			주절
주어	, 종속접속사	주어	동사 ~,	동사

문장 맨 뒤에 오는 경우

주절		종속절		
주어	동사	종속접속사	주어	동사

◉ 주요 전치사와 종속접속사의 차이

앞서 기출 포인트 31과 기출 포인트 34에서 자세히 알아보았지만, G-TELP에서 자주 출제되는 경향의 문제를 다시 짚어보기로 하자.

[시간] ⭐

전치사	during	+ 명사 상당 어구
종속접속사	while	+ 주어 + 동사

[원인·이유] ～ 때문에 ⭐

전치사	because of	+ 명사 상당 어구^{동명사}
	owing to	
	due to	
	on account of	
	for	
종속접속사	because	+ 주어 + 동사
	as	
	since	
	now (that)	

[양보·대조] 비록 ～일지라도, ～에도 불구하고 ⭐

전치사	in spite of	+ 명사 상당 어구	～에도 불구하고
	despite		
종속접속사	though	+ 주어 + 동사	비록 ～이지만
	although		
	even though		
	even if		
	as		
	while		반면에
	whereas		

❯ 종속접속사 vs. 접속부사 ⭐

기출 포인트 35에서 살펴본 접속부사에서 종속접속사와의 차이점을 서술했듯이 이 둘의 가장 큰 차이점은 전치사와 종속접속사처럼 문장 구조이다. (자세한 내용은 기출 포인트 35 참고.) 말 그대로 종속접속사는 접속사 역할을 하지만 접속부사는 부사 역할이기 때문에 문장과 문장을 연결하지 못하고 내용적인 측면으로 전후 문장의 논리적 상관관계를 가진다.

❯ Check Point

106. [Because / Because of] the pitcher's shoulders are critical, James always puts an ice bag on his shoulders to ease tense muscles after the match.

107. [While / During] the last 30 years, developing countries have improved their quality of life enormously.

108. [Even though / Despite] Bentley was rich, he thought he was unhappy.

01 The school is suspending Mark for bullying his classmates. _____, the bullying should never have occurred place because he knew that it had detrimental effects on students' health, wellbeing and learning and was against school rules.

(a) In the first place
(b) Therefore
(c) At the same time
(d) Afterwards

02 Alicia wonders how her friends can maintain good concentration when studying. In comparison, she is easily distracted and has poor concentration. She finds concentration difficult _____ something takes her attention away from the tasks she needs to finish.

(a) because
(b) until
(c) whenever
(d) but

03 Teachers have warned us not to sit closely together in the classroom. They say that social distancing can prevent the spread of virus and avoid close contact with people who may be infected. _____, we still sit side by side and even talk without wearing a mask.

(a) Moreover
(b) Nevertheless
(c) Otherwise
(d) Eventually

04 Unlike other animals, koalas are adapted to eat eucalyptus leaves or gum leaves, which are low in nutrition and poisonous. _____ their bodies need a lot of energy to digest the gum leaves, they sleep or rest for up to 22 hours each day.

(a) Despite
(b) Instead
(c) Although
(d) Because

05 A public health report by Seoul National University says that the richest 1% of Koreans live longer and healthier than their poorest counterparts. This may be _____ poor people hardly have a well-balanced diet and do not exercise on a regular basis.

(a) although
(b) because
(c) so that
(d) unless

06 If you really want that nursing unit manager position this year, you need to put more effort into your patient nursing care. _____, you will miss your chance to get promoted and your performance evaluation will be recorded as poor.

(a) Therefore
(b) Instead
(c) Otherwise
(d) Additionally

07 Louise always refuses invitations to a music concert. In particular, she doesn't like going to the classical music concerts, and her reason is a little surprising: it's _____ she gets annoyed by the sound of string instruments.

(a) whenever
(b) because
(c) although
(d) since

08 Studies show that drinking green tea brings some health benefits, including protecting the brain from aging, increasing fat burning, lowering blood pressure, and preventing strokes. _____, the studies also found that drinking too much green tea can cause side effects because of the caffeine.

(a) In fact
(b) Nevertheless
(c) Therefore
(d) At length

09 Bob's new camping lamp has a hand crank to produce power. When the lamp needs to be charged, all he has to do is turn the crank, _____ he doesn't have to worry about power outages anywhere.

(a) although
(b) so
(c) because
(d) yet

10 Chimney sweeps are people who clear ash and soot from chimneys. With a greater understanding of the occupational hazard, ways they work have changed. _____, most sweeps are done from the bottom of the chimney rather than the top to prevent the dispersion of dust and debris.

(a) That is
(b) In addition
(c) Nevertheless
(d) For instance

11 Albinism is a congenital disorder characterized in humans by the complete or partial absence of pigment in the skin, hair, and eyes. Many people find this interesting _____ it affects people of all ethnic backgrounds and its frequency worldwide is estimated to be approximately one in 17,000.

(a) since
(b) although
(c) therefore
(d) but

12 Racial discrimination against blacks is a deeply ingrained way of thinking in many cultures. _____, 61% of Americans say more work is needed to make changes for blacks to have equal rights with whites, while 30% of Americans say they have made the changes needed to bring about equality.

(a) Similarly
(b) On the contrary
(c) Afterward
(d) In the first place

관계사

흔히 '구'라고 불리는 관계사는 대상과 문장 또는 두 문장을 한 문장으로 잇는 역할을 하는 단어의 일종으로, 크게 관계대명사, 유사 관계대명사, 관계부사로 나뉜다. G-TELP 문법 파트에서는 관계대명사와 관계부사를 주로 다루고 유사 관계대명사는 시험에 출제되지 않는다.

G-TELP Grammar Point　G-TELP 출제 빈도수: 2문제 / 26문제

1. 선행사와 짝을 이루는 올바른 관계대명사 찾기
2. 계속적 용법으로 사용할 수 없는 관계대명사 that과 what
3. 선행사가 필요 없는 관계대명사 what
4. 관계대명사 that만 사용하는 경우

- 관계대명사: 1문제 / 2문제
- 관계부사: 1문제 / 2문제
- 복합관계사: 0~1문제 / 2문제

❱ 관계대명사 · 관계대명사절 · 선행사 · 격　용어 설명

관계대명사는 격과 선행사에 따라 문맥에 맞춰 사용된다. 129페이지의 〈관계대명사의 종류〉 표 참고. 관계대명사절은 관계대명사를 포함한 절을 말하고, 선행사는 관계대명사 앞에 있는 말 ^{단어, 구, 절, 문장 전체} 을 가리킨다. 이러한 선행사의 경우는 사람, 동물 · 사물, 사람 · 동물 · 사물, 없음 ^{실제로는 선행사를 포함} 으로 나뉜다. 격이라는 말은 관계대명사를 포함하고 있는 관계대명사절 안에서 부족한 주성분으로, 주어가 없으면 주격 관계대명사, 목적어가 없으면 목적격 관계대명사, 소유격이 없으면 소유격 관계대명사, 보어가 없으면 보격 관계대명사를 사용해야 한다. 여기에서 중요한 점은 관계대명사 앞에 있는 선행사와 관계대명사절 안에서 부족한 주성분이 같다는 사실이다. 즉 선행사는 격을 보충해 주는 말로 이 둘의 관계를 따지는 것이 관계대명사에서 핵심 중의 핵심이고 G-TELP에서도 역시 가장 중요한 점 중의 하나이다.

			주격 관계대명사절		
I　saw	a　boy	who	~~주어~~	was　my	classmate.
	선행사 사람	주격 관계대명사			

❯ 관계대명사 불완전한 문장

관계대명사는 '접속사 + 대명사' 역할을 수행한다. 대등접속사로 이어진 두 문장을 한 문장으로 줄여 사용할 때 관계대명사가 필요하다. 영어의 특성에는 생략하거나 줄여서 사용하려는 경향이 있다. 예를 들어, 명사를 대신하는 대명사, 동사구를 대신하는 대동사가 그렇다. 대명사의 경우 명사 대신에 대명사를 사용한 점을 보아 1:1 대응 관계라고 볼 수 있다. 그런데 관계대명사는 2:1 관계이다. 접속사와 대명사를 관계대명사가 홀로 사용된 형태이다. 여기에서 중요한 점을 발견할 수 있는데 우선 문장 성분을 알고 넘어가자. 대명사는 문장에서 주어, 목적어, 보어로 사용되기 때문에 문장의 주성분이다. 이러한 주성분이 없어졌다는 것은 문장이 불완전하다는 것을 의미한다.

[주성분 · 수식어구]

주성분	주어	문장의 주체
	동사	자동사, 타동사
	목적어	간접목적어, 직접목적어
	보어	주격보어, 목적격보어
수식어구	형용사	명사 수식, 보어 사용
	부사	동사 / 형용사 / 다른 부사 / 문장 전체 / 준동사 수식

• 준동사의 종류에는 to부정사, 동명사, 분사가 있다.

❯ 관계대명사에서 격과 선행사 격 = 선행사

올바른 관계대명사를 사용하기 위해서는 선행사와 격을 따져야 한다.

• I have a girlfriend. + She is beautiful.

= I have a girlfriend and^{대등접속사} she^{대명사} is beautiful.

= I have a girlfriend^{선행사} who^{주격 관계대명사} is beautiful.

위 예문에서 I have a girlfriends.와 She is beautiful.은 내용상 역접이 아니라 순접이므로 대등접속사 and를 사용하여 I have a girlfriend and she is beautiful. 한 문장으로 만들 수 있다. 관계대명사는 '접속사 + 대명사'를 동시에 수행하므로 두 문장을 한 문장으로 표현할 수 있다. 이때 a girlfriend와 she는 동일인이므로 관계대명사 who를 사용하여 and she를 삭제할 수 있다. 삭제된 she와 같은 의미를 갖는 a girlfriend를 선행사라고 부르고, who 뒤에 주어 she가 없으므로 who를 주격 관계대명사라고 한다. 이때 who 다음에 있는 동사를 are로 쓰면 비문법적이 된다. 삭제된 주어가 shs이고, 이를 대신하는 a girlfriend가 단수이기 때문이다. 이를 '주어(선행사)와 동사의 수 일치'라고 한다.

주의 관계대명사절에 반드시 동사는 있어야 한다. 격은 문장의 5형식을 이해하지 못하면 절대로 이해가 되지 않을 만큼 밀접한 상관관계가 존재한다. 관계대명사의 선행사는 관계대명사 앞에 있는 말^{단어, 구, 절, 문장 전체}을 말하고 또는 이러한 선행사가 없는 경우도 있다. **주의** 선행사는 관계대명사절 바로 앞에 나오기도 하지만, 서로 떨어져 있는 경우도 있다. 관계대명사의 선행사는 격을 보충해 주는 것으로 선행사와 격은 서로 같다는 점이 중요하다.

❯ 문장의 5형식과 관계대명사의 상관관계

[문장의 5형식] 동사가 결정함

1형식		완전 자동사	–	
2형식		불완전 자동사	주격보어	–
3형식	주어	완전 타동사	목적어	–
4형식		수여동사	간접목적어	직접목적어
5형식		불완전 타동사	목적어	목적격보어

동사의 종류에 따라 문장을 5가지로 나눌 수 있는 '문장의 5형식'을 보여주는 표이다. 이러한 표로 관계대명사의 격을 직관적으로 쉽게 이해할 수 있다. 1형식부터 5형식까지 주어와 동사는 공통으로 존재하는데 여기에서 주어가 없는 경우를 주격 관계대명사라고 하고, 3형식부터 5형식까지 목적어가 공통으로 들어가는데 목적어가 없는 경우를 목적격 관계대명사라고 한다.

주의 목적어가 2개인 4형식의 경우, 이 중 하나의 목적어가 없는 경우를 목적격 관계대명사라 하고, 두 개의 목적어가 동시에 없는 경우는 비문법적이라는 것에 유의하자. 가끔 2형식에서 주격보어가 없는 경우와 5형식에서 목적격보어가 없는 경우가 있는데 이를 '보격 관계대명사'라고 한다.

[보격 관계대명사]

	보격 관계대명사절				
선행사	주어	동사	주격보어	–	2형식
	주어	동사	목적어	목적격보어	5형식

무엇보다도 중요한 사실은 관계대명사절 안에 주어, 목적어, 보어가 없는 경우는 있지만, 동사는 반드시 있어야 한다는 점이다. 앞서 살펴본 준동사 $^{to부정사, 동명사, 분사}$편과 연계되어 G-TELP 문제에 반영되기도 하는데, 관계대명사절에는 동사가 꼭 존재해야 하고 이러한 동사를 준동사로 바꿔 사용해서는 절대 안 된다.

❯ 관계대명사의 올바른 선행사 찾기

선행사는 격을 보충해 주는 말이다. 관계대명사절 안에 부족한 주성분$^{주어, 목적어, 보어, 소유격}$이 무엇인지 먼저 판단하고 앞에 있는 명사^{선행사}를 그 부족한 주성분 자리에 넣어보면 무엇이 선행사인지 쉽게 알 수 있다.

[선행사가 관계대명사절 바로 앞에 있는 경우]

							주격 관계대명사절			
I	saw	a	girl	with	a	ball	which	~~주어~~	was	round.
						선행사	주격 관계대명사			

[선행사가 관계대명사절과 떨어져 있는 경우]

								주격 관계대명사절			
I	saw	a	girl	with	a	ball	who	~~주어~~	was	my	classmate.
			선행사				주격 관계대명사				

◉ 관계대명사의 종류

관계대명사의 종류는 격과 선행사에 따라 달라진다. 선행사는 사람, 사물·동물, 사람·사물·동물, 없음으로 나뉘는데, 주격이면 who와 which 대신에 that을 사용할 수 있고, 목적격일 경우 whom과 which 대신에 that으로 바꿔 사용할 수 있다. 하지만 소유격일 경우에는 whose와 of which 대신에 that으로 바꿔 사용할 수 없다는 점이 중요하다. 또한, what은 선행사가 없으므로 이 역시 that으로 바꿔 사용할 수 없다는 점이 매우 중요하다. 정확하게 말하자면 what은 선행사가 없는 것이 아니라 선행사를 포함하고 있다. 즉 what은 the thing(s) which[that]과 같은 표현으로 이때 the thing(s)가 선행사이고 which 또는 that이 관계대명사이다. 이 모든 것을 what 하나로 나타내기 때문에 선행사가 없어 보이는 것이다.

[관계대명사의 종류]

선행사 \ 격	주격	소유격	목적격
사람	who	whose	whom
사물·동물	which	of which / whose	which
사람 사물·동물	that	X	that
X (선행사 포함)	what	X	what

- 선행사를 포함하는 what은 명사절로 문장에서 주어, 목적어, 보어 역할을 수행하고 '~하는 것(들)'이라고 해석한다. what을 제외한 나머지 관계대명사는 앞에 선행사가 있기 때문에 그 선행사를 수식하거나 꾸며주는 역할을 하는 형용사절로 사용되어 '~하는'이라고 해석한다.

◉ 제한적 용법 vs. 계속적 용법

관계대명사를 해석하는 방법에는 제한(한정)적 용법과 계속적 용법 두 가지가 있다. 이 둘의 차이는 눈으로 식별하기 매우 쉽다. 그 이유는 콤마의 유무만 확인하면 되기 때문이다. 관계대명사 바로 앞에 콤마가 없는 경우는 제한적 용법이라고 하고, 콤마가 있는 경우는 계속적 용법이라고 한다.

제한적 용법	선행사	+	✕	+	관계대명사 ~
계속적 용법	선행사	+	,	+	관계대명사 ~
			접속사	+	대명사 = 선행사
			and		
			but		
			or		
			for		
			because		
			though		

제한적 용법으로 사용된 관계대명사절은 앞에 있는 선행사를 수식하는 형용사절로 '~하는'이라고 해석한다. 계속적 용법으로 사용된 관계대명사는 '접속사＋대명사'로 고쳐 해석한다. 이때 대명사는 앞에 있는 선행사와 동일하다.

G-TELP 문법 파트에서는 제한적 용법과 계속적 용법으로 사용할 수 있는 관계대명사와 그렇지 못한 관계대명사를 묻는 문제가 출제된다. 관계대명사 that과 what은 제한적 용법으로는 사용되지만, 계속적 용법으로는 사용될 수 없다. ✫

주격 관계대명사는 관계대명사절에 주어가 없는 경우를 말한다. 생략된 주어는 앞에 있는 선행사와 같기 때문에 관계대명사절의 동사는 선행사와 수 일치를 시켜야 한다.

주격 관계대명사에는 선행사의 종류에 따라 who, which, that을 쓰고, 이들은 선행사를 수식하는 형용사절로 '~하는'이라고 해석한다. 반면, 선행사가 없는 what은 명사절로 '~하는 것(들)'이라고 해석한다. 주격 관계대명사 who와 which는 제한적 용법이나 계속적 용법 모두 사용 가능하지만 주격 관계대명사 that과 what은 계속적 용법으로 사용할 수 없다. ⭐

❯ 제한적 용법으로 사용된 주격 관계대명사 who, which, that 사용 가능

				주격 관계대명사절		
1형식				완전 자동사	–	
2형식		who		불완전 자동사	주격보어	–
3형식	선행사	which	주어	완전 타동사	목적어	–
4형식		that		수여동사	간접목적어	직접목적어
5형식				불완전 타동사	목적어	목적격보어

❯ 계속적 용법으로 사용된 주격 관계대명사 that / what 사용 불가 ⭐

[주격 관계대명사 that인 경우]

				주격 관계대명사절		
1형식				완전 자동사	–	
2형식				불완전 자동사	주격보어	–
3형식	선행사	, that	주어	완전 타동사	목적어	–
4형식				수여동사	간접목적어	직접목적어
5형식				불완전 타동사	목적어	목적격보어

[선행사를 포함한 주격 관계대명사 What인 경우]

				주격 관계대명사절		
1형식				완전 자동사	–	
2형식				불완전 자동사	주격보어	–
3형식	선행사	, what	주어	완전 타동사	목적어	–
4형식				수여동사	간접목적어	직접목적어
5형식				불완전 타동사	목적어	목적격보어

⟩ 주격 관계대명사 who 선행사가 사람이고 관계대명사절에 주어가 없는 경우에 사용됨

[제한적 용법으로 단순하게 선행사(사람)를 수식하는 형용사절로 사용되는 경우] 관계대명사 that으로 바꿔 사용 가능

	선행사			관계대명사절	
1형식				완전 자동사	부사(구/절)
2형식				불완전 자동사	주격보어
3형식	사람	who	주어	완전 타동사	목적어
4형식				수여동사	간접목적어 + 직접목적어
5형식				불완전 타동사	목적어 + 목적격보어

• 관계대명사절의 동사는 12시제 모두 가능하지만, G-TELP에서는 주로 기본 3시제[현재, 과거, 미래]나 진행시제[현재진행, 과거진행, 미래진행]가 사용되고, 능동태뿐만 아니라 수동태가 사용되기도 한다.

[제한적 용법으로 선행사(사람)를 수식하는 형용사절인데, 그 선행사가 문장의 주어로 사용되는 경우]

관계대명사 that으로 바꿔 사용 가능

	주부					술부	
	선행사(주어)	관계대명사절					
1형식				완전 자동사	부사(구/절)		부사(구/절)
2형식				불완전 자동사	주격보어		주격보어
3형식	사람	who	주어	완전 타동사	목적어	본동사	목적어
4형식				수여동사	간접목적어 + 직접목적어		간접목적어 + 직접목적어
5형식				불완전 타동사	목적어 + 목적격보어		목적어 + 목적격보어

[계속적 용법으로 사용되는 경우] 관계대명사 that으로 바꿔 사용 불가 ⭐

	선행사	콤마			관계대명사절	
1형식					불완전 자동사	주격보어
2형식					완전 타동사	목적어
3형식	사람	,	who	주어	수여동사	간접목적어 + 직접목적어
4형식					불완전 타동사	목적어 + 목적 보어
5형식					불완전 자동사	주격보어

⟩ 주격 관계대명사 which 선행사가 사물이나 동물이고, 관계대명사절에 주어가 없는 경우에 사용됨

[제한적 용법으로 단순하게 선행사(사물·동물)를 수식하는 형용사절로 사용되는 경우] 관계대명사 that으로 바꿔 사용 가능 ⭐

	선행사	관계대명사절			
1형식	사물·동물	which	주어	완전 자동사	부사(구/절)
2형식				불완전 자동사	주격보어
3형식				완전 타동사	목적어
4형식				수여동사	간접목적어 + 직접목적어
5형식				불완전 타동사	목적어 + 목적격보어

• 관계대명사절의 동사는 12시제 모두 사용되는데, 주로 기본 3시제나 진행시제가 사용되고, 능동태뿐만 아니라 수동태가 사용되기도 한다.

[제한적 용법으로 선행사(사물·동물)를 수식하는 형용사절인데, 그 선행사가 문장의 주어로 사용되는 경우]

관계대명사 that으로 바꿔 사용 불가

	주부					술부
	선행사 (주어)	관계대명사절				
1형식	사물·동물	which	주어	완전 자동사	부사(구/절)	본동사
2형식				불완전 자동사	주격보어	부사(구/절)
3형식				완전 타동사	목적어	주격보어
4형식				수여동사	간접목적어 + 직접목적어	목적어
5형식				불완전 타동사	목적어 + 목적격보어	간접목적어 + 직접목적어
						목적어 + 목적격보어

• 관계대명사절에 있는 동사의 형태는 12시제 모두 사용되는데, 주로 기본 3시제나 진행시제가 사용되고, 능동태뿐만 아니라 수동태가 사용되기도 한다.

[계속적 용법으로 사용되는 경우] 관계대명사 that으로 바꿔 사용 불가 ⭐

	주부						술부
	선행사 (주어)	콤마	관계대명사절			콤마	
1형식	사물·동물	,	which	주어	완전 자동사	부사(구/절)	,
2형식					불완전 자동사	주격보어	
3형식					완전 타동사	목적어	
4형식					수여동사	간접목적어 + 직접목적어	
5형식					불완전 타동사	목적어 + 목적격보어	

술부: 본동사 / 부사(구/절) / 주격보어 / 목적어 / 간접목적어 + 직접목적어 / 목적어 + 목적격보어

• 관계대명사절에 있는 동사의 형태는 12시제 모두 사용되는데, 주로 기본 3시제나 진행시제가 사용되고, 능동태뿐만 아니라 수동태가 사용되기도 한다.

▶ 주격 관계대명사 that 선행사가 사람, 사물 또는 동물, 사람과 동물, 사람과 사물 등이고, 관계대명사절에 주어가 없는 경우에 사용됨 **주의** ▶ 계속적 용법으로 사용할 수 없음

[제한적 용법으로 선행사(사람·사물·동물)를 수식하는 형용사절로 사용되는 경우] ✯

	선행사			관계대명사절	
1형식	사람· 사물· 동물	that	주어	완전 자동사	부사(구/절)
2형식				불완전 자동사	주격보어
3형식				완전 타동사	목적어
4형식				수여동사	간접목적어 + 직접목적어
5형식				불완전 타동사	목적어 + 목적격보어

[계속적 용법으로 사용되는 경우] 사용 불가 ✯

	선행사	콤마			주격 관계대명사절		
1형식	사람· 사물· 동물	,	that	주어	완전 자동사	–	–
2형식					불완전 자동사	주격보어	–
3형식					완전 타동사	목적어	–
4형식					수여동사	간접목적어	직접목적어
5형식					불완전 타동사	목적어	목적격보어

▶ 주격 관계대명사 what 선행사가 없고, 관계대명사절에 주어가 없는 경우에 사용됨 **주의** ▶ 계속적 용법으로 사용할 수 없음. 만약에 what절이 주어로 사용되면, 동사는 단수 동사를 사용해야 함

[제한적 용법으로 선행사가 없는 경우] ✯

	선행사			관계대명사절	
1형식	(없음)	what	주어	완전 자동사	부사(구/절)
2형식				불완전 자동사	주격보어
3형식				완전 타동사	목적어
4형식				수여동사	간접목적어 + 직접목적어
5형식				불완전 타동사	목적어 + 목적격보어

• 선행사가 눈에 보이지 않을 뿐이지 사실은 the thing(s) which[that]와 같은 표현으로, 이때 the thing(s)이 선행사이고 which[that]가 관계대명사이다. '~하는 것(들)'이라고 해석한다.

[계속적 용법으로 사용되는 경우] 사용 불가 ✦

	선행사	콤마			주격 관계대명사절		
1형식	사람·사물·동물	,	what	주어	완전 자동사	–	–
2형식					불완전 자동사	주격보어	–
3형식					완전 타동사	목적어	–
4형식					수여동사	간접목적어	직접목적어
5형식					불완전 타동사	목적어	목적격보어

❯ Check Point

109. Steve Jobs is the leader [which / who] led the digital revolution around the world.

110. The virtuous father has three sons, [who / that] have become excellent politicians.

111. [That / What] surprised Lawrence is Elizabeth's warm heart that was different from last year.

소유격 관계대명사는 관계대명사절에 소유격이 없는 경우를 말한다. 생략된 소유격은 앞에 있는 선행사와 같다. 소유격 관계대명사에서 선행사가 사람이면 whose, 사물이나 동물이면 whose 또는 of which를 사용하고, 이들은 선행사를 수식하는 형용사절로 '~하는'이라고 해석한다. 반면, 관계대명사 that이나 선행사가 없는 what은 소유격이 없다. 소유격 관계대명사는 제한적 용법과 계속적 용법 모두 사용 가능하다.

❯ **제한적 용법으로 사용된 소유격 관계대명사** whose, of which 사용 가능 ✪

	선행사				소유격 관계대명사절		
1형식	사람· 사물· 동물	whose/ of which	소유격	명사	완전 자동사	–	
2형식					불완전 자동사	주격보어	–
3형식					완전 타동사	목적어	–
4형식					수여동사	간접목적어	직접목적어
5형식					불완전 타동사	목적어	목적격보어

❯ **계속적 용법으로 사용된 소유격 관계대명사** whose, of which 사용 가능 ✪

	선행사	콤마			소유격 관계대명사절		
1형식	사람· 사물· 동물	,	whose/ of which	소유격	명사	완전 자동사	–	
2형식						불완전 자동사	주격보어	–
3형식						완전 타동사	목적어	–
4형식						수여동사	간접목적어	직접목적어
5형식						불완전 타동사	목적어	목적격보어

❯ **소유격 관계대명사 whose** 선행사가 사람이고 관계대명사절에 소유격이 없는 경우에 사용됨

[제한적 용법으로 선행사(사람)를 수식하는 형용사절로 사용되는 경우] 관계대명사 that으로 바꿔 사용 불가 ✪

	선행사				소유격 관계대명사절		
1형식	사람	whose	소유격	명사	완전 자동사	–	
2형식					불완전 자동사	주격보어	–
3형식					완전 타동사	목적어	–
4형식					수여동사	간접목적어	직접목적어
5형식					불완전 타동사	목적어	목적격보어

• 관계대명사절의 동사는 12시제 모두 사용되는데, 주로 기본 3시제나 진행시제가 사용되고, 능동태뿐만 아니라 수동태가 사용되기도 한다.

[계속적 용법으로 사용되는 경우] 관계대명사 that으로 바꿔 사용 불가 ⭐

	선행사	콤마				소유격 관계대명사절		
1형식						완전 자동사	–	
2형식						불완전 자동사	주격보어	–
3형식	사람	,	whose	소유격	명사	완전 타동사	목적어	–
4형식						수여동사	간접목적어	직접목적어
5형식						불완전 타동사	목적어	목적격보어

• 관계대명사절의 동사는 12시제 모두 사용되는데, 주로 기본 3시제나 진행시제가 사용되고, 능동태뿐만 아니라 수동태가 사용되기도 한다.

❷ 소유격 관계대명사 whose, of which   선행사가 사물이나 동물이고, 관계대명사절에 소유격이 없는 경우에 사용됨

[제한적 용법으로 선행사(사물·동물)를 수식하는 형용사절로 사용되는 경우]   관계대명사 that으로 바꿔 사용 불가

	선행사				소유격 관계대명사절		
1형식					완전 자동사	–	
2형식					불완전 자동사	주격보어	–
3형식	사물·동물	whose/of which	소유격	명사	완전 타동사	목적어	–
4형식					수여동사	간접목적어	직접목적어
5형식					불완전 타동사	목적어	목적격보어

• 관계대명사절의 동사는 12시제 모두 사용되는데, 주로 기본 3시제나 진행시제가 사용되고, 능동태뿐만 아니라 수동태가 사용되기도 한다.

[계속적 용법으로 사용되는 경우]   관계대명사 that으로 바꿔 사용 불가

	선행사	콤마				소유격 관계대명사절		
1형식						완전 자동사	–	
2형식						불완전 자동사	주격보어	–
3형식	사물·동물	,	whose/of which	소유격	명사	완전 타동사	목적어	–
4형식						수여동사	간접목적어	직접목적어
5형식						불완전 타동사	목적어	목적격보어

❷ Check Point

112. My nephew is a ballerino [who / whose] performances are stunning.

113. My car, [whose / which] the engine is as powerful as a new car, is over 20 years old.

114. Helen Keller, [that / whose] disability has been overcome, is a great woman.

이것만은 꼭 기억하자! **whose와 of which의 차이점**

	선행사		
	사람	생물체	무생물(사물)
whose	○	○	○
of which	×	○	○

- 선행사 + 접속사 + 소유격 + 명사 + 동사 ~
  = 선행사 + 접속사 + the + 명사 + of + 대명사 + 동사 ~
  = 선행사 + whose + 명사 + 동사 ~
  = 선행사 + of which + the + 명사 + 동사 ~
  = the + 명사 + of which + 동사 ~

I	bought	a book	and	its	cover	was	red.
		선행사	접속사	a book의 소유격	명사		

			and	the cover	of it	was	red.
			접속사	the + 명사 + of + 대명사			

			whose	cover		was	red.
			소유격 관계대명사	명사			

			of	which	the cover	was	red.
			전치사	관계대명사	the + 명사		

			the cover	of	which	was	red.
			the + 명사	전치사	관계대명사		

목적격 관계대명사는 관계대명사절에 목적어가 없는 경우를 말한다. 생략된 목적어는 앞에 있는 선행사와 같다. 목적격 관계대명사에는 선행사의 종류에 따라 whom, which, that이 있고, 이들은 선행사를 수식하는 형용사절로 '~하는'이라고 해석한다. 반면, 선행사가 없는 what은 명사절로 '~하는 것(들)'이라고 해석한다. 목적격 관계대명사는 생략이 가능하다. 목적격 관계대명사 whom과 which는 제한적 용법과 계속적 용법 모두 사용할 수 있지만, 목적격 관계대명사 that과 what은 계속적 용법으로 사용할 수 없다.

동사는 자동사와 타동사로 나뉘는데 자동사는 뒤에 목적어를 가지지 못하기 때문에 목적격 관계대명사와 관련이 없다. 이에 반해 타동사는 뒤에 목적어를 가지기 때문에 목적격 관계대명사와 관련이 있다. 수여동사는 간접목적어와 직접목적어를 가지는데 목적어가 2개 있으므로 목적격 관계대명사의 경우의 수 역시 두 가지이다.

◆ 목적격 관계대명사 whom 선행사가 사람이고 관계대명사절에 목적어가 없는 경우에 사용됨

[제한적 용법으로 사용된 목적격 관계대명사] 목적격 관계대명사 that으로 바꿔 사용 가능

	선행사			목적격 관계대명사절		
3형식				완전 타동사	목적어	
4형식	사람	whom	주어	수여동사	간접목적어	직접목적어
					간접목적어	직접목적어
5형식				불완전 타동사	목적어	목적격보어

- 관계대명사절의 동사는 12시제 모두 사용되는데, 주로 기본 3시제나 진행시제가 사용되고, 능동태뿐만 아니라 수동태가 사용되기도 한다.
- 목적격 관계대명사 whom은 생략이 가능하다.

[계속적 용법으로 사용되는 경우] 목적격 관계대명사 that으로 바꿔 사용 불가

	선행사	콤마		목적격 관계대명사절		
3형식				주어	완전 타동사	목적어
4형식	사람	,	whom	주어	수여동사	간접목적어	직접목적어
				주어	수여동사	간접목적어	직접목적어
5형식				주어	불완전 타동사	목적어	목적격보어

- 관계대명사절의 동사는 12시제 모두 사용되는데, 주로 기본 3시제나 진행시제가 사용되고, 능동태뿐만 아니라 수동태가 사용되기도 한다.
- 계속적 용법에서 주로 관계대명사는 생략하지 않는다.

▶ 목적격 관계대명사 which　선행사가 사물이나 동물이고, 관계대명사절에 목적어가 없는 경우에 사용됨

[제한적 용법으로 사용된 목적격 관계대명사]　목적격 관계대명사 that으로 바꿔 사용 가능 ☆

	선행사	목적격 관계대명사절			
3형식	사물·동물	which	주어	완전 타동사	~~목적어~~
4형식				수여동사	~~간접목적어~~ ~~직접목적어~~
				수여동사	~~간접목적어~~ ~~직접목적어~~
5형식				불완전 타동사	~~목적어~~ 목적격보어

- 관계대명사절의 동사는 12시제가 다 사용되는데, 주로 기본 3시제나 진행시제가 사용되고, 능동태뿐만 아니라 수동태가 사용되기도 한다.
- 목적격 관계대명사 which는 생략이 가능하다.

[계속적 용법으로 사용되는 경우]　목적격 관계대명사 that으로 바꿔 사용 불가 ☆

	선행사	콤마	목적격 관계대명사절			
3형식	사물·동물	,	which	주어	완전 타동사	~~목적어~~
4형식					수여동사	~~간접목적어~~ 직접목적어
					수여동사	~~간접목적어~~ 직접목적어
5형식					불완전 타동사	~~목적어~~ 목적격보어

- 관계대명사절의 동사는 12시제 모두 사용되는데, 주로 기본 3시제나 진행시제가 사용되고, 능동태뿐만 아니라 수동태가 사용되기도 한다.
- 계속적 용법에서 주로 관계대명사는 생략하지 않는다.

▶ 목적격 관계대명사 that　선행사가 사람, 사물이나 동물이고, 관계대명사절에 목적어가 없는 경우에 사용됨

　　　　　　　　　주의▶ 계속적 용법으로 사용할 수 없음

[관계대명사절의 동사가 능동태이고, 목적어가 없는 경우] ☆

	선행사	목적격 관계대명사절			
3형식	사람·사물·동물	that	주어	완전 타동사	~~목적어~~
4형식				수여동사	~~간접목적어~~ 직접목적어
				수여동사	~~간접목적어~~ 직접목적어
5형식				불완전 타동사	~~목적어~~ 목적격보어

- 관계대명사절의 동사는 12시제 모두 사용되는데, 주로 기본 3시제나 진행시제가 사용되고, 능동태뿐만 아니라 수동태가 사용되기도 한다.
- 목적격 관계대명사 that은 생략이 가능하다.

[관계대명사절의 동사가 수동태이고, 준동사(특히 to부정사)의 목적어가 없는 경우] ✦

		주부						술부
	선행사 (주어)	목적격 관계대명사절						
1형식	사람· 사물· 동물	that	주어	be p.p.	to-동사원형 완전 타동사	목적어 (⨯)	본동사	부사(구/절)
2형식					to-동사원형 수여동사	간접목적어 / 직접목적어 (⨯)		주격보어
3형식						간접목적어 / 직접목적어 (⨯)		목적어
4형식					to-동사원형 불완전 타동사	목적어 / 목적격보어 (⨯)		간접목적어 + 직접목적어
5형식								목적어 + 목적격보어

❯ 목적격 관계대명사 what　선행사가 포함되어 있고, 관계대명사절에 목적어가 없는 경우에 사용됨 ✦

	선행사	목적격 관계대명사절			
3형식	(없음)	what	주어	완전 타동사	목적어 (⨯)
4형식				수여동사	간접목적어 / 직접목적어 (⨯)
					간접목적어 / 직접목적어 (⨯)
5형식				불완전 타동사	목적어 / 목적격보어 (⨯)

• 목적격 관계대명사 what은 계속적 용법으로 사용할 수 없고, 생략도 할 수 없다.

❯ Check Point

> **115.** People [whom / which] I admire the most are my parents and Steve Jobs.
>
> **116.** I got the dress [what / which] I saw in Italy last year as a birthday present.
>
> **117.** [That / What] Sebastian gave Elin was a birthday present.

❶ 관계대명사 that만 쓰는 경우

[선행사가 두 가지가 동시에 나오는 경우] who, whom, which 사용 불가

선행사	관계대명사	쓰임
사람 + 동물	that	주격 관계대명사 주어가 없는 경우
사람 + 사물		목적격 관계대명사 목적어가 없는 경우

[선행사 앞에 있는 특정한 표현에 의해 선행사가 수식을 받는 경우]

특정한 표현	선행사	관계대명사	쓰임
the + 서수	사람 · 사물 · 동물	that	주격 관계대명사 주어가 없는 경우
the + 형용사의 최상급			목적격 관계대명사 목적어가 없는 경우
the + only / very / same			
all, every, some, any, no			

[선행사로 의문대명사가 사용되는 경우]

선행사	관계대명사	쓰임
who	that	주격 관계대명사 주어가 없는 경우
whom		목적격 관계대명사 목적어가 없는 경우
what		

[선행사로 부정대명사가 사용되는 경우]

선행사	관계대명사	쓰임
all, much, little	that	주격 관계대명사 주어가 없는 경우
-thing, -body, -one으로 끝나는 형태		목적격 관계대명사 목적어가 없는 경우

❷ 관계대명사의 생략 ⭐

관계대명사는 주로 목적격이나 주격인 경우에 생략할 수 있고, 그 외 특별한 경우에도 생략이 가능하다.

처음 시작하는 말	생략할 수 있음	주어·목적어^{타동사, 전치사}·주격보어 중 한 가지 주성분이 없을 때			
명사^{선행사}	(목적격 관계대명사)	주어	완전 타동사	목적어	
		주어	불완전 타동사	목적어	목적격보어
		주어	동사	전치사	목적어
명사^{선행사}	(주격 관계대명사 + be동사)	현재분사, 과거분사, 형용사, 전치사구			
명사^{선행사}	(보격 관계대명사)	주어	불완전 자동사	주격보어	
		주어	불완전 타동사	목적어	목적격보어
There be ~ Here be ~ It be ~	(주격 관계대명사)	주어	동사		
주어 + 동사 ~	(주격 관계대명사)	there	be	주어	
It be ~	(주격 관계대명사)	주어	동사		

❸ 수량형용사 + 관계대명사

'of + 명사[대명사]'에서 명사나 대명사 대신 사용하는 관계대명사로는 whom, which, whose가 있고, 제한적 용법이 아니라 계속적 용법으로만 써야 한다. 전치사 of의 목적어이기 때문에 주격 관계대명사인 who를 사용할 수 없고, 계속적 용법이기 때문에 that이나 what 역시 사용할 수 없다. **주의** 수량형용사 다음 관계대명사 자리에 대명사를 사용할 수 없다. 관계대명사는 '접속사 + 대명사'의 역할을 하므로 접속 기능이 없는 대명사는 사용 불가하다.

콤마	수량형용사	관계대명사
,	none of, neither of, any of, either of, some of, many of, much of, few of, both of, half of, each of, one of, two of, all of, several of, a number of	whom^{사람} + which^{사물} whose^{소유}

❹ 전치사 + 관계대명사 vs. 관계대명사 ⭐

'전치사 + 관계대명사'는 관계부사와 같으므로 뒤에 완전한 문장이 나온다. 이때 전치사를 맨 뒤로 보낼 수 있는데 전치사의 목적어가 없으므로 관계대명사절은 불완전하다.

선행사	전치사 + 관계대명사 = 관계부사	주어	동사			완전한 문장
	관계대명사	주어	동사	전치사	목적어	불완전한 문장

* '전치사 + 관계대명사 = 관계부사'는 기출 포인트 41에서 자세히 다루기로 함.

❺ 관계대명사 vs. 관계부사 ✫

관계대명사와 관계부사의 차이를 묻는 문제는 G-TELP 문법 파트에서 자주 출제되는 유형 중 하나이다. 관계대명사와 관계부사는 각각 시험에서 빈칸에 알맞은 정답으로 나오기도 하지만 정답이 아니더라도 선택지에 이 둘 모두가 제시된다는 점에서 중요하다.

관계대명사절은 불완전한 문장이고 관계부사절은 완전한 문장이다. 그럼 어떤 경우가 완전하고, 어떤 경우가 불완전할까? 이에 대한 해결책은 문장의 5형식을 제대로 이해하고 있어야 한다. 관계부사를 학습하기 전, 관계대명사를 요약하고자 한다.

❻ 선행사가 있는 경우: 선행사를 수식하는 형용사절로 '~하는'이라고 해석

[주격 관계대명사절] 관계대명사절에 주어가 없는 경우 ✫

형식	선행사	who which that	주어	주격 관계대명사절		
1형식	선행사	who which that	주어	완전 자동사	–	
2형식				불완전 자동사	주격보어	–
3형식				완전 타동사	목적어	–
4형식				수여동사	간접목적어	직접목적어
5형식				불완전 타동사	목적어	목적격보어

• 선행사가 사람이면 who, 사물이나 동물이면 which를 사용하고, who와 which를 대신해서 that이 사용되기도 한다.

[목적격 관계대명사절] 관계대명사절에 목적어가 없는 경우 ✫

형식	선행사	whom which that	주어	목적격 관계대명사절		
3형식	선행사	whom which that	주어	완전 타동사	목적어	–
4형식				수여동사	간접목적어	직접목적어
					간접목적어	직접목적어
5형식				불완전 타동사	목적어	목적격보어

• 선행사가 사람이면 whom, 사물이나 동물이면 which를 사용하고, whom과 which를 대신해서 that이 사용되기도 한다.
• 목적격 관계대명사는 생략할 수 있다.

[소유격 관계대명사절] 관계대명사절에 소유격이 없는 경우 ✫

형식	선행사	whose of which	소유격	명사	소유격 관계대명사절		
1형식	선행사	whose of which	소유격	명사	완전 자동사	–	
2형식					불완전 자동사	주격보어	–
3형식					완전 타동사	목적어	–
4형식					수여동사	간접목적어	직접목적어
5형식					불완전 타동사	목적어	목적격보어

• 선행사가 사람이면 whose, 사물이면 of which를 사용하고, whose와 of which를 대신해서 that은 사용할 수 없다.

[보격 관계대명사절] 관계대명사절에 보어가 없는 경우 ⭐

			보격 관계대명사절			
2형식	선행사	who whom that	주어	동사	주격보어	–
5형식			주어	동사	목적어	목적격보어

- 선행사가 사람이면 who나 whom을 사용하고, who와 whom을 대신해서 that이 사용되기도 한다.

❼ 선행사가 없는 경우: 명사절 ^{주어, 목적어, 보어} 로 '~하는 것'이라고 해석

[주격 관계대명사 what] 관계대명사절에 주어가 없는 경우 ⭐

				주격 관계대명사절		
1형식				완전 자동사	–	
2형식				불완전 자동사	주격보어	–
3형식	선행사	what	주어	완전 타동사	목적어	–
4형식				수여동사	간접목적어	직접목적어
5형식				불완전 타동사	목적어	목적격보어

- 관계대명사 which나 that을 사용할 수 없다.

[목적격 관계대명사 what] 관계대명사절에 목적어가 없는 경우 ⭐

				목적격 관계대명사절		
3형식				완전 타동사	목적어	–
4형식	선행사	what	주어	수여동사	간접목적어	직접목적어
					간접목적어	직접목적어
5형식				불완전 타동사	목적어	목적격보어

- 관계대명사 which나 that을 사용할 수 없다.

❯ Check Point

118. She is the only friend and teacher [that / whom] I trust in this world.

119. I have 100 restaurants all over the world, 50 of [which / them] are in Europe.

120. Next month, she and I will revisit Bali [in which / which] we traveled to three years ago.

관계부사는 접속사와 부사 역할을 동시에 수행하고, '~하는'이라고 해석하면서 앞에 있는 선행사를 수식한다. 관계부사는 관계대명사와 달리 '격'이 존재하지 않는다는 것이 가장 중요한 핵심이다. 좀 더 쉽게 설명하자면, '격'이란 관계대명사절의 부족한 주성분을 말한다. 그 주성분에는 주어, 목적어, 소유격, 보어가 있다. '격'이 없는 관계부사는 부족한 주성분이 없다는 말로 그 주성분이 완전한 상태로 존재한다는 말과도 같은 뜻이니 관계부사가 이끄는 절은 완전한 문장이다. 완전한 문장이란 관계대명사에서 살펴본 것처럼 '문장의 5형식'에서 주어, 동사, 목적어, 보어가 1형식에서 5형식까지 빠짐없이 모두 다 들어 있는 문장이다.

G-TELP 문법 파트에서 빈칸에 알맞은 관계부사를 넣는 문제는 관계부사의 선행사에 따라 관계부사가 결정되기 때문에 선행사가 어떤 위치에서 어떻게 나와 있는지를 찾으면 풀 수 있다.

❯ 관계부사의 종류 ✦

용도	선행사	관계부사	전치사 + 관계대명사
시간	the time	when	in/at/on 등 + which
장소	the place	where	in/at/on 등 + which
이유	the reason	why	for which
방법	(the way)	(how)	in which
	the way how는 같이 사용 못함, the way, how, the way in which, the way that은 사용 가능		

❯ 선행사와 관계부사와의 관계

특정한 시간이나 장소를 제외하고 일반적인 시간이나 장소가 선행사일 경우, 선행사만 사용하거나 관계부사만 사용할 수 있다.

• the way how는 같이 사용 못 함 ✦

　관계부사 how는 선행사 the way와 같이 사용할 수 없다. 따라서 the way, how, the way in which, the way that 중에 하나를 골라 문맥에 맞게 사용해야 한다.

• 관계부사 = 전치사 + 관계대명사 ✦

　단독으로 사용한 관계대명사절은 불완전한 문장으로 구성되지만 그 관계대명사 앞에 전치사가 붙으면 완전한 문장이 되는데, 그 이유는 관계부사와 같기 때문이다. 이러한 전치사는 선행사와 상관관계를 이루는데 주로 in, at, on, for 등이 사용된다.

• 전치사 + 관계대명사 = 관계대명사 ~ 전치사 ✦

　관계대명사 앞에 있는 전치사는 문장 맨 뒤로 자리를 이동할 수 있다. 그렇게 되면 관계대명사만 남게 되어 불완전한 문장이 된다. 왜냐하면 전치사의 목적어가 없기 때문이다.

선행사	전치사 + 관계대명사 = 관계부사	주어	동사			완전한 문장
	관계대명사	주어	동사	전치사	목적어	불완전한 문장

관계부사의 계속적 용법

관계대명사처럼 관계부사도 제한적 용법과 계속적 용법이 있다. when, where, why, how는 모두 제한적 용법으로 사용할 수 있고, 계속적 용법으로는 when과 where만 사용할 수 있다.

용도	선행사	콤마	관계부사	전치사 + 관계대명사
시간	the time	,	when	in/at/on 등 + which
장소	the place		where	in/at/on 등 + which

* 계속적 용법으로 사용된 관계부사 when은 and then으로, where는 and there로 바꿔 사용할 수 있다.

관계부사 why와 how는 계속적 용법으로 사용할 수 없다.

용도	선행사	콤마	관계부사	전치사 + 관계대명사
이유	the reason		why	for which
방법	(the way)		how	in which

관계부사 대용어 that

주격 관계대명사 who와 which, 목적격 관계대명사 whom과 which를 대신하여 관계대명사 that을 사용할 수 있듯이 관계부사 when, where, why, how를 대신하여 관계부사 대용어 that을 사용할 수 있으나, 관계부사 where가 that보다 더 일반적으로 사용된다.

- This is the time <u>when</u> we should study English.
- This is the place <u>where</u> we should study English.
- This is the reason <u>why</u> we should study English.
- This is the way <u>how</u> we should study English. (×)

관계부사 when

관계부사 when은 선행사로 '시간'이 나오는데 관계부사 when절이 그 선행사를 수식하는 형용사 역할을 하므로 '~하는'이라고 해석한다. 선행사가 특정한 시간이 아닌 일반적인 시간이라면 생략할 수 있고, 계속적 용법으로 when 앞에 콤마를 사용할 수 있다. 또한, 관계부사 대용어 that으로 바꿔 쓸 수 있다.

	선행사			시간을 나타내는 관계부사절		
1형식				완전 자동사	–	
2형식				불완전 자동사	주격보어	–
3형식	시간	when	주어	완전 타동사	목적어	–
4형식				수여동사	간접목적어	직접목적어
5형식				불완전 타동사	목적어	목적격보어

❯ 관계부사 where

관계부사 where는 선행사로 '장소'가 나오는데 관계부사 where절이 그 선행사를 수식하는 형용사 역할을 하므로 '~하는'이라고 해석한다. 선행사가 특정한 장소가 아닌 일반적인 장소라면 생략할 수 있고, 계속적 용법으로 where 앞에 콤마를 사용할 수 있다. 관계부사 대용어 that을 사용할 수 있으나, that보다는 주로 where를 사용한다.

	선행사			장소를 나타내는 관계부사절		
1형식				완전 자동사	—	
2형식				불완전 자동사	주격보어	—
3형식	장소	where	주어	완전 타동사	목적어	—
4형식				수여동사	간접목적어	직접목적어
5형식				불완전 타동사	목적어	목적격보어

주의

❶ 관계부사 대용어로 that 사용이 가능하지만, where가 더 일반적이다. ☆
❷ that 이하 문장이 완전하면 종속접속사로 명사절^{주어, 목적어, 보어} 또는 부사절^{동사 수식}로 사용 가능하다.

❯ 관계부사 why

관계부사 why는 선행사로 '이유'가 나오는데 관계부사 why절이 그 선행사를 수식하는 형용사 역할을 하므로 '~하는'이라고 해석한다. 계속적 용법으로 why 앞에 콤마를 사용할 수 없으며 관계부사 대용어 that으로 바꿔 사용할 수 있다.

	선행사			이유를 나타내는 관계부사절	
1형식				완전 자동사	부사(구/절)
2형식				불완전 자동사	주격보어
3형식	이유	why	주어	완전 타동사	목적어
4형식				수여동사	간접목적어 + 직접목적어
5형식				불완전 타동사	목적어 + 목적격보어

❯ 관계부사 how

관계부사 how는 선행사로 방법이 나오는데 관계부사 how절이 그 선행사를 수식하는 형용사 역할을 하므로 '~하는'이라고 해석한다. 선행사가 특정한 방법이 아닌 일반적인 방법이라면 생략 가능하고, 계속적 용법으로 how 앞에 콤마를 사용할 수 없으며 관계부사 대용어 that으로 바꿔 사용할 수 있다.

	선행사			방법을 나타내는 관계부사절	
1형식	방법	how	주어	완전 자동사	부사(구/절)
2형식				불완전 자동사	주격보어
3형식				완전 타동사	목적어
4형식				수여동사	간접목적어＋직접목적어
5형식				불완전 타동사	목적어＋목적격보어

주의

❶ the way와 how는 절대 같이 사용할 수 없다. ✯

❷ the way, how, the way in which, the way that은 사용 가능하다.

❯ Check Point

121. I'll go to Jumunjin Port and do sea fishing on the day [where / when] I have a day off.

122. The auto repair shop [why / where] my high school friend likes to go is located in Ilsan.

123. The way [how / that] you can improve your English is memorizing a wide range of vocabulary.

복합관계대명사는 '관계대명사＋ever' 형식으로 선행사가 anyone이나 anything일 경우에 사용되고, 문장에서의 역할은 **명사절** 주어, 목적어, 보어과 **부사절** 양보로 사용된다.

❯ 복합관계대명사   명사절인 경우 (any＋명사＋관계대명사)

복합관계대명사는 그 자체가 명사절로 사용되는데 주어나 목적어 역할을 하므로 관계대명사절처럼 복합관계대명사절 명사절은 불완전한 문장이 나오고 격이 존재한다.

	주격	소유격	목적격
사람	whoever ～하는 사람은 누구나 anyone who	whosever 누구의 ～든지 anyone whose	who(m)ever ～하는 사람은 누구에게나 anyone whom
사물	whatever ～하는 것은 무엇이든 anything which[that]	×	whatever ～하는 것은 무엇이든 anything which[that]
선택 사람·사물	whichever 사람: 어느 사람이든 간에 (anyone who[that]) 사물: ～하는 것은 어느 것(쪽)이든지 (anything which[that])	×	whichever 사람: 어느 사람이든 간에 (anyone who[that]) 사물: ～하는 것은 어느 것(쪽)이든지 (anything which[that])

❯ 복합관계대명사   부사절인 경우 (no matter＋관계대명사)

	주격	소유격	목적격
사람	whoever 누가 ～하더라도[할지라도] no matter who	whosever 누구의 ～이든지 no matter whose	who(m)ever 누구를 ～하더라도[할지라도] no matter whom
사물	whatever 무엇이 ～하더라도[할지라도] no matter what	×	whatever 무엇을 ～하더라도[할지라도] no matter what
선택 사람·사물	whichever 사람: 어느 사람이든 간에 (no matter who) 사물: ～하는 것은 어느 것[쪽]이든지 (no matter which)	×	whichever 사람: 어느 사람이든 간에 (no matter who) 사물: ～하는 것은 어느 것[쪽]이든지 (no matter which)

❯ 관계대명사 vs. 복합관계대명사

관계대명사^{who, whom, which, that}는 그 앞에 반드시 선행사가 있어야 하고, 그 선행사를 수식하는 형용사절로 사용하는 반면에, **복합관계대명사는 선행사가 없으면서 명사절로 사용**된다. 선행사가 없고 명사절로 사용된다는 점은 관계대명사 what과 같다. 하지만 관계대명사 what은 부사절 쓰임이 없지만, 복합관계대명사는 **부사절로 사용된다**는 것이 차이점이다.

구분	선행사	종류	형용사절	명사절	부사절
관계대명사	사람 주격	who	○	×	×
	사람 목적격	whom	○	×	×
	사물 · 동물	which	○	×	×
	사람 · 사물 · 동물	that	○	×	×
	(없음)	what	×	○	×
복합관계대명사	(없음)	whoever	×	○	○
		whosever	×	○	○
		whomever	×	○	○
		whichever	×	○	○
		whatever	×	○	○

❯ 복합관계형용사

복합관계대명사 중, whatever와 whichever는 바로 뒤에 명사를 수식하는 형용사 역할을 할 수 있고, 이를 복합관계형용사라고 한다.

whatever	+	명사	~하는 것이면 어떤(명사)나
whichever	+	명사	~하는 것이면 어느(명사)나

❯ Check Point

124. [Who / Whoever] comes first will get a 5% discount coupon.

125. [Whomever / Whom] he meets, he will only love her.

126. [What / Whatever] the teacher says, weak-willed students are easily affected not only by peers, but also by parents.

복합관계부사는 '관계부사 + ever' 형식으로 문장에서 부사절로 시간, 장소, 양보로 사용된다.

	복합관계부사	시간 · 장소의 부사절	양보 부사절
시간	whenever	at[on, in] any time when[that] ~할 때는 언제나 (= every time)	no matter when 언제 ~할지라도
장소	wherever	at[on, in] any place where[that] ~하는 곳은 어디나	no matter where 어디에서 ~할지라도
방법	however	—	no matter how 아무리 ~할지라도
			by whatever means 어떻게 ~한다 할지라도

❯ 관계부사 vs. 복합관계부사

관계부사^{when, where, why, how}는 그 앞에 선행사가 있거나 없을 수 있고, 만약에 선행사가 있다면 그 선행사를 수식하는 형용사절로 사용하는 반면에, **복합관계부사는 선행사 없이 부사절로 사용**된다.

구분	선행사	종류	형용사절	명사절	부사절
관계부사	시간	when	○	×	×
	장소	where	○	×	×
	이유	why	○	×	×
	방법	how	○	×	×
복합관계부사	없음	whenever	×	×	○
		wherever	×	×	○
		however	×	×	○

* 관계부사 how는 선행사 the way와 함께 사용할 수 없다.

❯ Check Point

127. [When / Whenever] you miss me, think about the time we spent together.

128. [Where / Wherever] you are, our country will always protect you from danger.

129. [However / How] not economically weak our country is, we should all try to overcome any difficulties together.

01 It is not really easy for disabled people to catch a taxi in the middle of night. In fact, that old man, _____, has been waiting for more than an hour and he still can't get a ride.

(a) who is sitting in a wheelchair
(b) which is sitting in a wheelchair
(c) that is sitting in a wheelchair
(d) why he is sitting in a wheelchair

02 The banana is one of the world's most versatile fruits. It can be used in more ways than just one. The fruit, _____ depending on its state of ripeness, can be eaten both raw and cooked.

(a) which tastes either bland or sweet
(b) that is either bland or sweet
(c) why is it either bland or sweet
(d) how either bland or sweet it is

03 The iconic Lotte World Tower in Seoul is widely known as the tallest building in South Korea and the fifth tallest in the world. The tower is similar to the Shard of London designed by the renowned Italian architect, Renzo Piano, _____ by the railway lines at the time of the project.

(a) where he was inspired
(b) who was inspired
(c) how he was inspired
(d) that he was inspired

04 The University of Sydney is Australia's first university. Since 1850, _____, the school has educated seven Australian prime ministers, nine state governors and territory administrators, and 24 justices of the High Court of Australia.

(a) where it was founded
(b) that it was founded
(c) how founded it was
(d) when it was founded

05 Lisa wants to watch the upcoming World Figure Skating Championships to see Yu-na Kim hold the title of world champion. Her brother told her that the seats _____ are the front row of a skating rink.

(a) where she could watch her idol best
(b) that she could watch her idol best
(c) whose idol she could best watch
(d) which she could watch her idol best

06 American singer, Lady Gaga arrived at the 2010 MTV Video Music Awards with a "meat dress". The infamous dress, _____, was made of raw beef and condemned by animal rights groups.

(a) that was designed by Franc Fernandez
(b) which was designed by Franc Fernandez
(c) who was designed by Franc Fernandez
(d) how Franc Fernandez designed it

07 JM's business success has made it necessary to move to a bigger office. The institution's over 50 employees have been working in the basement of a small building in the east of Seoul. The new office, _____, is in the south of Seoul.

(a) which is a three-story building
(b) when it is a three-story building
(c) where is a three-story building
(d) that building has three stories

08 Monica recently bought a small studio near her university. However, she found that water pressure in the shower is low, so she wants to fix it with a minimum of time and materials. I advised her to call Peter, the plumber _____.

(a) when pipes and plumbing were repaired last month
(b) who repaired pipes and plumbing fixtures last month
(c) whom repaired pipes and plumbing fixtures last month
(d) which repaired pipes and plumbing fixtures last month

09 Joan is new to Sydney in Australia and is not yet familiar with the bus schedules. Because of this, she missed the bus to the city. The bus _____ had already left when she arrived at the station.

(a) who she was supposed to take
(b) that she was supposed to take
(c) when she was supposed to take it
(d) what she was supposed to take

10 A former driver at Lee's company revealed that the chairman is a big fan of sports car racing. However, when the chairman needs to drive a long distance, he tends to select the car _____.

(a) that is known safe and fuel efficient
(b) when safe and fuel efficient driver is known
(c) which it gets safe and fuel efficient
(d) where the driver is safety and fuel efficiency

11 Not all people who play video or computer games during the day are wasting their time. A study shows that people _____ can improve problem-solving skills and enhance multitasking skills. They also tend to be good at memorizing.

(a) which are keen on gaming
(b) who are keen on gaming
(c) when are keen on gaming
(d) whom gaming is keen on

12 A high number of young Koreans these days wish to live in Canada and Australia in order to raise the standard of living. However, the latest study showed that immigrants _____ struggle to find a highly-paying job and frequently experience discrimination at work.

(a) who don't speak English fluently
(b) what don't speak English fluently
(c) which don't speak English fluently
(d) where don't speak English fluently

모의고사

단어 시험지
생성지 바로가기

모의고사
MP3 바로가기

>> **사용 방법:** 파고다북스 홈페이지(www.pagodabook.com)에 로그인한 후 상단 메뉴의
[모의테스트] 클릭 → 모의테스트 메뉴에서 [단어 시험] 클릭 → 지텔프 32⁺ 벼락치기 10시간
완성 (Level 2)를 고른 후, 원하는 문제 수와 Day 1을 입력하고 문제 유형 선택 → [단어 시험지
생성]을 누르고 별도의 브라우저 창으로 뜬 단어 시험지를 PDF로 내려받기 또는 인쇄

GRAMMAR SECTION

DIRECTIONS:

The following items need a word or words to complete the sentence. From the four choices for each item, choose the best answer. Then blacken in the correct circle on your answer sheet.

Example:

The boys _____ in the car.

(a) be
(b) is
(c) am
(d) are

The correct answer is (d), so the circle with the letter (d) has been blackened.

ⓐ   ⓑ   ⓒ   ●

NOW TURN THE PAGE AND BEGIN

01 A team of architects have won a grant to design a shopping center that could be a landmark of Seoul. By the time the design is finished in 2022, the team will _____ on it for two years.

(a) worked
(b) would have worked
(c) have been working
(d) have been worked

02 When Anna drove home after work, traffic was very heavy. If she had left the office ten minutes earlier, she _____ a waste of time.

(a) would avoid
(b) would be avoided
(c) will be avoiding
(d) would have avoided

03 Yesterday, Louis invited his friend, Suzy, to watch an opera together. However, due to a terrible headache, Suzy told Louis that she really wouldn't enjoy _____ time with him.

(a) to spend
(b) to be spending
(c) having spent
(d) spending

04 A majority of people believe that the high consumption of wheat flour causes acne. However, Professor, Monica Lincolin at the University of New York demonstrates that acne is usually caused by physical stress and hormone imbalance. She advises that bread lovers not _____ about their scone intake.

(a) are worrying
(b) will worry
(c) worry
(d) worried

05 Nancy has planned a vacation in Hong Kong. However, she hasn't been feeling well over the last few weeks due to stress. For her to enjoy the vacation, she _____ find a way to be physically fit.

(a) must
(b) could
(c) shall
(d) will

06 Troy is the host of an educational quiz show on TV. Lately, he has been receiving viewer feedback that the show is neglecting the educational purpose. If only the producers reconsidered its format, the program _____ more educational.

(a) is
(b) would have been
(c) will be
(d) would be

07 Paula invited some of her close friends to her new house for dinner. She left the office early to buy food but had a car accident on her way home. When her boyfriend arrived to help her, she _____ with a policeman.

(a) was still arguing
(b) would still argue
(c) had been still arguing
(d) already argue

08 Dr. Campbell is a dentist and his two sons are a physician and a social worker. In 2015, they founded Glory House _____ funds for critically sick patients who struggle with financial difficulties and are in urgent need of treatments.

(a) to have raised
(b) raising
(c) to raise
(d) to be raised

09 Many people want to be a friend of Mark. He is the type of person _____ how to make people laugh. I think he has potential to be a famous entertainer in the near future.

(a) what knows
(b) when would have know
(c) which knows
(d) who knows

10 Sarah's doctor advised her to stop smoking and drinking alcohol because she is at risk of a stroke. Following her doctor's advice, she recently began _____ every day because it doesn't cost her a lot.

(a) walking
(b) being walking
(c) having walking
(d) to have walked

11 Many tourists were disappointed that the hotel service was poor. They were saying that if their demands such as clean towels and free drinks in the fridge had been provided, they _____ their friends to stay in this hotel.

(a) would recommended
(b) would have recommended
(c) will recommend
(d) recommended

12 Changing personality is not as simple as it sounds. _____ one understands how personality affects social life and successful employment, he'll not realize the need to alter personality.

(a) If
(b) Because
(c) Despite
(d) Unless

13 After working as a professional piano teacher for over 15 years, Beht decided to quit teaching and go into business on her own. Next month, she _____ educational books in series for those who want to be a piano teacher.

(a) will write
(b) wrote
(c) will have been writing
(d) will be writing

14 A high number of white bears used to be seen in Antarctica. Lately, however, it is not easy to see them since they die from hunger and a change in climate. It is urgent that the public _____ in saving the bears from extinction.

(a) participates
(b) will participate
(c) participate
(d) to participate

15 With the emergence of the Internet, students having difficulty attending school because they live in an isolated area can now study online. If Internet-based l earning were not available today, those students _____ less opportunities for formal education.

(a) would have
(b) had
(c) would be having
(d) would have had

16 Many people insist that governments should create more jobs for young people, while other people assert that governments should not forget _____ the responsibility of caring for old people.

(a) to consider
(b) considering
(c) to have considered
(d) being considered

17 Jack, the new financial director, approved the budget for new office chairs. The staff, especially those having back pain, truly appreciative. He _____ replacing the old chairs since he was employed.

(a) has considered
(b) has been considering
(c) had considered
(d) would have been considering

18 Scientists have always debated about a placebo effect. While patients believe that it effectively decreased their pain levels, some scientists theorize that their psychological state _____ more than their physical state.

(a) should have affected
(b) must affect
(c) might have affected
(d) could have affected

19 Sandy wants to join her school's music band. Because of the full number of members in the band, she will try out for the dancing club instead. If she joined earlier, she _____ the guitar in front of all students and teachers.

(a) would play
(b) played
(c) was playing
(d) would have played

20 Lisa's greyhound bit a cat. Since then, the dog has been unstable and refused food. Fearing the deadly parvo virus, Lisa's dad insisted that Lisa _____ the dog to the vet immediately.

(a) took
(b) take
(c) takes
(d) would take

21 In order to stay in London for a month, Julia _____ on the weekend last year to save money. However, if her company had not approved her vocation, she would have quit her job.

(a) had been working
(b) has been working
(c) was working
(d) would have been working

22 Emma likes talking with friends living in other countries. In particular, talking to those _____ she has not met for years has been a joy of her life lately.

(a) which
(b) whom
(c) when
(d) what

23 The history teacher encourages her students to be aware of the importance of learning history. She tells them that aside from doing many math and science questions, they also need _____ a depth of historical knowledge.

(a) to accumulate
(b) accumulating
(c) to have accumulated
(d) to be accumulated

24 When I started living with my best friend, I normally cooked each meal instead of eating at a restaurant. Later, I realized that if I had lived alone, I _____ a lot of money on food.

(a) would spend
(b) was spent
(c) will have been spending
(d) would have spent

25 A high number of scientists have carried out research on climate change and its detrimental effects on animal life. As a result of that, at present, environmentalists _____ effects of geological alterations on all living creatures in the forest.

(a) are analyzing
(b) are analyzed
(c) was analyzing
(d) would be analyzed

26 Today, children obesity is a serious health issue all over the world.
_____ a recent study shows that the number of obese children in the age range of 7 to 10 particularly has been soaring compared to the past.

(a) As
(b) Therefore
(c) If
(d) In fact

LISTENING SECTION

DIRECTIONS:

The Listening Section has four parts. In each part you will hear a spoken passage and a number of questions about the passage. First you will hear the questions. Then you will hear the passage. From the four choices for each question, choose the best answer. Then blacken in the correct circle on your answer sheet.

(a) one
(b) two
(c) three
(d) four

Bill Johnson has four brothers, so the best answer is (d). The circle with the letter (d) has been blackened.

ⓐ   ⓑ   ⓒ   ●

NOW TURN THE PAGE AND BEGIN

27 (a) that she found a list of job positions in Australia

(b) that she qualified to be an accountant in Australia

(c) that she was asked for an job interview in Australia

(d) that she got a job in an Australian company

28 (a) She was busy with studying.

(b) The confirmation mail is not delivered yet.

(c) She wanted to wait until it was successfully confirmed.

(d) Her parents live far away from her.

29 (a) because the company wanted applicants who were willing to learn specific languages

(b) because she spoke three different languages

(c) because she sent the job application form as soon as it was advertised

(d) because only a few applicants speaking specific languages applied to the job position

30 (a) lacking fluency in Spanish

(b) speaking Spanish informally

(c) speaking two languages simultaneously

(d) making spelling mistakes of words

31 (a) by paying for her food and laundry services

(b) by arranging a person who can look after her

(c) by taking her to a real estate agency

(d) by supplying all her living appliances

32 (a) informing the current company about her resignation at the end of next month

(b) practicing her Spanish speaking

(c) resigning after her contract with the current company ends

(d) resigning as soon as her contract with the current company ends

33 (a) contacting the Australian embassy

(b) driving her to the Australian embassy

(c) making a call to the Australian embassy

(d) searching for visa application

PART 2. *You will hear a presentation by one person to a group of people. First you will hear questions 34 through 39. Then you will hear the talk. Choose the best answer to each question in the time provided.*

34 (a) to discuss a company's project
   (b) to inform people about a new marketing officer
   (c) to introduce a product
   (d) to compare a product with other companies' products

35 (a) dentists do not care about pain management
   (b) dentists are impolite to patients
   (c) the dental care is one of the life-threatening services
   (d) the dental service is costly

36 (a) the brightness of the LED light
   (b) the fast effect of the LED light
   (c) hands-free whitening
   (d) the timer that allows you to continuously track whitening teeth

37 (a) because the LED light device may be bright for users
   (b) because the mouthpiece may not fit some users
   (c) because users may experience unpleasant sensations on teeth or gums
   (d) because some users may think the price of the product is expensive

38 (a) The FDA has approved the product.
   (b) It is tested on animals.
   (c) It is made of BPA silicone.
   (d) It uses high quality whitening gel.

39 (a) to plan a rise in price in the future
   (b) to encourage people to care for their teeth
   (c) to highlight the approval from the FDA
   (d) to make more buyers to purchase the product

PART 3. *You will hear a conversation between two people. First you will hear questions 40 through 45. Then you will hear the conversation. Choose the best answer to each question in the time provided.*

40 (a) looking for a doctor near where she lives

(b) whether she should study her health concern

(c) selecting between two kinds of diets for her health

(d) whether to make an appointment with a doctor

41 (a) It does not cause people to suffer from heart problems.

(b) Patients become less sensitive to insulin.

(c) Many doctors have recommended it to their patients.

(d) Its positive effects on health are medically proven.

42 (a) because they overeat processed foods

(b) because their consumption of major food groups like meat is low

(c) because most of them are depressed

(d) because they tend to eat food they like

43 (a) by managing their immune system

(b) by eating more grains

(c) by increasing the intake of meats

(d) by taking a zinc tablet

44 (a) A meat diet is healthier than a vegetarian diet.

(b) Chicken and turkey do not have effects on heart and cancer.

(c) It is scientifically proven to have a high death rate.

(d) All meat contains saturated fat.

45 (a) hire a private dietitian

(b) encourage her parents to eat more vegetables

(c) search for more information about a vegetarian diet

(d) try out a vegetarian diet

46 (a) how to be a competent registered nurse

(b) how to identify a demanding patient

(c) how to communicate with patients

(d) how to deal with tough patients in a professional manner

47 (a) by asking patients to stop talking

(b) by ignoring patients

(c) by staying calm

(d) by reporting to a nursing manager

48 (a) to let patients know that nursing care is discontinued

(b) to let patients stop making a further argument

(c) to let patients know that nurses are angry

(d) to let patients feel that their complaints are ignored

49 (a) It will prove that the nurse can manage a high level of anger.

(b) It will show that patients are impolite.

(c) It will prove that the nursing care has been inadequate.

(d) It will show that patients are understood.

50 (a) because it is not professional to give a wrong answer

(b) because patients keep complaining to nurses

(c) because an incorrect solution may cause a patient's dissatisfaction with nursing care

(d) because patients do not care about what nurses do

51 (a) It may result in a professional nursing care.

(b) It may change the policy of nursing care in the hospital.

(c) It can cause an increasing demand of nursing care.

(d) It may lead to a poor nursing care.

52 (a) studying more about nursing care

(b) coping with a patient's complaint well

(c) asking a manager's advice

(d) dealing with a new customer without taking a break

READING AND VOCABULARY SECTION

Bill Johnson lives in New York. He is 25 years old. He has four brothers and two sisters.

How many brothers does Bill Johnson have?

(a) one
(b) two
(c) three
● (d) four

The correct answer is (d), so the circle with the letter (d) has been blackened.

ⓐ   ⓑ   ⓒ   ●

NOW TURN THE PAGE AND BEGIN

CRISTIANO RONALDO

Cristiano Ronaldo is a Portuguese football player who plays forward for both Serie A club Juventus and the Portugal national team. Universally considered as one of the greatest football players of all time, Ronaldo holds the records for the most goals scored in the UEFA Champions League and the joint-most goals scored in the UEFA European Championship. He has scored over 700 senior career goals for club and country.

Cristiano Ronaldo dos Santos Aveiro was born in Madeira, Portugal, on February 5, 1985, to Jose, a gardener with the municipality and a part-time kit man, and Maria, a cook. Cristiano started playing football from early childhood and began his senior club career playing for Sporting CP by age sixteen. Although very popular and keen on football, Ronaldo was expelled from the school after he assaulting his teacher by throwing a chair at him, and his racing heart almost forced him to give up playing football. To resume training, he underwent heart surgery to alter his resting heart rate.

Ronaldo was promoted from Sporting's youth team, where he became the first player for the club's under-16, under-17 and under-18 teams. He made his official debut in 2002 at age 17. In 2003, he made his debut in the Premier League. He became Manchester United's first-ever Portuguese player and the most expensive teenager in English football history. That year, he ended his first season in English football by scoring the opening goal in United's 3-0 victory over Millwall in the FA Cup final and earning his first trophy.

Ronaldo continued to become one of the world's prolific goalscorers, helping Manchester United to win successive championships in Premier League, the UEFA Champions League, and the FIFA Club World Cup. The International media acclaimed him as one of the greatest players of his generation, alongside Lionel Messi.

In 2009, Ronaldo was the subject of the then-most expensive association football transfer when signing for Real Madrid. Although he won his first Ballon d'Or ("World Player of the Year") award at age 23, he gained the title four more times after joining Real Madrid. He helped Portugal reach the final at Euro 2004 and led Portugal to their first-ever triumph in a major tournament by winning Euro 2016. He became the highest European international goalscorer of all time in 2018.

One of the most outstanding athletes in the world, Ronaldo was ranked the world's highest-paid athlete in 2016 and 2017 and second of the highest-paid athletes of the decade, with earnings from 2010 to 2019. Throughout his career, he has made contributions to various charitable causes. In 2013, he was appointed a new global Artist Ambassador by Save the Children.

53 What is Cristiano Ronaldo best known for?

(a) a world-record score holder
(b) an international football leader
(c) a baseball player
(d) a Portuguese football team manager

54 What most likely made Cristiano Ronaldo drop out of football as a teenager?

(a) the poor participation in football training
(b) the diagnosis of a heart-related disease
(c) the violent fights he had with people
(d) his family's immigration to Argentina

55 What happened to Ronaldo in 2003?

(a) He played as a member of Millwall.
(b) He became the first Portuguese youth football player.
(c) He made his appearance with Manchester United.
(d) He won his first trophy in the FA Cup final by scoring three goals.

56 Why did the world media describe Ronaldo the same as Lionel Messi?

(a) because he made his official debut a year after Messi
(b) because he won the first Ballon d'Or
(c) because he was the most highly paid teen player in football history
(d) because he led to numerous team victories of his team by scoring countless goals

57 Which has Ronaldo done for his country's team?

(a) helped it reach the World Cup championship game
(b) attained the World Player of the Year award
(c) become the first top scorer in 2004 Euro
(d) helped it win the 2016 Euro title

58 In the context of the passage, assaulting means _____.

(a) offering
(b) encouraging
(c) attacking
(d) preventing

59 In the context of the passage, acclaimed means _____.

(a) considered
(b) praised
(c) overestimated
(d) appointed

PART 2. *Read the following magazine article and answer the questions. The underlined words in the article are for vocabulary questions.*

STUDIES FIND THAT BABY TALK GIVES INFANT BRAINS A BOOST

Recent studies have found that what an infant listens to boosts his language processing skills. The findings show that the more babies listen to baby talk, the more they produce words later in life.

In a study published in *Proceedings of the National Academy of Sciences*, researchers found that listening to baby talk prompts infant brains to start practicing their language skills. While finding activation in motor areas of the brain, seven-month-olds' brains are already trying to figure out how to make the right movements that will produce words.

To conduct the study, the researchers did an experiment involving a total of 57 babies from two slightly different age groups – seven months and eleven and a half months. They were played a number of syllables from both their native language (English) and a non-native tongue (Spanish). The infants were put in a brain activation scanner. Although the babies did not speak, the equipment examined brain activity in an auditory region called the superior temporal gyrus and in other areas known to guide the motor movements that produce speech.

Another study from the University of Washington and the University of Connecticut revealed that the more baby talk parents used, the more their youngsters began to babble because frequent baby talk dramatically boosted vocabulary regardless of socioeconomic status. Succeeding experiments further demonstrated that children who listened to a lot of baby talk were talking more than the babies that listened to more adult talk or standard speech.

The studies shed light on babies' preference for the sounds that other babies make in recent years. Linda Polka, co-author of the speech study, believes that babies like listening to each other rather than to adults, which may be why baby talk is such a universal tool among parents to observe the impact of auditory cues.

The studies support established literature that identifies th benefits of early language exposure to the brain. While linguists hope to understand how baby talk impacts learning, it might be a better idea to allow babies to focus on their own ability to make sounds that influence their language development.

60 What did the researchers from different universities find out?

  (a) that listening to frequent baby talk makes babies develop their language skills

  (b) that babies who prefer to listen are fast learners

  (c) that listening to different parents talk changes the attitude of babies

  (d) that baby words are more educational than adult words

61 How did the researchers come up with their data of seven-month-old babies?

  (a) by interviewing parents with seven-month old babies

  (b) by examining seven-month old babies in hospital

  (c) by observing baby's behavioral actions

  (d) by looking at the baby's brain activity

62 Which is true about children who talked with a wider range of words?

  (a) They were eleven and a half months.

  (b) They were exposed to more baby talk by parents.

  (c) They routinely listened to the standard speech of adults.

  (d) Their brain action in an auditory region was superior.

63 Why is baby talk common when parents watch the effect of babies' auditory sign?

  (a) because babies want to talk more with other babies

  (b) because baby talk is affected by socioeconomic status

  (c) because babies quickly develop their language skills

  (d) because babies seem to favor the sounds of other babies

64 Based on the passage, what is most likely the core of language development among babies?

  (a) understanding the function of baby's brain

  (b) educating parents to develop their speech

  (c) encouraging babies to produce more sounds

  (d) researching the relationship between parents and their babies

65 In the context of the passage, babble means _____.

  (a) speak

  (b) focus

  (c) crawl

  (d) prattle

66 In the context of the passage, universal means _____.

  (a) effective

  (b) international

  (c) common

  (d) uniform

PART 3. Read the following encyclopedia article and answer the questions. The underlined words in the article are for vocabulary questions.

GALAPAGOS TORTOISE

The Galapagos tortoises are the largest tortoise on the planet, weighing more than 400 kilograms, and occasionally exceeding 1.8 meters in length. With lifespans in the wild of over 100 years, they are also known as one of the longest-living species of tortoise.

The tortoises have a large bony shell of a dull brown color and can withdraw their head, neck and fore limbs into the shell for protection. Their shape and size vary according to populations. On islands with humid highlands, the tortoises are larger with "domed" (denoting a rounded convex surface resembling a dome) shells and short necks, but on islands with dry lowlands, the tortoises are smaller with "saddleback" (denoting upward arching of the front edge of the shell resembling a saddle) shells and long necks.

The Galapagos tortoises are native to seven of the Galapagos Islands, a volcanic archipelago about 1,000 kilometers west of the Ecuadorian mainland. In the 16th century, Spanish explorers, who discovered the islands, named them after the Spanish *galapago*, meaning "tortoise."

Their mating occurs at any time of the year. The young tortoises must dig their way to the surface, which can take several weeks after they emerge from their shells. Except for the death from accidents and a fall down precipices, the adult tortoises have no natural predators apart from humans. The tortoises feed on cacti, grasses, and leaves. They can endure up to a year when deprived of all food and water, surviving by breaking down their body fat to produce water as a byproduct. When thirsty, they may drink large quantities of water very quickly, storing it in their bladders and the neck.

Human exploitation of the tortoises as a food source and introduction of non-native animals, such as rats, goats, and pigs, to the islands caused a decline in the total wild population. From the start of the 20th century, conservation efforts have resulted in thousands of captive-bred juveniles being released onto their ancestral home islands and the total number of the species is therefore estimated to have increased, but all surviving species are now classified as "threatened" by the International Union for Conservation of Nature. Slow growth rate, late maturity, and island endemism make tortoises particularly prone to extinction.

67 How can the Galapagos tortoises be described?

(a) Their height is generally 1.8 meters.
(b) Their life expectancy is over a century.
(c) Their physical features are uniform.
(d) There are similar kinds of heavy tortoises.

68 What is one way used to determine the habitat of Galapagos tortoises?

(a) by observing the movement of their hind limbs
(b) by examining their color of their shell
(c) by measuring the length of their heads
(d) by looking at the shape and size of the tortoises

69 Where did the Galapagos tortoises get their names?

(a) from the location of Galapagos Islands
(b) from people who discovered the islands
(c) from the features of their appearance
(d) from people who were from the Ecuadorian mainland

70 What is most likely the reason why the Galapagos tortoises are able to live without water for a certain period?

(a) They only eat plants.
(b) They need to protect themselves from predators.
(c) They create water from body fat.
(d) They are less likely to feel thirsty.

71 Why are the Galapagos tortoises threatened with extinction?

(a) The small number of tortoises is released onto home islands.
(b) Conservation efforts by humans have been unsuccessful.
(c) Non-native animals in the islands are not exploited by humans.
(d) It takes time for tortoises to be matured.

72 In the context of the passage, precipices mean _____.

(a) sands
(b) cliffs
(c) hills
(d) rocks

73 In the context of the passage, endure means _____.

(a) bear
(b) grow
(c) drag
(d) exhaust

August 11, 2018

Linda Knight
Vice President
BrightTech Co

Dear Ms. Knight:

I am sorry to inform you that I have decided to resign from my position as a computer programmer in order to seek a more rewarding position elsewhere. In accordance with our company policy, my last day of employment will be on September 10, 2018.

While I have enjoyed my job, my contributions here are unrewarded and my ideas are ignored. I have much to offer and feel frustrated that I am consistently passed over for special projects that were included in the contract I signed when I joined the company. It is important to me to work for a company that encourages creativity rather than restricts it. Although your compensation has been fair, you have been unable to provide other types of incentives that I need.

It has been six months since I joined BrightTech, but I have yet to be a member of any project despite the increasing number of projects. In addition, I have gone on one business trip by myself and had to shoulder all expenses, including the flight ticket and accommodation, which the company reimbursed just 15 days after the trip.

The HR department is clearly aware of my case and has replied to my concerns in writing three times. Nonetheless, I was merely told to work alone and to learn more team management skills. While I have fulfilled my responsibilities as a computer programmer, I can no longer continue due to the circumstances described above.

As I tender my resignation, I likewise expect to be given all the legal compensation. Thank you and I wish the company success.

Sincerely,

Tom Cooper

74 Why did Tom Cooper write Linda Knight a letter?

(a) to inquire about his benefits package
(b) to negotiate his working conditions
(c) to inform her that he is quitting the company
(d) to express his achievement at international level

75 Which of the following was included in BrightTech's job offer to Tom?

(a) a compensation policy
(b) an all-expense-paid holiday
(c) regular workshops
(d) an all-expense-paid business trip

76 Based on the letter, what does Tom most likely believe about the special projects?

(a) that he should not sign the project
(b) that he deserved to be a member of team projects
(c) that he deserved to be a team leader in projects
(d) that he should change the goals of projects

77 How did the HR department respond to his complaints?

(a) by telling him to work independently
(b) by suggesting an appropriate solution immediately
(c) by insisting his negligence
(d) by complimenting his team management skills

78 Which additional pay does Tom probably expect to receive upon his resignation?

(a) his business trip expenses
(b) his 6 month salary
(c) his incentives when joining special projects
(d) his health insurance

79 In the context of the passage, reimbursed means _____.

(a) reintroduced
(b) reinforced
(c) recommended
(d) repaid

80 In the context of the passage, tender means _____.

(a) express
(b) submit
(c) propose
(d) insist

지텔프
32+
벼락치기

정답 및 해설

PAGODA Books

지텔프 32+ 벼락치기

정답 및 해설

PAGODA Books

Check Point

01 **정답** are now ringing

해석 긴급재난문자로 인해, 지금 영화관 안에 있는 모든 핸드폰이 동시에 울리고 있다.

해설 시점부사 now는 '지금'이라는 의미로 현재진행형과 어울린다.

02 **정답** is dying

해석 최근에 우리 지구는 심각한 대기 오염과 수질 오염으로 죽어가고 있다.

해설 currently는 '최근에'라는 의미로 현재진행형과 어울리는 시점부사이다.

03 **정답** are conducting

해석 요즘 의사들은 살날이 얼마 남지 않은 환자들의 치료를 목적으로 세포 복제 실험을 하고 있다.

해설 these days는 '요즘'이라는 의미로 현재진행형 동사와 어울리는 시점부사이다.

04 **정답** has been taking

해석 그녀는 최고의 피아니스트가 되기 위해 초등학교 때부터 많은 수업을 받아 오고 있다.

해설 since는 과거부터 현재까지 '~을 쭉 해 오고 있다'라는 의미로 현재완료진행시제와 어울린다. is taking은 현재진행형으로 현재 말하는 시점에서 지금 하고 있는 행동이나 동작을 표현하는 것에 집중하기 때문에 올바른 답이 아니다.

05 **정답** 've been asking

해석 지금까지 우리는 결정적 증거를 보여 달라고 부탁해 왔지만, 어느 누구도 보여 주지 않았다.

해설 up to now는 '지금까지'라는 의미로 과거부터 현재까지 이어지는 시간을 나타내는 시간(시점)부사이므로 현재완료진행(have been asking = 've been asking)이 올바른 시제이다.

06 **정답** have been clapping

해석 정 선생님에 대한 존경을 표현하기 위해, 학생들은 그가 교문을 향해 걸어가고 있는 동안 17분 동안 박수를 치고 있다.

해설 전치사 for는 '~동안(에)'라는 의미로 또 다른 시점부사 now와 같이 사용하면 '현재 ~동안 …해 오고 있다'라는 현재완료진행형과 잘 어울린다.

07 **정답** was always watching

해석 가정교사가 도착할 때마다, 내 동생은 숙제를 끝내지 않고 항상 텔레비전을 보고 있었다.

해설 종속접속사 whenever로 시작하는 종속절에서 동사 arrived는 명백한 과거시제이기 때문에 주절의 시제는 과거진행이 올바른 시제이다.

08 **정답** was working

해석 체육관에서 운동하는 동안 나는 어깨를 다쳤다.

해설 과거형(hurt)과 과거진행형(was working)은 어떤 일(여기에서는 체육관에서의 운동)을 하고 있는 도중에 또 다른 일(어깨를 다친 일)이 발생했을 경우에 같이 사용하기도 한다.

09 **정답** were rowing

해석 침몰선의 선원들은 살기 위해 끊임없이 노를 젓고 있었다.

해설 지나간 어느 때(갈 길을 잃은 선원의 경우)의 진행 중이던 행동이나 행위(노를 젓는 행위)를 나타내는 경우에 과거진행형이 적절한 시제이다.

10 **정답** 'd been working

해석 나는 5년 동안 휴가 없이 회사를 위해 일해 와서 나의 사장님은 나에게 특별한 여행을 가게 해줬다.

해설 사장님이 여행을 가게 해 준 시점은 과거이고, 내가 일을 한 것은 그 전부터 해 오고 있었기 때문에 과거완료진행이 올바른 시제이고 전치사 for가 '~하는 동안(에)'라는 의미로 같이 사용되었다.

11 **정답** had been worrying

해석 내 조카는 학교 성적표가 발송된 이후로 줄곧 걱정해 왔다.

해설 ever since는 '그 후로 쭉 ~했다'라는 의미로 과거완료진행과 같이 사용하는데, 성적표가 발송된 시점은 과거이고, 걱정을 한 것은 그 이전부터 해오고 있었기 때문에 과거완료진행이 올바른 시제이다.

12

정답 had been working

해석 수진은 호주로 이민을 가기 전에 7년 동안 한국에서 간호사로 일을 쭉 해 왔었다.

해설 수진이가 호주로 이민을 간 시점은 과거(before she emigrated)이고 간호사로 일을 한 것은 그 전부터 해 오고 있었기 때문에 과거완료진행이 올바른 시제이다. 과거진행은 특정 과거 시점에서 한창 진행되고 있었던 일을 표현할 때 사용하기 때문에 올바른 시제가 아니다.

13

정답 will be taking

해석 내일 오후 우리 강아지와 나는 하이디 공원에서 함께 산책을 하고 있을 것이다.

해설 미래를 나타내는 시점부사 tomorrow afternoon(내일 오후)은 미래시제와 같이 사용하는데, 특정 미래 시점에서 한창 진행되고 있을 일을 강조하는 경우이므로 미래진행이 올바른 시제이다. 단순미래(will take)는 미래에 대한 단순한 약속, 제안, 예측의 의미만을 나타내므로 이 문장에서는 올바른 시제가 아니다.

14

정답 will be gathering

해석 축구 경기가 저녁 늦게 시작된다면, 대다수의 노동자들이 일을 마치자마자 큰 스크린을 가진 술집에 모일 것이다.

해설 축구 경기가 시작된다면 특정 미래 시점(여기에서는 퇴근 후)에 술집으로 모여들고 있을 것이므로 한창 진행되고 있을 일을 강조하는 미래진행형이 올바른 시제이다. If로 시작하는 종속절에 있는 현재형 동사 starts 대신에 will start를 사용할 수 없음에 주의하자. 그 이유는 시간/조건의 부사절에서는 현재형이 미래를 대신하기 때문이다.

15

정답 will already be leaving

해석 확실한 증거가 밝혀질 즈음에, 검사는 이미 그 업체 대표를 체포하러 떠나고 있을 것이다.

해설 현재진행시제는 현재 말하는 시점에서 지금 하고 있는 행동이나 동작을 표현할 경우에 사용되는데, '~할 즈음에'라는 의미의 by the time이 사용되어 현재 증거가 이미 밝혀져서 검사가 회사 대표를 체포하고 있는 중이 아니라 '~하는 중일 것이다'라는 특정 미래 시점에 진행되고 있을 일을 강조하는 내용이므로 미래진행시제가 올바른 시제이다.

16

정답 will have been writing

해석 이번 달 말까지 Kevin은 6달째 영어 교재를 집필하고 있는 중일 것이다.

해설 미래완료진행은 과거 또는 현재에 시작해서 특정 미래 시점까지 동작의 지속 시간이나 진행되고 있을 일을 표현할 때 사용된다. 이에 반해 미래진행시제는 특정 미래 시점에 하는 중일 것이라는 의미로, 지속의 의미를 나타내는 'for+기간'과 함께 사용하지 못한다.

17

정답 will have been preparing

해석 그녀의 아들이 학원에서 집으로 돌아올 때까지 그녀는 아들을 위해 저녁 식사를 45분 동안 계속 준비하는 중일 것이다.

해설 by the time이 포함된 종속절 안에 있는 동사가 현재형이면, 주절의 동사는 미래완료 또는 미래완료진행을 사용할 수 있다. 미래시제는 미래에 대한 단순한 약속, 제안, 예측을 의미하기 때문에 올바른 시제가 아니다.

18

정답 will have been driving

해석 4차 산업혁명 이후, 우리는 안전하고 빠른 자율주행차를 몰고 다닐 것이다.

해설 전치사 since는 '~이래로'라는 의미로 주로 완료형시제와 같이 사용된다. 현재완료진행시제는 과거에 시작해 말하고 있는 시점인 지금까지 벌어지고 있는 일을 표현하거나 과거 시점부터 현재 시점까지 지속되는 일을 표현할 때 사용되지만, 미래완료진행시제는 이와는 다르게 특정 미래 시점까지 동작의 지속 시간이나 진행되고 있을 일을 표현할 수 있다는 점에서 since와 어울리는 미래완료진행시제가 올바른 시제이다.

19

정답 will

해석 만약 당신이 열심히 영어를 공부한다면, 꿈은 이뤄질 것이다.

해설 조동사 must는 '의무'를 나타내어 '~해야만 한다'라는 뜻인데, 이 문장은 꿈이 이뤄질 것이라는 '미래·예정'의 의미이기 때문에 will이 올바른 시제이다.

20 정답 will go

해석 다음 달 1일이 우리의 첫 결혼기념일이기 때문에 우리는 11일 동안 호주로 여행을 갈 것이다.

해설 조동사 could는 '추측'의 의미로 '~할 수 있다', '~일지도 모른다'라는 의미로 사용된다. 이 문장에서는 다음 달(next month)이라는 확실한 미래를 나타내는 시간부사가 있기도 하고 내용상 '미래·예정'을 의미하기 때문에 will go가 올바른 표현이다.

21 정답 will soon begin

해석 전염성이 강한 바이러스 때문에, 교육 당국은 곧 비대면 수업과 온라인 수업을 제공하기 시작할 것이다.

해설 조동사 might는 '약한 추측'으로 '~할지도 모른다'라는 의미로 사용되는데, 이 문장에서는 전염성이 강한 바이러스로 인해 비대면 수업이 시행될 것이라는 '미래·예정'을 의미하기 때문에 will soon begin이 올바른 표현이다.

22 정답 can drink

해석 공식적으로 성인이 되면, 부모님의 허락 없이 술을 마실 수 있다.

해설 조동사 may는 '~할지도 모른다'라는 의미로 '약한 추측'을 나타내는데, 이 문장에서는 성인이 되면 허락 없이 술을 마실 수 있다는 능력이나 가능을 말하기 때문에 can drink가 올바른 표현이다.

23 정답 couldn't swim

해석 나는 수영을 할 수 없어서 그 프로그램을 이수하기 위해서 남들보다 수강료를 2배 더 지불해야만 했다.

해설 조동사 should는 '의무·당위성'에 사용되어 '~해야만 한다'라는 의미를 지니는데, 이 문장에서는 수영을 할 수 없어 수강료를 더 내야만 한다는 '가능성·능력'을 의미하므로 조동사 could가 올바른 표현이다.

24 정답 can do

해석 비참한 현실이지만, 내가 할 수 있는 것은 그녀에게 나의 목소리를 들려주는 것밖에 없다.

해설 조동사 shall은 '~해야만 한다'라는 '명령·지시'에 사용되는데 이 문장에서는 '가능성·능력'을 의미하면서 비참하지만 그녀에게 목소리만큼은 들려줄 수 있다는 뜻으로 조동사 can이 올바른 표현이다.

25 정답 must choose

해석 인간은 살기 위해서 먹는가 아니면 먹기 위해서 사는가는 우리가 선택해야 하는 문제이다.

해설 조동사 can은 '~할 수 있다'라는 의미로 '가능성·능력'에 주로 사용되고, must는 '~해야만 한다'라는 의미로 '필요·의무'에 사용되는데, 이 문장에서는 둘 중 하나의 경우를 선택해야만 한다는 점에서 must가 올바르다.

26 정답 must

해석 사람이 살아가는 세상에서, 우리는 서로를 존중하고 아껴줘야만 한다.

해설 조동사 will은 '미래·예정'의 의미로 '~할 것이다'라는 뜻으로 사용되는데, 이 문장에서는 서로 존중하고 아껴줘야만 한다는 '필요·의무'를 표현하고 있으므로 must가 올바르다.

27 정답 must

해석 자율주행 자동차가 우리 일상생활에 구현이 된다면, 우리는 반드시 새로 제정된 자동차 보험 정책을 만들어야 한다.

해설 조동사 may는 '약한 추측'을 표현할 때 '~할지도 모른다'라는 의미를 가지는데, 이 문장에서는 새로운 자동차 보험의 필요성을 강조하는 의미를 지니는 must를 사용해야 한다.

28 정답 could

해석 어쩌면 가수 J는 정말 열심히 준비했기 때문에 빌보드 차트 1위를 차지해 올해 신인상 수상을 할 수도 있다.

해설 조동사 will은 '미래·예정'의 의미로 '~할 것이다'라는 의미를 지니는데, 이 문장에서는 신인상을 탈 수도 있을지 모른다는 '추측'의 의미를 나타내는 could가 올바른 표현이다.

29 정답 may

해석 지각의 불안정에서 비롯된 화산 폭발로 인한 산불이 작년 여름보다 올 여름에 더 잦을지도 모른다.

해설 조동사 should는 '의무·당위성'의 의미를 나타내어 '~해야만 한다'라는 뜻을 가지는데, 이 문장에서는 더 빈번할지도 모른다는 의미로 '약한 추측'을 나타내는 may가 올바른 표현이다.

30 정답▶ might

해석▶ Romeo는 Peter가 Sally를 오랫동안 사랑한 것이 사실일 것이라고 말했다.

해설▶ 조동사 would는 '소망·미래·예정·현재 사실의 반대' 등에 사용되고 '~일 것이다'라는 의미를 가지는데, 이 문장은 사실일 수도 있다는 '추측'을 말하고 있기 때문에 might가 올바른 표현이다.

31 정답▶ make

해석▶ 시민 단체는 정부가 서민 경제를 위해 추경을 편성해야만 한다고 재경부에 제안했다.

해설▶ 주절에 동사 suggested가 있는 경우 종속절 안에 있는 동사는 'should+동사원형' 형태로 사용되기 때문에 make가 올바른 표현이고, should는 생략 가능하다.

32 정답▶ work

해석▶ 평화로운 시민 집회가 되기를 바라면서 경찰청은 많은 경찰관들이 폭력보다는 시민의 안전을 위해 일해야 한다고 지시했다.

해설▶ 주절에 동사 ordered가 있을 경우 종속절 안에 있는 동사는 'should+동사원형' 형태로 사용되기 때문에 work가 올바른 표현이고, should는 생략 가능하다.

33 정답▶ innovate

해석▶ 미래 국가 경쟁 포럼에서, 교수님은 앞으로 미래는 초연결 사회이기 때문에 기업이 다르게 혁신해야 한다고 주장하셨다.

해설▶ 주절에 동사 argued가 있을 경우 종속절 안에 있는 동사는 'should+동사원형' 형태로 사용되기 때문에 innovate가 올바른 표현이고, should는 생략 가능하다.

34 정답▶ should pay

해석▶ 스쿨존에서 시속 30킬로미터 이상 운전하는 운전자들은 과태료를 지불해야만 한다.

해설▶ 주절에 형용사 necessary가 있는 경우 종속절 안에 있는 동사는 'should+동사원형' 형태로 사용되기 때문에 should pay가 올바른 표현이고, should는 생략 가능하다.

35 정답▶ pass

해석▶ 쇼핑할 때 부모가 아이들에게 핸드폰을 건네주고 동영상을 보여주는 행위는 어리석은 일이다.

해설▶ 주절에 형용사 stupid가 있는 경우 종속절 안에 있는 동사는 'should+동사원형' 형태로 사용되기 때문에 should pass가 올바른 표현이고, should는 생략 가능하다.

36 정답▶ should have

해석▶ 리더가 성공하기 전에 행복한 마음을 가지는 것은 중요하다.

해설▶ 주절에 형용사 important가 있는 경우 종속절 안에 있는 동사는 'should+동사원형' 형태로 사용되기 때문에 should have가 올바른 표현이고, should는 생략 가능하다.

37 정답▶ must have wanted

해석▶ 그는 지난 이틀 동안 프로젝트를 해왔기 때문에 뜨거운 샤워를 한 후 잠을 자고 싶었을 것이다.

해설▶ '~이었음에 틀림이 없다'라는 의미로 '과거 사실에 대한 강한 추측'을 표현하는 must have wanted가 올바른 표현이다. 이에 반해 should have wanted는 '과거 사실에 대한 후회나 유감'을 표현하고 '~했어야 했는데 (결국 못했다)'라는 의미로 이 문장과는 어울리지 않는다.

38 정답▶ should not have drunk

해석▶ 심한 복통으로 응급실에 입원한 환자는 유통기한이 지난 우유를 마시지 말았어야 했다.

해설▶ 'shouldn't have p.p.'는 '~하지 말았어야 했는데 (했다)'라는 의미로 '과거 사실에 대한 추측' 나타내기 때문에 should not have drunk가 올바른 표현이다. 왜냐하면 환자가 10일이나 지난 상한 우유를 마시고 응급실로 갔기 때문이다. 이에 반해 'cannot have p.p.'는 '~이었을 리가 없다'라는 의미로 '과거 사실에 대한 부정적인 추측'을 표현한다.

39 정답▶ might have caught

해석▶ 할아버지는 손녀가 강아지와 함께 비를 맞아서 감기에 걸렸을까 봐 걱정하셨다.

해설▶ 'may[might] have p.p'는 '~이었을지도 모른다'라는 의미로 '과거 사실에 대한 약한 추측'을 표현하기 때문에 might have caught가 올바른 표현이다. 왜냐하면 할아버지는 손녀가 감기에는 걸리지 않았을까하고 걱정했기 때문이다. 이에 반해 'should have p.p.'는 '과거 사실에 대한 후회나 유감'을 의미하면서 '~했어야 했는데 (결국 못했다)'라고 해석되기 때문에 올바른 표현이 아니다.

40
정답 could see

해석 만약 내가 새라면, 더 큰 세상을 볼 수 있을 텐데.

해설 '새가 아니기 때문에 그 세상을 볼 수 없다'는 의미의 반대로 가정법과거의 could see가 올바른 표현이다.

41
정답 would have

해석 만약 그녀의 성격이 조금 관대하다면, 그녀는 더 많은 친구들을 사귀게 텐데.

해설 '그녀가 성격이 관대하지 않기 때문에 더 많은 친구를 사귀지 못한다'는 의미의 반대로 가정법과거의 would have가 올바른 표현이다.

42
정답 would be

해석 만약 지구가 회전을 멈춘다면, 모든 인류는 생존하기 힘들 것이다.

해설 '지구가 회전을 하기 때문에 인류가 생존한다'는 의미의 반대로 가정법과거의 would be가 올바른 표현이다.

43
정답 would have won

해석 만약 우리가 한 골을 더 넣었더라면, 우리는 국제 챔피언스컵에서 우승했을 텐데.

해설 '한 골을 넣지 못해 우승을 못했다'는 의미의 반대로 가정법과거완료의 would have won가 올바른 표현이다.

44
정답 could have grown

해석 그가 입대를 했었더라면, 그는 정신적으로 그리고 신체적으로 성장할 수 있었을 텐데.

해설 '입대를 하지 못해 성장할 수 없었다'는 의미의 반대로 가정법과거완료의 could have grown이 올바른 표현이다.

45
정답 could have been

해석 나의 아들이 나와 더 많이 대화를 했었다면, 우리는 서로 더 친하게 지낼 수 있었을 텐데.

해설 '부자간에 대화가 적었기 때문에 서로 친하지 못했었다'는 의미의 반대로 가정법과거완료의 could have been이 올바른 표현이다.

46
정답 Had I completed

해석 한라산을 처음부터 끝까지 완주했더라면, 나는 더 높은 산을 등정할 수 있었을 텐데.

해설 If I had completed Mt. Halla from start to finish, I could have climbed a higher mountain.에서 종속접속사 If가 생략되면 도치가 되기 때문에 I had completed를 사용할 수 없다.

47
정답 Wore

해석 그들이 마스크를 착용한다면, 독감에 걸리지 않을 텐데.

해설 If they wore masks, they wouldn't catch the flu.에서 종속접속사 If가 생략되면 도치가 되기 때문에 Wearing을 사용할 수 없다.

48
정답 Had I

해석 나는 고등학생일 때 아침을 먹었다면, 지금 더 건강할 텐데.

해설 If I had had breakfast when I was a high school student, I would be healthier now.에서 종속접속사 If가 생략되면 도치가 되기 때문에 I had를 사용할 수 없다.

49
정답 Provided that

해석 할인 쿠폰을 지급해 준다면, 우리는 고가의 자동차를 구입할 것이다.

해설 Giving that은 '~을 고려해 보면'이라는 의미이고 Provided that는 '~할 경우에 한해'라는 의미이기 때문에 여기에서는 문맥상 후자가 올바른 표현이다.

50
정답 As long as

해석 네가 우리에게 늘 정직하기만 하면, 우리는 너를 배신하지 않을 것이다.

해설 As long as는 '~하는 동안은, ~하는 한은, ~하기만 하면'이라는 의미이고, In case는 '~할 경우를 대비하여'라는 뜻이다. 이 문장에서는 정직하다면 배신하지 않겠다는 뜻으로 문맥상 As long as가 올바른 표현이다.

51
정답 On condition that

해석 해가 지기 전에 집으로 돌아오겠다는 조건으로 아버지는 군대에 있는 내 가장 친한 친구의 면회를 허락하셨다.

해설 On condition that은 '~이라고 하는 조건으로'라는 의미이고, Unless는 '만약 ~하지 않는다면'이라는 뜻이다. 이 문장에서는 해가지기 전까지 집으로 돌아온다는 조건하에 군대에 있는 친구를 보고와도 된다고 허락하는 것으로 보아 On condition that이 올바른 표현이고, that은 생략 가능하다.

52

정답 to win

해석 Julia는 영어 말하기 대회에 우승할 만한 능력을 지니기를 원해서 열심히 영어 공부를 했다.

해설 to부정사는 미래를 의미하면서 '~할'이라는 뜻을 가지는 반면에 현재분사는 진행의 의미를 가지기 때문에 올바른 표현은 to win이다.

53

정답 to write

해석 쓸 펜을 제게 주시면, 저는 당신에게 사인을 해드리겠습니다.

해설 현재분사 writing을 사용하면 '쓰고 있는, 쓰는'이라는 의미를 가지고, to write를 사용하면 '쓸'이라는 뜻이기 때문에 to write가 올바르다.

54

정답 to eat

해석 산에서 길을 잃을 수도 있으니, 우리는 약간의 먹을 음식을 배낭에 넣어야만 한다.

해설 현재분사 eating을 사용하면 '먹고 있는, 먹는'이라는 의미를 가지고, to eat를 사용하면 '먹을'이라는 뜻이기 때문에 to eat이 올바르다.

55

정답 To be

해석 행복하기 위해서, 여러분은 지금 어디서 무엇을 하고 있는가?

해설 '~하기 위해서'라는 의미를 지니는 to부정사가 필요한데, G-TELP에서는 to부정사의 완료시제 to have p.p.를 물어보지 않기도 하지만 문맥상 본동사 are와 시제가 동일하기 때문에 단순시제 To be가 올바르다.

56

정답 to prepare

해석 취업을 준비하기 위해서, 우리 교수님은 선배들이 모든 수업을 듣는 대신 시험만 보는 것을 허락하셨다.

해설 to는 전치사나 부정사로 사용할 수 있는데 이 문장에서는 문맥상 '준비하기 위해서'라는 부사적 용법으로 사용되므로 to prepare가 올바른 표현이

고, in order가 to부정사 앞에 붙으면 '~하기 위해서'라는 의미로 to부정사를 강조한다.

57

정답 to melt

해석 빙하가 녹지 않도록 하기 위해서, 우리 지구촌은 지구 온난화를 막기 위한 조약과 벌금 규정이 필요하다.

해설 in order to-동사원형은 to-동사원형의 강조형으로 '~하기 위해서'라는 뜻이고 melt(녹다)의 주체가 주절의 주어(our global community)와 다르기 때문에 to melt의 의미상 주체(주어)를 for glaciers 형태로 to부정사 앞에 사용했다. 참고로, 동명사의 의미상의 주어는 목적격이나 소유격을 바로 그 앞에 사용하기 때문에 melting은 올바른 답이 아니다.

58

정답 to be

해석 나의 아내는 대학 교수가 되기를 바란다.

해설 완전 타동사 want는 뒤에 목적어로 to부정사를 취하는 동사이다. G-TELP에서는 to부정사의 완료시제(to have p.p.)는 잘 사용되지 않을 뿐만 아니라, 이 문장에서는 본동사 wants와 동일한 시제이기 때문에 완료시제를 사용할 수 없다.

59

정답 to exercise

해석 내 친구 중 가장 비만인 에밀리는 오늘부터 운동을 열심히 하기로 결심했다.

해설 완전 타동사 decide는 뒤에 목적어로 to부정사를 취하는 동사이기 때문에 동명사 exercising을 사용할 수 없다.

60

정답 to use

해석 기술에 뒤쳐지지 않기 위해서, 나이 많은 사람들은 최신 디지털 제품을 사용하는 것을 배워야 한다.

해설 완전 타동사 learn은 뒤에 목적어로 to부정사를 취하는 동사이기 때문에 동명사 having used를 사용할 수 없고, G-TELP에서는 동명사의 완료시제 역시 사용하지 않는다.

61

정답 to fish

해석 선장은 낚시꾼들에서 물살이 빠르지 않은 안전한 바위 위에서 낚시하는 것을 허락했다.

해설 불완전 타동사 allow는 목적격보어 자리에 to부정사를 취하기 때문에 to fish가 올바른 표현이다.

62

정답 to graduate

해석 설리번 선생님은 몸이 불편한 헬렌 켈러가 고등학교를 졸업하도록 격려했다.

해설 불완전 타동사 encourage는 목적격보어 자리에 to부정사를 취하기 때문에 to graduate가 올바른 표현이다.

63

정답 to be

해석 이 세상 모든 어머니는 모든 자녀들이 정직하다고 믿는다.

해설 불완전 타동사 believe는 목적격보어 자리에 'to be+보어'를 취하기 때문에 to be가 올바른 표현이다.

64

정답 to read

해석 셰익스피어의 4대 비극을 하루 만에 읽고 이해하는 것은 불가능하다.

해설 G-TELP에서는 진주어 자리에 동명사 보다는 to부정사를 더 선호하는 경향이 있어 to read가 올바른 표현이다. 참고로 to부정사는 미래를, 동명사는 과거를 의미한다.

65

정답 to lock up

해석 집을 나서기 전에 문을 단단히 잠그는 것이 중요하다.

해설 G-TELP에서는 to부정사의 완료시제(to have p.p.)를 사용하지 않는 경향이 있고, 이 문장에서는 본동사 is와 동일하거나 미래를 의미하기 때문에 단순시제(to lock up)가 올바른 표현이다.

66

정답 to wear

해석 대중교통을 이용할 때, 비말 감염을 예방하도록 마스크를 착용하는 것은 필수적이다.

해설 진주어 자리에 to부정사를 주로 사용하고, G-TELP에서는 동명사의 완료시제(having p.p.)를 사용하지 않는 경향이 있다.

67

정답 to drive

해석 에밀리는 어제 술이 너무 취해서 운전을 할 수 없었다.

해설 'too + 형용사/부사 + to-동사원형'은 '너무 ~해서 …할 수 없다'라는 뜻으로 to drive가 올바른 표현이고, G-TELP에서는 to부정사 완료시제인 to have driven은 사용하지 않는 경향이 있다.

68

정답 to implement

해석 국내 경제를 활성화시키기 위해서, 3차 추경을 실행하는 것 외에 우리에게 선택의 여지는 없다.

해설 'have no choice but to-동사원형'은 '~하지 않을 수 없다'라는 의미로 to implement가 정답이다.

69

정답 to join

해석 그가 군 입대를 할 정도로 건강한가요?

해설 '형용사/부사 enough to-동사원형'은 '~할 만큼 충분히 …하다'라는 뜻으로 to join이 정답이고, G-TELP에서는 완료동명사(having p.p.)는 사용하지 않는 경향이 있다.

70

정답 Buying

해석 값비싼 보석을 구입하는 것은 모든 여성들의 희망사항이다.

해설 G-TELP에서는 주어 자리에 to부정사보다는 동명사를 사용하기 때문에 Buying이 더 올바른 표현이다.

71

정답 Acting

해석 취업 면접에서 자연스럽게 행동하는 것은 중요하고 면접관들의 관심을 끌기 위해서는 자신감 있게 말하는 것 또한 필수적이다.

해설 G-TELP에서는 동명사의 완료시제(having p.p.)는 사용하지 않는 경향이 있기도 하고, 본동사 is와 동일한 시제이기 때문에 단순시제인 Acting이 올바른 표현이다.

72

정답 clearing

해석 집 앞에 눈을 치우는 것은 좋은 이웃을 만드는 데 도움이 된다고 믿는다.

해설 동명사의 수동태인 being cleared는 뒤에 목적어 the snow가 있으므로 사용할 수 없다.

73

정답 taking action

해석 우리는 인종 차별을 야기할 수 있는 행동을 하는 것을 피해야 한다.

해설 완전 타동사 avoid는 뒤에 목적어로 동명사를 취하기 때문에 taking action이 올바른 표현이다.

74

정답 riding

해석 건강을 위해, 나는 자전거를 타는 것이 도움이 된다고 생각한다.

해설 to부정사가 목적어로 사용되면 가목적어 it을 사용하고 뒤에 진목적어 자리에 to부정사를 사용해야하기 때문에 동명사 riding이 올바른 표현이다. 참고로 G-TELP에서는 find동사가 5형식으로 사용될 경우 'find+목적어+목적격보어' 구조에서, 목적어 자리에 동명사를 사용한다.

75 **정답** manipulating

해석 뉴욕의 A&B 증권회사 직원이 회계 수치를 불법적으로 조작한 혐의를 받고 있다.

해설 G-TELP에서는 동명사의 완료시제(having p.p.)는 사용되지 않는 경향이 있기도 하고 이 문장의 본동사 is accused와 동일한 시제이기 때문에 단순 시제인 manipulating이 올바른 표현이다.

76 **정답** traveling

해석 나의 꿈은 성인이 되고 난 후 유럽 전 지역을 여행하는 것이다.

해설 동사원형-ing는 동명사로 be동사의 주격보어로 사용 가능하다. G-TELP에서는 'to be 동사원형-ing'는 정답으로 거의 나오지 않는다.

77 **정답** watching

해석 에밀리의 취미는 커피를 마시면서 미국 드라마를 보는 것이다.

해설 동사원형-ing는 동명사로 be동사의 주격보어로 사용 가능하다. G-TELP에서는 동명사의 완료시제 having p.p.는 정답으로 거의 나오지 않는다.

78 **정답** cheating

해석 제임스는 영어 시험중에 줄리의 답안지를 몰래 보았다. 선생님은 그런 행위를 부정행위라고 불렀다.

해설 동사원형-ing는 동명사로 be동사의 주격보어로 사용가능하다. G-TELP에서는 동명사의 수동 'being 동사원형-ing'은 정답으로 거의 나오지 않는다.

79 **정답** using

해석 X세대와 달리 Z세대는 인터넷과 IT(정보기술)를 이용하는 데 익숙하다.

해설 'be used to-동사원형'은 '~하는 데 사용하다'라는 뜻이고, 'be used to-동명사'는 '~하는 데 익숙하다'는 뜻인데, 이 문장은 인터넷과 IT를 사용하는 데 익숙하다는 의미이기 때문에 using이 올바른 표현이다.

80 **정답** from using

해석 정부는 10대 청소년에 의한 범죄를 예방하기 위해 그들이 PC방을 이용하는 것을 저녁 10시 이후로 막았다.

해설 'keep (목적어) from 동명사'는 '~을 …하는 것으로부터 막다'라는 뜻이고, 'keep (목적어) 동명사'는 '~하는 것을 계속하다'라는 뜻인데, 정부가 10대 청소년들의 출입을 막는다는 의미이기 때문에 from using이 올바른 표현이다.

81 **정답** shopping, getting

해석 루카스는 첫 월급을 받자마자 부모님의 옷을 쇼핑하러 갔다.

해설 'go+동명사'는 '~하러 가다'라는 뜻이고, 'upon+동명사'는 '~하자마자'라는 뜻이다. G-TELP에서는 'to be 동명사'나 'having p.p.'는 정답으로 나오지 않는다.

82 **정답** Stopping

해석 지구 온난화를 막는 것은 모든 인류에게 있어 중요하다.

해설 G-TELP에서는 주어 자리에 to부정사보다 동명사를 더 선호한다. 만약에 To stop을 사용한다면 It is important for all mankind to stop global warming. 문장처럼 가주어 It을 사용하고 진주어 to stop global warming을 문미에 사용한다. 이때 for all mankind는 'to부정사의 의미상의 주어'라고 한다.

83 **정답** drinking

해석 의사 협회는 하루에 커피를 한 잔 마시는 것은 심장병 예방에 좋다고 보고했다.

해설 종속절에서도 마찬가지로 주어 자리에 동명사(구)를 사용할 수 있다. G-TELP에서는 동명사의 완료시제(having p.p.)를 사용하는 경우는 거의 없다.

84 **정답** is

해석 펜(문)이 칼(무)보다 강하다는 것은 정말로 사실이다.

해설 주어 자리에 종속접속사 that이 이끄는 절이 주어가 될 수 있는데 이때 동사는 단수형을 사용한다. 참고로 It is really true that the pen is mightier than the sword. 문장처럼 가주어 It을 사용하고 that절(진주어)을 문미로 자리 이동 시킬 수 있다.

85 정답 to do

해석 내일부터 카메론은 미뤄왔던 숙제를 하기 시작할 것이다.

해설 완전 타동사 start는 목적어 자리에 to부정사나 동명사를 사용할 수 있다. G-TELP에서는 to have done(완료시제)을 정답으로 사용하지 않는다.

86 정답 eating

해석 브라이언은 건강을 지키는 것을 원하기 때문에 편의점에서 파는 음식을 먹는 것을 싫어한다.

해설 완전 타동사 hate는 목적어 자리에 to부정사나 동명사를 사용할 수 있다. G-TELP에서는 having p.p.(완료시제)를 정답으로 사용하지 않는다.

87 정답 to take

해석 도심 교통 혼잡에도 불구하고, 대부분 사람들은 지하철을 타기보다 주위 바깥 풍경을 볼 수 있는 버스를 타고 가는 것을 더 선호한다.

해설 완전 타동사 prefer는 목적어 자리에 to부정사나 동명사를 사용할 수 있다. G-TELP에서는 to be p.p.(수동태)를 정답으로 사용하지 않는다.

88 정답 eating

해석 소를 신성하게 여기는 나라에서 모든 사람들은 소고기 먹는 것을 멈춰야 한다.

해설 완전 타동사 stop은 목적어 자리에 to부정사를 사용하면 '~하기 위해서 멈추다'라는 뜻이고, 동명사를 사용하면 '~하는 것을 멈추다'라는 뜻인데, 신성한 소를 먹기 위해서 멈춘다는 to부정사(to eat)는 문맥상 어울리지 않기 때문에 eating이 올바른 표현이다.

89 정답 to cancel

해석 폭우로 인해 누나는 여행 예약을 모두 취소해야 하는 것을 기억했었다.

해설 완전 타동사 remember는 목적어 자리에 to부정사를 사용하면 '~할 것을 기억하다'라는 뜻이고, 동명사를 사용하면 '~한 것을 기억하다'라는 뜻인데, 여행 예약 일정을 이미 과거에 취소한 것을 기억했다는 동명사(canceling)가 아니라 취소를 해야겠다는 to부정사(to cancel)가 올바른 표현이다.

90 정답 to buy

해석 집에 오면서 치킨 두 마리와 맥주 세 캔을 사올 것을 잊지 말라.

해설 완전 타동사 forget은 목적어 자리에 to부정사를 사용하면 '~할 것을 잊어버리다'라는 뜻이고, 동명사를 사용하면 '~한 것을 잊어버리다'라는 뜻인데, 치킨과 맥주를 이미 샀다는 것을 잊어버렸다는 동명사(buying)가 아니라 사올 것을 잊지 말라는 to부정사(to buy)가 올바른 표현이다.

91 정답 Unlike

해석 인간과 달리, 동물은 우수한 오감을 가지고 있다.

해설 전치사 Unlike는 '~와 다르게'라는 뜻으로 뒤에 나오는 주절과의 관계가 '역접'이지만 Like는 '~와 같이'라는 뜻으로 '순접'의 의미를 지닌다. 인간보다 동물은 뛰어난 감각을 가졌다는 문맥으로 보아 전치사 Unlike가 올바른 표현이다.

92 정답 for

해석 국민들은 약속을 지키는 대통령에 투표를 할 것이다.

해설 전치사 for는 '찬성'의 의미를, against는 '반대'의 의미를 가지는데, 약속을 잘 지키는 대통령에게 찬성한다는 문맥으로 보아 전치사 for가 올바른 표현이다.

93 정답 According to

해석 도시 철도 공사에 따르면, 서울에서 부산까지 고속철도 운행을 다음 달부터 시작할 것이다.

해설 '~에 따르면'이라는 뜻을 지닌 '동의'를 나타내는 전치사 According to는 뒤에 명사(구) 형태가 나오고, 종속접속사 According as는 뒤에 절이 나오는데, the Urban Railroad Corporation이라는 명사구 때문에 According to가 올바른 표현이다.

94 정답 but

해석 고등학생들은 보통 도서관에서 공부하지만 대학생들은 도서관에서 미래에 대한 계획을 세운다.

해설 대등접속사 and는 그 앞과 뒤의 논리적 상관 관계가 순접이고, 이에 반해 but은 역접인데, 문맥상 고등학생과 대학생의 공부법을 대조하고 있으므로 but이 올바른 표현이다.

95 정답 nor

해석 지금 군대는 군사 훈련 중이기 때문에, 나의 아들은 외박도 안되고 재미도 없다.

해설 대등접속사 nor는 '~도 역시 아니다'라는 뜻으로, 'neither A nor B'라는 구조에서는 'A도 아니고 B도 역시 아니다'라는 뜻으로 사용되기에 nor가 올바른 표현이다. 참고로 'either A or B'는 'A이거나 B인' 또는 'A든지 B든지'라는 선택의 의미에 사용된다.

96 정답 ▶ so

해석 ▶ 보니타는 갑자기 열이 높았다. 그래서 그녀는 졸업 파티에 갈 수 없었다.

해설 ▶ 'A so B'는 'A하다 그래서 B하다'라는 의미로 A는 원인으로 B는 이에 대한 결과로 사용되고, or는 'A or B' 구조에서 'A 또는 B'라는 뜻이다. 이 문장에서는 원인으로 열, 결과로 파티에 가지 못했다는 인과 관계가 필요하므로 so가 올바른 표현이다.

97 정답 ▶ but

해석 ▶ 호랑이는 초식동물이 아니라 육식동물이다.

해설 ▶ 상관접속사 not A but B는 'A가 아니라 B'라는 뜻으로 사용되므로 but이 올바른 표현이다.

98 정답 ▶ and

해석 ▶ 사회 초년생인 에밀리는 순진할 뿐만 아니라 모든 일에 열심이기도 하다.

해설 ▶ 상관접속사 both A and B는 'A와 B 둘 다'라는 뜻으로 사용되므로 and가 올바른 표현이다.

99 정답 ▶ not only

해석 ▶ 마티나는 힘이 셀 뿐만 아니라 무술도 잘했기 때문에, 그녀는 경찰이 될 수 있었다.

해설 ▶ 상관접속사 not only A but also B는 'A 뿐만 아니라 B'라는 뜻으로 사용되므로 not only가 올바른 표현이다.

100 정답 ▶ If

해석 ▶ 만약 북극의 모든 얼음이 녹는다면, 빙하의 유해 물질은 바다로 방출될 수 있다.

해설 ▶ 종속접속사 If는 '만약 ~한다면'이라는 의미이고, Unless는 'If ~ not'과 동일하며 우리말로는 '만약 ~하지 않는다면'이라고 해석한다. 빙하가 녹아야 그 안에 있는 물질이 나오는 것이기 때문에 문맥상 If가 올바르다.

101 정답 ▶ Now

해석 ▶ 유류 할증료가 20% 상승했기 때문에 우리는 미국이 아니라 중국으로 자유여행을 떠나기로 결정했다.

해설 ▶ 종속접속사 Now that에서 that은 생략할 수 있고, 우리말로는 '~하기 때문에'라고 해석하는데 반해, Before은 '~하기 전에'라는 의미로 사용된다. 할증료가 상승했기에 거리상 먼 곳이 아니라 더 가까운 곳(중국)으로 여행을 간다고 했고, 문맥상 인과 관계가 성립하므로 Now (that)이 올바른 표현이다.

102 정답 ▶ watching

해석 ▶ TV에서 홈쇼핑을 볼 때, 페트리시아는 종종 비싼 핸드백을 일시불로 지불한다.

해설 ▶ 종속접속사 When 다음에 주어와 동사가 있어야 하지만, 주절의 주어 Patricia와 동일하기에 생략된 형태인데, 그녀가 홈쇼핑을 직접 시청하는 능동이기 때문에 watching이 올바른 표현이다.

103 정답 ▶ and especially

해석 ▶ 서울은 한국의 수도이고 특히 그곳은 인구 밀도가 매우 높다.

해설 ▶ 접속부사 especially는 강조의 의미로 '특히'라고 해석하는데, 이는 앞의 문장과 그 뒤 문장을 서로 직접 이어줄 수 없으므로 대등접속사 and가 필요하다.

104 정답 ▶ In other words

해석 ▶ 행복은 성적순이 아니다. 다시 말해서, 성적이 좋다고 해서 모두가 행복한 것이 아니다.

해설 ▶ 접속부사 In other words는 우리말로 '다른 말로 해서'라고 해석하는데 이는 앞 문장과 그 뒤 문장과의 논리 관계는 순접으로 '반복·재언급·부연 설명'을 말한다. Additionally는 '부가적으로'라고 해석하는데 이는 순접이지만 '추가·첨가'하는 경우에 사용하고 행복은 성적순이 아니라는 말과 좋은 성적이 모든 사람이 행복하다고 말하는 것은 아니라는 문맥으로 보아 In other words가 올바른 표현이다.

105 정답 ▶ however

해석 ▶ 그는 비비안이 자기를 사랑한다고 생각했지만 그의 착각이었다.

해설 ▶ '역접·대조'의 의미를 지닌 접속부사 however는 '하지만'이라고 해석하는데 비비안이 자기를 사랑한다고 생각했던 것과 다르게 착각이었다는 문맥을 보아 however가 올바르다. '순접'으로 사용되는 접속부사 briefly는 '결론'을 의미하고 우리말로는 '간단히 말해'라고 해석한다.

106 정답 ▶ Because

해석 투수의 어깨가 중요하기 때문에, 제임스는 경기 후 긴장된 근육을 풀어주기 위해 항상 얼음주머니를 어깨에 얹는다.

해설 '~때문에'라는 뜻을 지닌 '원인·이유'를 나타내는 전치사 Because of는 뒤에 명사(구) 형태가 나오고, 종속접속사 Because는 뒤에 주어와 동사 즉 절이 나오는데, the pitcher's shoulders are critical이라고 문장이 나와 있기 때문에 종속접속사 Because가 올바른 표현이다.

107 **정답** During

해석 지난 30년 동안, 개발도상국들은 그들의 삶의 질을 엄청나게 향상시켰다.

해설 '~하는 동안'이라는 뜻을 지닌 시간을 나타내는 전치사 During은 뒤에 명사(구) 형태가 나오고, 종속접속사 While은 뒤에 주어와 동사 즉 절이 나오는데, 이 문장에서는 명사구 the last 30 years를 목적어로 취하는 전치사 During이 올바른 표현이다.

108 **정답** Even though

해석 벤틀리는 부자임에도 불구하고, 자신이 행복하지 않다고 생각했다.

해설 '~임에도 불구하고'라는 뜻을 지닌 '양보·대조'를 나타내는 전치사 Despite는 뒤에 명사(구) 형태가 나오고, 종속접속사 Even though는 뒤에 주어와 동사 즉 절이 나오는데, Bentley was rich라는 절이 나왔기 때문에 Despite를 사용할 수 없다.

109 **정답** who

해석 스티브 잡스는 전 세계에 디지털 혁명을 이끌었던 리더이다.

해설 완전 타동사 led의 주어가 없기 때문에 주격 관계대명사가 필요한데, 선행사가 사람인 the leader이므로 who가 올바른 표현이다.

110 **정답** who

해석 덕망 높은 아버지는 3명의 아들이 있는데, 그들은 훌륭한 정치가가 되었다.

해설 불완전 자동사 have become의 주어가 없기 때문에 주격 관계대명사가 필요한데, 선행사가 사람인 three sons이므로 who와 that을 모두 사용할 수 있다. 하지만 who와 that 앞에 콤마(,)가 있고, that은 계속적용법으로 사용할 수 없으므로 who가 올바른 표현이다.

111 **정답** What

해석 로렌스를 놀라게 한 것은 작년과 다른 엘리자베스의 따뜻한 마음이다.

해설 불완전 자동사 is 앞이 이 문장의 주어로 사용되었는데, 그 안을 보면 동사는 완전 타동사 surprised이고 이에 대한 목적어로 Lawrence가 사용되었지만 주어와 선행사가 없기 때문에 선행사를 포함하는 주격 관계대명사 What이 올바른 표현이다.

112 **정답** whose

해석 나의 조카는 발레리노인데 그의 공연은 탁월하다.

해설 주격 관계대명사 who와 소유격 관계대명사 whose의 공통점은 선행사가 사람이다. 이 둘의 차이점을 보면, 주격 관계대명사 who는 뒤에 주어 없이 동사로 시작해야 하는데, 명사 performances가 있으므로 사용할 수 없다. 소유격 관계대명사 whose는 바로 뒤에 명사가 나온 다음에 동사가 나와야 하므로 여기에서는 올바른 표현이다.

113 **정답** whose

해석 엔진이 신차만큼이나 강력한 내 차는 20년이 넘었다.

해설 주격 관계대명사 which와 소유격관계대명사 whose의 공통점은 선행사가 사물이다. 이 둘의 차이점을 보면, 주격 관계대명사 which는 뒤에 주어 없이 동사로 시작해야 하는데, 명사 engine이 있어 사용할 수 없다. 소유격 관계대명사 whose는 바로 뒤에 명사가 나온 후 그 다음으로 동사가 나와야 하므로 여기에서는 올바른 표현이다.

114 **정답** whose

해석 장애를 극복한 헬렌 켈러는 위대한 여성이다.

해설 이 문장의 주어는 Helen Keller이고 동사는 is이다. 뒤에 명사 disability가 있고 그 바로 뒤에 동사 has been overcome이 있기 때문에 whose가 올바른 표현이고, whose 앞에 콤마(,)가 있는 것으로 보아 계속적용법이다. 관계대명사 that은 소유격으로 사용될 수 없고 계속적 용법으로도 사용될 수 없다.

115 **정답** whom

해석 내가 가장 존경하는 사람은 나의 부모님과 스티브 잡스이다.

해설 목적격 관계대명사 whom은 선행사가 사람이고 목적어가 없는 경우에 사용한다. 완전 타동사 admire 다음에 목적어가 없고 선행사가 The people이므로 올바른 표현이다. 주격 관계대명사 who는 선행사가 사람일 때 사용하지만 뒤에 주어 없이 동사로 시작해야 하는데 여기에는 주어가 있으므로 사용할 수 없다.

116 정답 ▶ which

해석 ▶ 나는 작년에 이탈리아에서 보았던 드레스를 생일 선물로 받았다.

해설 ▶ 목적격 관계대명사 which는 선행사가 사물이고 목적어가 없는 경우에 사용한다. 완전 타동사 saw 다음에 목적어가 없고 선행사가 the dress이므로 올바른 표현이다. 앞에 선행사 the dress가 있으므로 선행사를 포함하는 What 사용할 수 없다.

117 정답 ▶ What

해석 ▶ 세바스찬이 엘린에게 줬던 것은 생일 선물이었다.

해설 ▶ 불완전 자동사 was 앞이 이 문장의 주어로 사용되었는데, 그 안을 보면 주어가 Sebastian이고 동사는 수여동사로 gave이다. Elin은 간접목적어이지만 직접목적어가 없는 상태이고 선행사 역시 없기 때문에 선행사를 포함한 목적격 관계대명사 What이 올바른 표현이다.

118 정답 ▶ that

해석 ▶ 그녀는 내가 이 세상에서 믿는 유일한 친구이자 스승이다.

해설 ▶ 목적격 관계대명사 whom과 that의 공통점은 목적어가 없고 선행사가 사람인 경우 사용한다는 점이다. 선행사 앞에 the only가 있으면 whom은 사용할 수 없고, that만 사용 가능하므로 that이 올바른 표현이다.

119 정답 ▶ which

해석 ▶ 나는 전 세계에 100개의 식당을 가지고 있는데, 그중 50개는 유럽에 있다.

해설 ▶ '주어+동사'와 '주어+동사'를 연결하기 위해서는 대등접속사나 종속접속사가 필요하다. 관계대명사는 '접속사+대명사' 역할을 동시에 수행하는 것으로, I have 100 restaurants all over the world and 50 of them are in Europe.에서 대등접속사 and와 대명사 them(= 100 restaurants)을 동시에 수행하는 which가 올바르다.

120 정답 ▶ in which

해석 ▶ 다음달, 그녀와 나는 3년 전에 여행했던 발리를 다시 방문할 것이다.

해설 ▶ '전치사+관계대명사'는 관계부사와 같아서 이어서 완전한 문장이 나온다. 이에 반해 관계대명사는 불완전한 문장이 나온다. 여기에서는 동사 traveled가 완전자동사로 뒤에 완전한 문장이 있기 때문에 in which가 올바른 표현이다.

121 정답 ▶ when

해석 ▶ 나는 쉬는 날에 주문진항에 가서 바다낚시를 할 것이다.

해설 ▶ 관계부사 when은 선행사가 시간이고 뒤에 완전한 문장이 오며, where 역시 뒤에 완전한 문장이 오지만 선행사는 장소가 나와야 하는데, 이 문장에서는 선행사 the day가 시간이기 때문에 when이 올바른 표현이다.

122 정답 ▶ where

해석 ▶ 나의 고등학교 친구가 운영하는 자동차 수리점은 일산에 있다.

해설 ▶ 관계부사 where는 선행사가 장소이고 뒤 문장이 완전해야 하고, why 역시 뒤 문장이 완전하지만 선행사로 이유가 나와야 하는데, 이 문장에서는 선행사 The auto repair shop이 장소이기 때문에 where가 올바른 표현이다.

123 정답 ▶ that

해석 ▶ 영어를 향상시킬 수 있는 방법은 다양한 어휘를 암기하는 것이다.

해설 ▶ 관계부사 how는 선행사 the way와 같이 사용할 수 없기 때문에 관계부사 대용어 that이 올바른 표현이다.

124 정답 ▶ Whoever

해석 ▶ 먼저 오는 사람은 누구나 5% 할인 쿠폰을 받을 것이다.

해설 ▶ 주격 관계대명사 who와 복합관계대명사 whoever의 공통점은 주어가 없는 불완전한 문장이 나와야 한다는 점이다. 차이점은 who는 앞에 선행사가 있어 그 선행사를 수식하는 형용사절인 반면에 whoever는 선행사가 없고 명사절이나 부사절로 사용된다는 것이다. 이 문장에서는 선행사와 동사 will get의 주어가 없어 전체 문장의 주어로 사용된 명사절이므로 Whoever가 올바른 표현이다.

125 정답▸ Whomever

해석▸ 그가 누구를 만날지라도, 그는 그녀만 사랑할 것이다.

해설▸ 목적격 관계대명사 whom과 복합관계대명사 whomever의 공통점은 목적어가 없는 불완전한 문장이 나와야 한다는 점이고, 차이점은 whom은 앞에 선행사가 있어야 하고 선행사를 수식하는 형용사절인 반면에 whomever는 선행사가 없고 명사절이나 부사절로 사용된다는 것이다. 이 문장에서는 선행사도 없고 동사 meets의 목적어도 없으므로 Whomever가 올바른 표현이다.

126 정답▸ Whatever

해석▸ 선생님이 무엇을 충고하더라도, 의지가 약한 학생은 또래 아이들뿐만 아니라 부모에게도 쉽게 영향을 받는다.

해설▸ 목적격 관계대명사 what과 복합관계대명사 whatever의 공통점은 목적어와 선행사가 없다는 점이고, 차이점은 what은 명사절인 반면에 whatever는 명사절과 부사절로 사용 가능하다는 것이다. 이 문장의 주절은 the weak-willed students 이하이고, 그 앞에 있는 문장은 부사절이므로 Whatever가 올바른 표현이다.

127 정답▸ Whenever

해석▸ 나를 보고 싶을 때마다, 우리가 함께 했던 시간을 떠올려 보세요.

해설▸ 관계부사 when과 복합관계부사 whenever의 공통점은 뒤에 나오는 문장이 완전하다는 것이다. 이 둘의 차이점은 when은 시간을 나타내는 선행사가 있어 형용사절로 사용되지만, whenever는 선행사가 없고 명사절이나 부사절로 사용된다는 것이다. 이 문장에서는 부사절로 사용되었으므로 Whenever가 올바른 표현이다.

128 정답▸ Wherever

해석▸ 네가 어디에 있든지 간에, 우리나라는 위험으로부터 너를 항상 보호할 것이다.

해설▸ 관계부사 where와 복합관계부사 wherever의 공통점은 뒤에 나오는 문장이 완전하다는 것이다. 차이점은 where는 장소를 나타내는 선행사가 있기도 하고 없기도 하고 이것에 따라 형용사절이나 명사절로 사용되지만, wherever는 선행사가 없어야 하고 명사절이나 부사절로 사용된다는 것이다. 이 문장에서는 부사절로 사용되었으므로 Wherever가 올바른 표현이다.

129 정답▸ However

해석▸ 아무리 우리나라가 경제력이 약할지라도, 우리는 모두 함께 어떤 어려움도 극복하도록 노력해야 한다.

해설▸ 관계부사 how와 복합관계부사 however의 공통점은 뒤에 나오는 문장이 완전하다는 것이다. how는 방법을 나타내는 선행사가 있어 형용사절로 사용되어야 하지만, the way와 동시에 사용할 수 없음에 주의해야 한다. 반면에 however는 선행사가 없어야 하고 명사절이나 부사절로 사용된다. 이 문장에서는 부사절로 사용되었으므로 However가 올바른 표현이다.

연습문제

01 　정답 (a)

George recently decided to move into a new apartment in a big city. He _____ with his parents for twenty years before he found his first job. He is now looking forward to living on his own.

(a) had been living　　(b) lives　　　　　(c) lived　　　　　(d) was living

George는 최근 대도시의 새 아파트로 이사하기로 결정했다. 그는 첫 직장을 구하기 전에 20년 동안 부모님과 함께 살아오고 있었다. 그는 이제 혼자서 살기를 고대하고 있다.

해설 ▶ 전치사 for는 '~하는 동안(에)'라는 뜻으로 완료시제와 잘 어울려 사용된다. 종속접속사 before는 '~하기 전(에)'라는 뜻으로 시간의 전후관계를 정확하게 나눠주는 시간 관련 표현이므로 찾은 것(found)보다 이전의 의미를 나타내는 (a)가 올바른 시제이다.

❯ Core Point　[과거완료진행 vs. 과거진행]

	구조	의미	용법
과거완료진행	had been 동사원형-ing	(계속해서) ~해 오고 있었다, 그때 ~하고 난 뒤였다	과거 시점보다 앞선 대과거부터 과거의 한 시점까지 해 오고 있는 중이었다는 사실을 강조
과거진행	was/were 동사원형-ing	~하고 있었다, ~하는 중이었다	특정 과거 시점에 한창 진행되고 있었던 일을 표현

어휘 ▶ **decide to-동사원형** ~하기로 결정하다　**move into** ~로 이사 가다　**find** ~을 찾다, 구하다(find – found – found)　**look forward to + (동)명사** ~하기를 학수고대하다　**on one's own** 혼자서, 단독으로(= **alone**)

02 　정답 (c)

Mrs. Lee is angry with her son for not cleaning his messy room and for being addicted to various games. He _____ computer games since this afternoon and hasn't left his room!

(a) is playing　　　　　　　　　　　(b) played
(c) has been playing　　　　　　　　(d) plays

Lee 여사는 지저분한 방을 청소하지 않고 각종 게임에 중독된 아들에게 화가 나 있다. 그는 오늘 오후부터 컴퓨터 게임을 해오고 있고 방에서 나오지 않았다!

해설 ▶ Lee 여사의 아들이 오후부터 컴퓨터 게임을 계속해서 해오고 있다는 지속성을 강조하는 표현이기 때문에 현재시제보다는 현재완료진행을 사용해야 한다. 또한 G-TELP에서는 '주어+현재완료진행+since+과거 시점' 구조로 현재진행보다는 현재완료진행을 더 선호하기 때문에 (c)가 올바른 시제이다.

● Core Point [현재진행 vs. 현재완료진행]

	구조	의미	용법
현재진행	am/is/are 동사원형-ing	~하고 있다, ~하고 있는 중이다	현재 말하는 시점에서 지금 하고 있는 행동이나 동작을 표현
현재완료진행	have/has been 동사원형-ing	(계속해서) ~해 오고 있다	과거에 시작해 현재 말하고 있는 시점인 지금까지 일어나고 있는 일을 표현하거나 과거 시점부터 현재 시점까지 지속되는 일을 표현

어휘 be[get, become, grow] angry with ~에게 성내다 messy room 지저분한 방 be addicted to ~에 빠지다[중독되다], 탐닉하다 play a game 게임을 하다

---

03 정답 (c)

Christian Lim, the lead singer of the band 'Mercy', was actually a jazz pianist during years at university. In fact, she _____ for only three years now.

(a) will have been singing
(b) is singing
(c) has been singing
(d) sang

밴드 'Mercy'의 리드 싱어인 Christian Lim은 실제로 대학에서 몇 년 동안 재즈 피아니스트였다. 사실, 그녀는 이제 겨우 3년 동안 노래를 불러왔다.

해설 전치사 for는 '~하는 동안(에)'라는 의미로 완료시제와 잘 어울린다. 시간부사 now(지금)가 있기에 동사는 현재시제를 사용해야 한다. for와 now로 인해 (c)가 올바른 표현이다.

● Core Point [현재진행 vs. 현재완료진행]

	구조	의미	용법
현재진행	am/is/are 동사원형-ing	~하고 있다, ~하고 있는 중이다	현재 말하는 시점에서 지금 하고 있는 행동이나 동작을 표현
현재완료진행	have/has been 동사원형-ing	(계속해서) ~해 오고 있다	과거에 시작해 현재 말하고 있는 시점인 지금까지 일어나고 있는 일을 표현하거나 과거 시점부터 현재 시점까지 지속되는 일을 표현

어휘 lead 앞서 가는, 선도하는(= leading), 가장 중요한 in fact 사실

---

04 정답 (a)

Andrew will be meeting his girlfriend at the railway station this afternoon. He says it will be convenient for her to find him there. He _____ for her at Café Mona Lisa in front of the arrival gate when she arrives.

(a) will be waiting
(b) waits
(c) is waiting
(d) will wait

Andrew는 오늘 오후 기차역에서 여자친구를 만날 것이다. 그는 그녀가 그곳에서 그를 찾는 것이 편할 것이라고 말한다. 그녀가 도착할 때 그는 도착 게이트 앞에 있는 Café Mona Lisa에서 그녀를 기다리고 있을 것이다.

해설 그가 약속 장소에서 기다리고 있을 것이라는 미래 시점이기 때문에 현재와 관련된 동사는 사용할 수 없다. G-TELP에서는 '주어 +미래진행+when+주어+현재형 동사' 구조로 단순미래보다는 미래진행을 더 선호하는 경향이 있어 (a)가 올바른 시제이다.

❯ Core Point [단순미래 vs. 미래진행]

	구조	의미	용법
단순미래	will 동사원형	~할 것이다	미래에 대한 단순한 약속, 제안, 예측
미래진행	will be 동사원형-ing	~하고 있을 것이다	특정 미래 시점에 하는 중일 것이라는 의미로, 지속의 의미를 나타내는 'for+기간'과 함께 사용하지 못함

어휘 **railway station** 철도역 **convenient** 편리한, 간편한(↔ **inconvenient**) **wait for** ~을 기다리다 **in front of** ~의 앞쪽에[앞에] **arrival gate** 도착문, 도착장

---

05   정답 (c)

Sue and her friends had to leave the class urgently and run to the bus stop in front the of the school to catch the last school bus. They _____ an important debate on global warming when the bus driver started honking the horn.

(a) are holding

(c) were holding

(b) held

(d) would hold

Sue와 그녀의 친구들은 마지막 스쿨버스를 타기 위해 서둘러 수업을 마치고 학교 앞에 있는 버스 정류장으로 달려가야만 했다. 그들은 버스 운전사가 경적을 울리기 시작했을 때 지구 온난화에 대한 중요한 토론을 벌이고 있었다.

해설 전체 지문이 과거에 일어난 일을 설명하고 있으므로 현재시제는 사용할 수 없다. G-TELP에서는 '주어＋과거진행＋when＋주어＋과거동사' 구조로 단순과거시제보다는 과거진행시제를 더 선호하는 경향이 있어 (c)가 올바른 표현이다.

❯ Core Point [과거진행 vs. 과거시제]

	구조	의미	용법
과거진행	was/were 동사원형-ing	~하고 있었다, ~하는 중이었다	특정 과거 시점에 한창 진행되고 있었던 일을 표현
과거시제	과거 동사	~했다, ~였다	특정 과거 시점에 한창 진행되는 중이었던 일을 표현할 수 없음

어휘 **have to-동사원형** ~해야 한다 **urgently** 급히, 서둘러서 **run to** ~로 달려가다(= **go quickly**) **in front of** ~의 앞쪽에, 앞에서 **catch the train[bus, plane]** 기차[버스, 비행기] 시간에 대다, 기차[버스, 비행기]를 잡아타다 **hold a debate on** ~에 대해 논의하다 **global warming** 지구 온난화 **honk the horn** 경적을 울리다

---

06   정답 (d)

Anne won a 2020 Ferrari sports car in a raffle contest, but her sister had to drive the car home because Anne has not learned how to drive. She _____ for the driving school closest to home.

(a) now looks

(c) had now looked

(b) will now look

(d) is now looking

Anne은 경품 추첨에서 2020 페라리 스포츠카를 탔지만, Anne이 운전하는 방법을 배우지 않았기 때문에 여동생이 차를 집으로 몰고 가야 했다. 그녀는 지금 집에서 가장 가까운 자동차 운전학원을 찾고 있는 중이다.

❯ Core Point [현재진행 vs. 현재시제]

	구조	의미	용법
현재진행	am/is/are 동사원형-ing	~하고 있다, ~하고 있는 중이다	현재 말하는 시점에서 지금 하고 있는 행동이나 동작을 표현
현재시제	현재형 동사	~한다, ~하다, ~이다	반복되는 일이나 습관, 일반적인 사실을 표현

어휘 ▶ **win** (상품·승리·1위 등을) 획득하다 **raffle contest** 경품 추첨 **look for** ~을 찾다 **driving school** 자동차 운전학원

---

07   정답 (b)

We might not see you after the wedding because we're all heading straight to Tim's house on George Avenue for an after-party. We could just meet up there. We _____ at Tim's until midnight if you'd like to stop by.

(a) are hanging out
(b) will be hanging out
(c) hung out
(d) will hang out

우리는 모두 애프터 파티를 위해 George Avenue에 있는 Tim의 집으로 곧장 향하고 있기 때문에 결혼식 후 당신을 보지 못할 수도 있다. 우리는 거기서 만날 수 있다. 당신이 잠깐 들르기를 원한다면 우리는 자정까지 Tim의 집에 있을 것이다.

해설 ▶ until midnight(자정까지)은 미래시제와 같이 사용할 수 있는 표현이고, 가정법 현재는 'If+주어+현재형 동사, 주어+will+동사원형' 구조로 '만약 ~한다면, ~할(될) 것이다'라고 해석하는데, 이는 현재의 상황을 가정하여, 미래를 예측하는 표현이기 때문에 정답의 근거가 될 수도 있기에 (b)가 올바른 표현이다.

❯ Core Point [단순미래 vs. 미래진행]

	구조	의미	용법
단순미래	will 동사원형	~할 것이다	미래에 대한 단순한 약속, 제안, 예측
미래진행	will be 동사원형-ing	~하고 있는 중일 것이다	특정 미래 시점에서 한창 진행되고 있는 일을 강조

어휘 ▶ **head straight** 곧장 ~로 향하다 **after-party** 파티 (특히 시끌벅적한 파티 후의 사교 모임) **meet up (with somebody)** 〈특히 약속을 하여〉 (~와) 만나다 **hang out** (~에서) 많은 시간을 보내다 **would like to-동사원형** ~하고 싶다 **stop by** 가는 길에 들르다

---

08   정답 (a)

The Olympic swimming champion from China, Sun Yang, was suspended from competition for eight years for a drug-testing violation. He _____ a multiyear battle with the World Anti-Doping Agency to preserve his eligibility in international competition.

(a) had been fighting   (b) fought   (c) would fight   (d) was fighting

중국 올림픽 수영 챔피언 Sun Yang은 약물 검사 위반으로 8년간 출전 정지를 당했다. 그는 국제 대회에서 그의 자격을 유지하기 위해 세계 반 도핑 기구와 다년간 싸워오고 있었다.

❯ Core Point [과거진행 vs. 과거완료진행]

	구조	의미	용법
과거진행	was/were 동사원형-ing	~하고 있었다, ~하는 중이었다	특정 과거 시점에 한창 진행되고 있었던 일을 표현
과거완료진행	had been 동사원형-ing	(계속해서) ~해 오고 있었다, 그때 ~하고 난 뒤였다	과거 시점보다 앞선 대과거부터 과거의 한 시점까지 해 오고 있는 중이었다는 사실을 강조

어휘 **suspend** (선수를) 출전 정지시키다; 정직(停職)시키다, (학생을) 정학시키다 **drug-testing violation** 약물 검사 위반 **multiyear** 다년간의 **World Anti-Doping Agency (WADA)** 세계 반 도핑 기구(국제대회에 참가하는 운동선수들의 금지 약물 사용을 관리, 감시, 제재하기 위해서 국제올림픽위원회(IOC) 산하에 창설된 기구) **preserve** 〈사람·물건을〉(손해·위험·타락 따위에서) 보호하다, 지키다 **eligibility** 적임, 적격 **international competition** 국제 경쟁(대회)

---

09 정답 (d)

Victoria met her grandfather yesterday. She was told that she would have to study another fifteen years after graduating from a medical school so that she could be a medical specialist. By that time, she _____ medicine for 24 years!

(a) has been studying

(b) will be studying

(c) is studying

(d) will have been studying

Victoria는 어제 그녀의 할아버지를 만났다. 그녀는 전문의가 되기 위해서 의대를 졸업한 후 15년을 더 공부해야만 할 거라고 들었다. 그때까지, 그녀는 24년간 의학을 공부하고 있을 것이다!

해설 의대 졸업 후 15년을 더 공부를 해야 전문의가 될 수 있다는 내용으로, 전문의가 된 그때는 앞으로의 미래를 의미하기 때문에 미래시제를 사용해야 하고 특정 시점까지 동작이나 시간의 지속성을 나타내기 때문에 미래진행보다는 미래완료진행시제가 더 어울린다. 또한 G-TELP에서는 'By that time+주어+미래완료진행' 구조로 미래진행보다는 미래완료진행을 더 선호하는 경향이 있어 (d)가 올바른 시제이다.

❯ Core Point [미래완료진행 vs. 미래진행]

	구조	의미	용법
미래완료진행	will have been 동사원형-ing	(미래 시점까지) 계속해서 ~하는 중일 것이다, ~하고 있을 것이다	과거 또는 현재에 시작해서 특정 미래 시점까지 동작의 지속 시간이나 진행되고 있을 일을 표현
미래진행	will be 동사원형-ing	~하고 있을 것이다	특정 미래 시점에 하는 중일 것이라는 의미로, 지속의 의미를 나타내는 'for+기간'과 함께 사용하지 못함

어휘 **graduate from** ~를 졸업하다 ***A* so that *B*** B하기 위해서 그 결과 A하다 **medical specialist** 전문의 **medical school** 의과 대학(= **med school**) **by that time** 그때까지

10　정답 (c)

Lisa screamed loudly when her brother, who was supposed to be in asleep in his bedroom, abruptly walked into her bedroom in the middle of night. She _____ horror movies when Chris entered the room to scare her.

(a) watched

(b) will be watching

(c) was watching

(d) is watching

침실에서 자고 있어야 할 남동생이 한밤중에 갑자기 침실로 들어오자 Lisa는 큰 소리로 비명을 질렀다. Chris가 그녀를 겁주기 위해 방에 들어갔을 때 그녀는 공포 영화를 <u>보고 있었다.</u>

해설 동생 Chris가 겁주기 위해 침실로 들어갔을 때 Lisa는 공포 영화를 보고 있는 중이었다는 내용으로, 특정 과거 시점에 한창 진행되고 있었다는 일을 나타낼 때 G-TELP에서는 '주어+과거진행+when+주어+과거동사' 구조로 단순과거시제보다는 과거진행시제를 더 선호하는 경향이 있으므로 (c)가 올바른 시제이다.

❯ Core Point　[과거진행 vs. 과거시제]

	구조	의미	용법
과거진행	was/were + 동사원형-ing	~하고 있었다, ~하는 중이었다	특정 과거 시점에 한창 진행되고 있었던 일을 표현
과거시제	과거형 동사	~했다, ~였다	특정 과거 시점에 한창 진행되는 중이었던 일을 표현할 수 없음

어휘 **scream** 소리치다 **loudly** 큰 소리로, 소리 높이; 소란하게 **be supposed to do[be] something** (규칙·관습 등에 따르면) ~하기로 되어 있다[~해야 한다] **abruptly** 갑자기(= **suddenly**), 불쑥 **walk into** ~ 안으로 걸어 들어가다 **in the middle of** ~의 도중에; ~의 중앙에; 중간 무렵에 **horror film[movie]** 공포 영화 **scare** 겁주다, 겁먹게[놀라게] 하다

11　정답 (c)

The Department of Health is currently developing a new drug that can treat patients suffering from Corona Virus. Right now, the Department _____ the drug's efficacy as well as safety. They plan to start releasing the drug by 2021.

(a) still tests

(b) still tested

(c) is still testing

(d) will still test

보건부는 현재 코로나 바이러스로 고통 받는 환자를 치료할 수 있는 신약을 개발하고 있다. 지금, 보건부는 여전히 안전성뿐만 아니라 약물의 효능을 <u>테스트하고 있다.</u> 그들은 2021년까지 이 약을 출시할 계획이다.

해설 현재진행시제는 현재 말하는 시점에서 지금 하고 있는 행동이나 동작을 표현할 때 사용된다. 이에 반해 현재시제는 반복되는 일이나 습관, 일반적인 사실을 표현할 때 주로 사용된다. right now(지금 당장) 시점부사는 현재진행시제와 잘 어울리는 표현이고, 첫 번째 문장에 있는 동사 is developing 역시 현재진행시제이기 때문에 (c)가 올바른 시제이다.

❯ Core Point　[현재시제 vs. 현재진행]

	구조	의미	용법
현재시제	현재형 동사	~한다, ~하다, ~이다	반복되는 일이나 습관, 일반적인 사실을 표현
현재진행	am/is/are 동사원형-ing	~하고 있다, ~하고 있는 중이다	현재 말하는 시점에서 지금 하고 있는 행동이나 동작을 표현

어휘 **Department of Health** 보건부 **treat** 치료하다, 처치하다 **suffer from** ~로 고통 받다 **right now** 지금은, 지금

당장 **efficacy** (특히 약이나 치료의) 효험(= **effectiveness**) **B as well as A** A뿐만 아니라 B도(= **not only A but also B**) **plan to-동사원형** ~할 계획을 세우다 **release** 출시하다

---

12   정답 (a)

Even though Tim started preparing his business presentation on marketing strategies from the early this morning, he has not finished yet. By the time the office closes at 10 p.m., he _____ at the desk more than 6 hours.

(a) will have been sitting

(b) would have sat

(c) will be sitting

(d) had been sitting

Tim은 오늘 이른 아침부터 마케팅 전략에 대한 업무용 발표 자료를 준비하기 시작했지만 아직 끝내지 못했다. 오후 10시에 사무실이 문을 닫을 때쯤이면 그는 책상에 6시간 이상 앉아 있을 것이다.

해설 ▶ Tim은 발표 자료 준비가 아직 끝나지 않아 오후 10시쯤이면 6시간 이상 책상에 앉아 있을 것이라는 내용으로, 미래 시점(10 p.m.)까지 동작의 지속성을 강조하는 미래완료진행이 더 어울리기 때문에 (a)가 올바른 시제이다.

➲ Core Point [미래진행 vs. 미래완료진행]

	구조	의미	용법
미래진행	will be 동사원형-ing	~하고 있을 것이다	특정 미래 시점에 하는 중일 것이라는 의미로, 지속의 의미를 나타내는 'for+기간'과 함께 사용하지 못함
미래완료진행	will have been 동사원형-ing	~하고 있을 것이다. (미래 시점까지) 계속해서 ~하는 중일 것이다	과거 또는 현재에 시작해서 특정 미래 시점까지 동작의 지속 시간이나 진행되고 있을 일을 표현

어휘 ▶ **even though** 비록 ~일지라도 **prepare** ~을 준비하다 **business presentation** 업무용 발표 자료, 기업 등에서 주제 발표나 브리핑에 쓰이는 자료 **early morning** 이른 아침부터 **sit[be] at one's desk** 책상에 앉다

Chapter

2   조동사

01   정답 (d)

Brian did not go to school today because he hasn't been feeling well over the last three days. His mother made an appointment with a doctor early this morning and _____ take Brain to the clinic after lunch time.

(a) can   (b) should   (c) may   (d) will

Brian은 지난 3일 동안 몸이 좋지 않아서 오늘 학교에 가지 않았다. 그의 어머니는 오늘 아침 일찍 의사와 약속을 잡았고 점심시간 후에 Brian을 병원에 데려갈 것이다.

해설 ▶ 그의 어머니는 몸이 좋지 않은 Brian을 점심시간 후에 병원에 데려갈 것이라는 '미래·예정'을 의미하는 (d)가 올바른 표현이다.

❯ Core Point

종류	용법	의미
can	가능성·능력	~할 수 있다
should	의무·당위성	~해야만 한다
may	약한 추측	~할지도 모른다
will	미래·예정	~할 것이다

어휘 ▶ **feel well** 건강 상태가 좋다 **make an appointment with** ~와 약속을 하다 **take _A_ to _B_** A를 B로 가져가다[데려가다] **clinic** (병원 · 의과 대학 부속의) 진료소; 개인[전문] 병원, 클리닉

---

02 정답 (a)

Twinkle is a famous store selling a wide range of cosmetics at a low price, but it does not provide quality customer service. Regular customers say that instead of selling cheap cosmetics, Twinkle _____ focus on training staff and improving the quality of products.

(a) should
(c) might

(b) will
(d) can

Twinkle은 다양한 화장품을 저렴하게 판매하는 유명한 상점이지만 양질의 고객 서비스를 제공하지 않는다. 단골 고객들은 Twinkle이 값싼 화장품을 팔기보다는 직원 교육과 제품 품질 향상에 주력해야만 한다고 말한다.

해설 ▶ 주절에 주장과 관련된 의미의 동사가 있으면 종속절 안에 있는 동사는 'should+동사원형'이나 should를 생략하고 '동사원형'만 사용하기 때문에 (a)가 올바른 표현이다.

❯ Core Point [주장·명령·요구·제안 동사]

주절		종속절		
주어	주장·명령·요구·제안 동사	종속접속사	주어	동사
	say	(that)		(should) 동사원형

어휘 ▶ **a wide range of** 광범위한, 다양한 **cosmetics** 화장품 **at a good[low] price** 비싼[싼] 값으로 **quality** 고급의, 양질의 **customer service** 고객 서비스 **regular customer** 단골 고객 **instead of** ~대신에 **focus on** ~에 주력하다, 초점을 맞추다 **improve** 개선[개량]하다; 증진하다, 진보[향상]시키다

---

03 정답 (d)

Taking exams is stressful and frustrating. To pass exams, students put all their efforts into studying for long years. It is best that a student _____ all of main summaries they have studied and memorized before taking the exams.

(a) reviews
(c) will review

(b) reviewed
(d) review

시험을 보는 것은 스트레스를 받게 하고 좌절감을 준다. 시험에 합격하기 위해, 학생들은 오랜 세월 동안 공부하는 것에 모든 노력을 기울인다. 학생들은 시험을 보기 전에 공부하고 암기해 왔던 모든 주요 요약을 복습하는 것이 가장 좋다.

주절에 '가장 잘하는'의 의미로 사용된 감성적·이성적 판단의 형용사가 있으므로 종속절 안에 있는 동사는 'should+동사원형'이나 should를 생략하고 '동사원형'만 사용하기 때문에 (d)가 올바른 표현이다.

❯ Core Point [감성적·이성적 판단의 형용사]

주절			종속절		
주어	동사	이성적 판단의 형용사	종속접속사	주어	동사
It	be 동사	best	(that)		(should) 동사원형

take an exam 시험을 보다 **frustrating** 불만스러운, 좌절감을 주는 **pass an exam** 시험에 통과하다 **put efforts into** ~에 공을 들이다 **summary** 요약, 개요, 대략

---

04 정답 (d)

Grace couldn't attend a fashion event, so she asked me to fill in for her. She insisted that I _____ with brand executives and top designers for the collaboration of Seoul Fashion Festival later this year.

(a) will establish a good rapport
(b) established a good rapport
(c) am establishing a good rapport
(d) establish a good rapport

Grace는 패션 행사에 참석할 수 없어서 나에게 대신 일을 맡아달라고 부탁했다. 그녀는 올해 말 서울패션페스티벌의 협업을 위해 브랜드 임원들과 최고의 디자이너들과 좋은 관계를 맺어야 한다고 주장했다.

주절에 주장과 관련된 의미의 동사가 있으면 종속절 안에 있는 동사는 'should+동사원형'이나 should를 생략하고 '동사원형'만 사용하기 때문에 (d)가 올바른 표현이다.

❯ Core Point [주장·명령·요구·제안 동사]

주절		종속절		
주어	주장·명령·요구·제안 동사	종속접속사	주어	동사
	insist	(that)		(should) 동사원형

attend ~에 참석하다 **fill in (for somebody)** (~가 잠깐 자리를 비운 사이에) 대신 일을 봐주다 **executive** (기업의) 임원, 관리직(원), 경영진, 중역 **collaboration** 협동; 합작, 공동 연구; 협조, 원조

---

05 정답 (c)

Many lakes and rivers around the world are drying up and disappearing. In order to survive, many people and animals _____ walk or travel long distances to search for drinkable water. Sometimes, due to severe dehydration, they lose their lives while moving from one place to another.

(a) can
(b) shall
(c) must
(d) might

전 세계의 많은 호수와 강이 마르고 사라지고 있다. 살아남기 위해서는 많은 사람들과 동물들이 마실 수 있는 물을 찾기 위해 먼 거리를 걷거나 이동해야만 한다. 때때로, 심한 탈수증으로 인해 여러 군데로 옮겨 다니다가 목숨을 잃는다.

해설 호수와 강이 마르고 사라져서 사람과 동물이 생존을 위한 물을 찾기 위해 걷거나 이동해야만 한다는 '의무'를 의미하는 (c) must가 올바른 표현이다.

❷ Core Point

종류	용법	의미
can	가능성, 능력	~할 수 있다
shall	명령, 지시	~해야만 한다
must	의무	~해야만 한다
might	약한 추측	~할지도 모른다

어휘 **around the world** 전 세계, 세계적으로, 세계 곳곳에 **dry up** 바싹 마르다[말라붙다] **disappear** 소멸[소실]하다(↔ appear); 멸종되다 **in order to-동사원형** ~하기 위해서 **survive** 살아남다, 생존[존속]하다 **long distance** 장거리 **search for** ~를 찾다 **drinkable** 마실 수 있는, 마셔도 되는 **due to-동명사** ~ 때문에 **severe** (태풍·병 등이) 심한, 맹렬한, 격심한, 위험한 **dehydration** 탈수, 건조; 〈의학〉 탈수증 **lose one's life** 목숨을 잃다, 죽다 **move from one place to another** 여러 군데 옮겨 다니다

---

06 정답 (c)

Swimmers work out to maximize their speed, muscle strength, endurance, and breathing capacity. A typical workout includes weight training, jumping rope and climbing a mountain. It is important that a swimmer _____ regularly to be in supreme health condition.

(a) trains
(b) to train
(c) train
(d) will train

수영하는 사람들은 그들의 속도, 근력, 지구력, 그리고 폐활량을 극대화하기 위해 운동을 한다. 대표적인 운동에는 웨이트 트레이닝, 줄넘기, 등산 등이 포함된다. 수영하는 사람은 최고의 건강 상태에 있도록 규칙적으로 훈련하는 것이 중요하다.

해설 주절에 '중요한, 중대한, 소중한'의 의미로 사용된 감성적·이성적 판단의 형용사가 있으면 종속절 안에 있는 동사는 'should +동사원형'이나 should를 생략하고 '동사원형'만 사용하기 때문에 (c)가 올바른 표현이다.

❷ Core Point [감성적·이성적 판단의 형용사]

주절			종속절		
주어	동사	이성적 판단의 형용사	종속접속사	주어	동사
It	be	important	(that)		(should) 동사원형

어휘 **work out** (건강·몸매 관리 등을 위해) 운동하다 **maximize** 극대화하다 **muscle strength** 근력 **endurance** 지구력, 인내(력), 참을성 **breathing capacity** 폐활량 **typical** 전형적인, 대표적인, 상징적인 **workout** (권투 등의) 연습, 연습 경기; 운동, 체조 **regularly** 규칙적으로, 정기적으로 **supreme** (품질·중요성 따위) 최고의, 가장 우수한 **health condition** 건강 상태

07 정답 (b)

Researchers are suggesting that teenagers get at least 8 hours of sleep per day. Those who sleep less than 8 hours _____ grow less taller and have weak muscles and bones because a lack of sleep or sleep disruptions will hinder growth hormone production.

(a) must   (b) may   (c) shall   (d) would

연구원들은 십대들이 하루에 적어도 8시간의 수면을 취해야 한다고 제안하고 있다. 8시간보다 적게 잠을 자는 사람은 수면 부족이나 수면 장애가 성장 호르몬 생성을 저해하기 때문에 키가 덜 크고 근육과 뼈가 약할지도 모른다.

해설 8시간 이하로 수면하는 사람들은 성장에 문제가 있을지도 모른다는 '불확실한 추측'을 나타내는 (b) may가 올바른 표현이다.

❯ Core Point

종류	용법	의미
must	의무	~해야만 한다
may	약한 추측	~할지도 모른다
shall	명령, 지시	~해야만 한다
would	소망, 미래, 예정, 현재 사실의 반대	~일 것이다

어휘 **at least** 적어도, 최소한 **per** 각[매] ~에 대하여, ~당[마다] **those who** ~하는 사람들 **less than** ~보다 적은 **sleep disruption** 수면 교란 **hinder** 방해하다, 저지하다(= **prevent**), 훼방하다, 막다

08 정답 (d)

Researchers have found that endocrine-disrupting chemicals (edcs) increase our body weight when absorbed. Most people these days _____ hardly find foods not containing EDCs. To solve the problem, eating more plants is highly recommended.

(a) may   (b) should
(c) will   (d) can

연구원들은 환경 호르몬(EDCs)이 흡수될 때 우리의 체중을 증가시킨다는 것을 발견했다. 요즘 대부분의 사람들은 EDCs가 들어 있지 않은 음식을 거의 찾을 수 없다. 이러한 문제를 해결하기 위해서는 더 많은 식물을 섭취하는 것이 적극 권장된다.

해설 EDCs가 포함된 음식은 체중을 증가시킨다는 문제점이 있는데, 이러한 EDCs가 포함되어 있지 않은 음식을 찾을 수 없다는 '가능성·능력'을 의미하는 (d)가 올바른 표현이다.

❯ Core Point

종류	용법	의미
may	약한 추측	~할지도 모르다
should	의무, 당위성	~해야만 한다
will	미래, 예정	~할 것이다
can	가능성, 능력	~할 수 있다

어휘 endocrine-disrupting chemicals[compounds] (EDCs) 환경 호르몬 **increase** (양, 수, 가치 등이) 증가하다, 인상되다, 늘다; 증가[인상]시키다, 늘리다(↔ **decrease**) **body weight** 몸무게 **absorb** 흡수하다, 빨아들이다 **these days** (과거와 비교해서) 요즘에는 **hardly** 거의 ~않다[하지 않다] **contain** 포함하다, 품다, 담을 수 있다 **highly** 크게, 대단히, 매우 **recommend** (행동 방침 등을) 권고[권장]하다, 권하다

---

09 정답 (d)

Some people are reluctant to make important decisions on their own because they are afraid of a feeling of loss, regret, uncertainty, and failure. However, psychologists recommend that a person _____ risks because doing so can help mental health.

(a) to take   (b) takes   (c) is taking   (d) take

어떤 사람들은 상실감, 후회, 불확실성, 그리고 실패를 두려워하기 때문에 스스로 중요한 결정을 내리기를 꺼려한다. 그러나 심리학자들은 그렇게 하는 것이(사람이 위험을 감수하면) 정신 건강에 도움이 될 수 있기 때문에 위험을 감수할 것을 충고한다.

해설 주절에 '충고하다'의 의미로 사용된 주장과 관련된 동사가 있으면 종속절 안에 있는 동사는 'should+동사원형'이나 should 를 생략하고 '동사원형'만 사용하기 때문에 (d)가 올바른 표현이다.

◐ Core Point [주장·명령·요구·제안 동사]

주절		종속절		
주어	주장·명령·요구·제안 동사	종속접속사	주어	동사
	recommend	(that)		(should) 동사원형

어휘 **be reluctant to** ~을 주저하다, 망설이다 **make[take] a decision** 결정하다 **on one's own** 혼자, 혼자 힘으로 (= **independently**) **be afraid of** ~을 두려워하다 **regret** 유감, 섭섭함, 서운함; 후회, 회한 **uncertainty** 불확실(성), 확신이 없음, 반신반의 **psychologist** 심리학자 **take a risk** (위험할 수 있는 줄 알면서) 모험을 하다[받아들이다] **mental health** 정신 건강

---

10 정답 (c)

BCD broadcasting station announced a new drama called *Who wants to be a star*. Based on the true stories of famous actors and singers in 2000s, the drama deals with fierce competition, loves, success and failure, and the lifestyle of entertainers. It _____ premiere on July 7 during prime time.

(a) can   (b) might   (c) will   (d) would

BCD 방송국은 *스타가 되고 싶은 사람*이라는 새로운 드라마를 발표했다. 2000년대 유명 배우와 가수의 실화를 바탕으로, 드라마는 치열한 경쟁, 사랑, 성공과 실패, 그리고 연예인들의 생활상을 다룬다. 황금 시간대인 7월 7일에 초연할 것이다.

해설 새로운 드라마가 황금 시간대에 첫 방영을 할 것이라는 '미래·예정'을 의미하는 (c) will이 올바른 표현이다.

❯ Core Point

종류	용법	의미
can	가능성, 능력	~할 수 있다
might	약한 추측	~할지도 모르다
will	미래, 예정	~할 것이다
would	소망, 미래, 예정, 현재 사실의 반대	~일 것이다

어휘 ▶ **broadcasting station** 방송국 **announce** 발표하다, 알리다 **based on** ~에 근거하여 **true story** 실화 **deal with** ~을 다루다 **fierce competition** 심한 경쟁 **entertainer** 연예인 **premiere** 초연(첫 공연/개봉)하다 **prime time** (텔레비전 시청·라디오 청취의) 황금 시간대(= **peak time**, **peak viewing time**)

---

11 정답 (c)

The buk is a traditional Korean drum with a round wooden body that is covered on both ends with animal skin. Legend has it that the buk was used for court music only. However, some experts think that the buk ＿＿＿＿＿＿ have been used widely for folk music since the period of the Three Kingdoms of Korea.

(a) should　　　　　(b) would　　　　　(c) might　　　　　(d) will

북은 둥근 나무 몸체가 있는 전통적인 한국식 드럼으로 양쪽 끝이 동물의 가죽으로 덮여 있다. 전설에 따르면 북은 궁중 음악에 사용되었다고 한다. 그러나 일부 전문가들은 북이 삼국 시대부터 민속 음악에 널리 사용되었을지도 모른다고 생각한다.

해설 ▶ 전설에 의하면 북은 궁중 음악에만 사용되었다고 전해지지만, 일부 전문가들은 삼국 시대 이래로 민속 음악에 사용되었을지도 모른다는 의미이므로 지니는 '과거 사실에 대한 약한 추측'을 나타내는 (c)가 올바른 표현이다.

❯ Core Point

종류	용법	의미
should[ought to] have p.p.	과거 사실에 대한 후회나 유감	~했었어야 했는데 (결국 못했다)
would have p.p.	과거 사실에 대한 유감	~했을 것이다
may[might] have p.p.	과거 사실에 대한 약한 추측	~이었을지도 모른다
will have p.p.	미래의 기준 시점까지 완료·계속·경험·결과	(미래에·나중에) ~할 것이다. ~일 것이다

어휘 ▶ **wooden** 나무로 된, 목재의 **have it (that)** ~이 사실이라고 주장하다 **court music** 궁정[궁중] 음악 **expert** 전문가

---

12 정답 (b)

Karis has been working as a nurse for 15 years. Although she likes her job, the frequent night shifts and long working hours stress her out. If given the chance, she ＿＿＿＿＿＿ settle down in a small regional area.

(a) can　　　　　(b) would　　　　　(c) may　　　　　(d) should

Karis는 15년 동안 간호사로 일해 왔다. 그녀는 일을 좋아하지만, 잦은 야간 근무와 긴 근무 시간이 그녀에게 스트레스를 준다. 기회가 주어진다면 그녀는 작은 지방 지역에 정착할 것이다.

해설 Karis는 15년 동안 간호사로 일을 해 왔는데, 야간 근무와 긴 근무 시간으로 스트레스를 받게 되어, 기회가 되면 작은 지방 지역에 정착하고 싶다는 의미이므로 '소망, 미래, 예정, 현재 사실의 반대'를 나타내는 (b)가 올바른 표현이다.

❯ Core Point

종류	용법	의미
can	가능성, 능력	~할 수 있다
would	소망, 미래, 예정, 현재 사실의 반대	~일 것이다
may	약한 추측	~할지도 모른다
should	의무, 당위성	~해야만 한다

어휘 **work as** ~으로 일하다 **frequent** 잦은, 빈번한(↔ **infrequent**) **night shifts** 〈주야 교대제의〉 야간 근무 (시간), 야근 노무자 **stress out** 스트레스를 받다 **If given the chance** 기회가 주어진다면 **settle down** (조용히 한 곳에 자리 잡고) 정착하다 **regional area** 지방 지역 (인구 저밀도 지역)

Chapter 3 가정법

01 정답 (a)

Although she can afford to travel around the world, Min chooses domestic tourism to explore national heritage and culture. If she were more sociable, she _____ with her family and friends.

(a) would travel

(b) travels

(c) will travel

(d) was traveling

- -

Min은 전 세계를 여행할 여유가 있을지라도, 국가 문화유산과 문화를 탐방하기 위해 국내 관광을 선택한다. 그녀가 더 사교적이라면, 그녀는 가족과 친구들과 함께 여행할 텐데.

해설 Min은 사교적이지 못해 가족과 친구들과 함께 여행을 하지 않는다는 내용으로, 현재 사실과 정반대되는 상황을 의미하는 가정법과거의 (a)가 올바른 표현이다.

❯ Core Point [가정법과거: 현재 사실의 반대]

종속절			주절	
If	주어	과거 동사	주어	조동사 과거형 + 동사원형 (would / should / could / might)

어휘 **afford to** ~할 여유가 있다, ~할 형편이 되다 **travel around the world** 세계를 일주하다 **domestic tourism** 국내 관광 **explore** 답사[탐사, 탐험]하다 **national heritage** 국가 문화유산 (후세에 전할 가치가 있는 문화유산 및 경승지 따위) **sociable** 사교적인, 교제하기를 좋아하는, 애교 있는, 상냥한(= **affable**)

02 정답 (d)

Jack wasn't able to buy a flight ticket to Australia because the Korean government did not allow people to travel other countries after the spread of the Corona Virus. If he had known the fear of virus, he _____ a plan for studying its treatment.

(a) was drawing up
(b) drew up
(c) would draw up
(d) would have drawn up

한국 정부가 코로나바이러스 확산 이후 사람들이 다른 나라를 여행하는 것을 허락하지 않았기 때문에 Jack은 호주행 항공권을 구입할 수 없었다. 만약 그가 바이러스에 대한 두려움을 알고 있었다면, 그것의 치료법을 연구할 계획을 세웠을 텐데.

해설 Jack은 코로나바이러스에 대한 두려움을 모르고 있었기 때문에 이와 관련된 치료법의 연구 계획을 세우지 못했었다는 과거 사실과 정반대되는 상황을 나타내는 가정법과거완료의 (d)가 올바른 표현이다.

❷ Core Point [가정법과거완료: 과거 사실의 반대]

종속절			주절	
		동사		동사
If	주어	had p.p.	주어	조동사 과거형 + have p.p. (would / should / could / might)

어휘 **flight ticket** 항공권 **the spread of** ~의 확산[전파] **draw up** (세심한 생각·계획이 필요한 것을) 만들다[작성하다] **a plan for** ~의 계획 **treatment** 치료(법); 치료제[약]

03 정답 (d)

Kevin is disappointed that he didn't pass the interview with the personnel director for a job. If he had prepared the interview with a group of professional people and practiced various interview scenarios beforehand, he _____ the interview.

(a) had passed
(b) would pass
(c) is passing
(d) would have passed

Kevin은 인사 부장과의 면접을 통과하지 못한 것에 실망했다. 그가 전문가 그룹과의 면접을 준비하고 다양한 인터뷰 시나리오를 미리 연습했었다면, 면접에 통과했을 텐데.

해설 Kevin는 사전에 미리 준비를 못해서 면접에 떨어졌다는 과거 사실과 정반대되는 상황을 나타내는 가정법과거완료의 (d)가 올바른 표현이다.

❷ Core Point [가정법과거완료: 과거 사실의 반대]

종속절			주절	
		동사		동사
If	주어	had p.p.	주어	조동사 과거형 + have p.p. (would / should / could / might)

어휘 **disappointed** 실망한, 낙담한 **personnel director** 인사 부장 (cf. personnel department 인사부) **professional** 직업적인, 프로의(↔ **amateur**) **practice** (반복하여) 연습[실습]하다 **scenario** (계획·예정 등의) 개요, 초안, 행동 계획 **beforehand** 미리(부터의), 벌써(부터의); 사전에

04 정답 (a)

Fiona wasn't able to buy the latest laptop which is famous for outstanding functions and exterior features, because the store ran out of stock already. If she had known it would sell out so quickly, she _____ the laptop earlier.

(a) would have bought
(b) would buy
(c) bought
(d) was buying

Fiona는 이미 매장의 재고가 바닥났기 때문에 뛰어난 기능과 외관상 특징으로 유명한 최신 노트북을 살 수 없었다. 왜냐하면 어제 이미 품절 상태였기 때문이었다. 그렇게 빨리 매진될 줄 알았더라면 그녀는 노트북을 더 일찍 <u>샀었을 텐데.</u>

해설 Fiona는 최신 노트북이 매진되어 구입할 수 없었다는 과거 사실과 정반대되는 상황을 나타내는 가정법과거완료의 (a)가 올바른 표현이다.

❷ Core Point [가정법과거완료: 과거 사실의 반대]

종속절			주절	
		동사		동사
If	주어	had p.p.	주어	<u>조동사 과거형</u> + have p.p. (would / should / could / might)

어휘 **latest** (가장) 최근의[최신의] **laptop** 랩톱 (무릎에 올려놓고 쓸 만한 크기의 휴대용 컴퓨터) **be famous for** ~로 유명하다 **outstanding** 눈에 띄는, 현저한, 매우 좋은, 굉장한 **function** 기능, 작용 **exterior** 외면[외관상]의 **feature** (두드러진) 특징, 특색 **be out of stock** 품절되다 **sell out** 다 팔리다[매진되다]

---

05 정답 (a)

A Korean chef urgently hired a translator to translate her cook book into English. However, she's worried that it might contain a number of grammatical and spelling errors. If she _____ it, she would pay a proofreader who is officially recognized.

(a) could still afford
(b) can still afford
(c) had still afforded
(d) still affords

한 한국 요리사가 자신의 요리책을 영어로 번역하기 위해 번역가를 긴급히 고용했다. 하지만 그녀는 그것에 문법과 철자 오류가 포함되어 있을지도 모른다고 걱정한다. <u>여전히 여유가 있다면,</u> 그녀는 공식적으로 인정받는 교정자에게 돈을 지불할 텐데.

해설 한 한국 요리사가 요리책을 영어로 번역하고자 했는데 여유가 없어 공식적으로 인정받는 교정자를 채용하지 못한다는 현재 사실과 정반대되는 상황을 나타내는 가정법과거의 (a)가 올바른 표현이다.

❷ Core Point [가정법과거: 현재 사실의 반대]

종속절			주절	
If	주어	조동사 과거형 + 동사원형 (would / should / could / might)	주어	조동사 과거형 + 동사원형 (would / should / could / might)

어휘 **urgently** 급히 **hire** 고용하다 **translator** 번역가, 통역사 **translate A into B** A를 B로 번역하다 **a number of** 많은 **error** 실수[오류](특히 문제를 일으키거나 결과에 영향을 미치는 것) **afford** (경제적·시간적으로) 여유가 있다 **proofreader** 교정자 **officially** (책임자에 의해) 공식적으로[정식으로] **recognize** 인정하다(= acknowledge)(= recognise)

06 정답 (a)

Due to her busy work schedule, Jenny forgot all about her mother's birthday yesterday. If someone had reminded her, she _____ the date and made sure to take her mother out for a wonderful dinner.

(a) would have remembered
(b) had remembered
(c) would remember
(d) will be remembering

바쁜 업무 일정으로 인해, Jenny는 어제 어머니의 생일을 완전히 잊어버렸다. 만약 누군가가 그녀에게 상기시켜 주었다면, 그녀는 그 날 짜를 기억하고 틀림없이 어머니를 멋진 저녁 식사로 데려갔었을 텐데.

해설 ▶ Jenny는 일이 바빠 어머니 생일을 기억하지 못했고 저녁 식사에 모시지 못했다는 과거 사실과 정반대되는 상황을 나타내는 가정법과거완료의 (a)가 올바른 표현이다.

❯ Core Point [가정법과거완료: 과거 사실의 반대]

종속절			주절	
		동사		동사
If	주어	had p.p.	주어	조동사 과거형 + have p.p. (would / should / could / might)

어휘 ▶ **due to (동)명사** ~ 때문에(= **because of**) **forget all about** 완전히 잊다 **remind** 상기시키다. (기억하도록) 다시 한 번 알려[말해] 주다 **make sure to-동사원형** ~을 확실히 하다. 반드시 ~하다(= **make sure that+주어+동사**) **take** A **out** (식당 · 극장 · 클럽 등으로) A를 데리고 나가 대접하다[외출을 시켜 주다]

---

07 정답 (b)

At the orientation, Jack found out that the lady he had an argument with on the bus is his associate professor of mechanical engineering. If he _____ that she was the professor, he would have apologized before initiating the argument.

(a) knows
(b) had known
(c) would know
(d) knew

오리엔테이션에서 Jack은 버스에서 말다툼을 벌인 여성이 기계공학 부교수라는 것을 알게 되었다. 만약 그가 그녀가 교수라는 것을 알았 다면, 논쟁을 시작하기 전에 사과했었을 텐데.

해설 ▶ Jack은 말다툼을 벌인 여성이 부교수라는 사실을 몰랐었기 때문에 사과를 하지 못했었다는 과거 사실과 정반대되는 상황을 나타내는 가정법과거완료의 (b)가 올바른 표현이다.

❯ Core Point [가정법과거완료: 과거 사실의 반대]

종속절			주절	
		동사		동사
If	주어	had p.p.	주어	조동사 과거형 + have p.p. (would / should / could / might)

어휘 ▶ **find out** 발견하다. ~의 정체[진의]를 간파하다 **have an argument** 말다툼하다 **associate professor** (미국 · 캐나 다 · 한국 등에서 대학의) 부교수 **mechanical engineering** 기계 공학 **apologize** 사과하다. 사죄하다(= **apologise**) **initiate** 시작하다(= **begin**)

08 정답 (c)

An academic institution will recruit four additional teachers in order to provide one-to-one care for students. If the institution had a bigger budget, they _____ more teachers to meet the increasing demands of students and their parents.

(a) are hiring
(b) hired
(c) would hire
(d) will hire

한 교육 기관은 학생들에게 일대일 돌봄을 제공하기 위해 4명의 추가 교사를 모집할 것이다. 교육 기관이 더 많은 예산이 있다면, 학생과 학부모의 증가하는 요구를 충족시키기 위해 더 많은 교사를 <u>고용할 텐데</u>.

해설 한 교육 기관이 예산이 충분하지 못하기 때문에 더 많은 교사를 고용하지 못한다는 내용으로, 현재 사실과 정반대되는 상황을 의미하는 가정법과거의 (c)가 올바른 표현이다.

> **Core Point** [가정법과거: 현재 사실의 반대]

종속절			주절	
If	주어	과거형 동사	주어	조동사 과거형 + 동사원형 (would / should / could / might)

어휘 **academic institution** 교육 기관 **recruit** (신입 사원, 회원, 신병 등을) 모집하다[뽑다] **one-to-one** 1대 1의(= **one-on-one**) **budget** 예산 **meet** 만족시키다. (필요 · 의무 · 요구 등에) 응하다. 충족시키다(= **satisfy**) **demand** (강력히 요청하는) 요구[사항]

09 정답 (d)

Ten of the national soccer team players are sick due to food poisoning, so the team has only seven players in good shape. They won't qualify for the international tournament. If their players recover quickly, they _____ the FIFA World Cup.

(a) would win
(b) are winning
(c) had won
(d) will win

축구 국가대표팀 선수 중 10명은 식중독으로 인해 아프고 몸 상태가 좋은 선수는 7명에 불과하다. 그들은 국제 토너먼트에 참가할 자격을 얻지 못할 것이다. 만약 그들의 선수들이 빨리 회복된다면, 그들은 FIFA 월드컵에서 <u>우승할 텐데</u>.

해설 축구 국가대표팀 다수가 식중독으로 인해 아팠기 때문에 FIFA 월드컵에서 우승을 못한다는 내용으로, 현재 사실과 정반대되는 상황을 의미하는 가정법현재의 (d)가 올바른 표현이다.

> **Core Point** [가정법현재: 현재나 미래에 대한 불확실한 상황을 가정]

조건절			주절	
If	주어	현재형 동사	주어	will / shall / can / may + 동사원형

어휘 **national soccer team** 국가대표 축구팀 **be ill[sick]** 몸이 편치 않다 **due to** ~ 때문에(= **because of**) **food poisoning** 식중독 **in good shape** (몸의) 상태가 좋은 **qualify for** ~의 자격을 얻다 **tournament** 토너먼트, 시합, 경기, 승자 진출전 (특히 패자가 떨어져 나가는 식, 즉 리그전이 아닌) **recover** (건강·의식 등을) 회복하다, 되찾다, 소생시키다, 회복시키다

10 정답 (c)

Ria was scheduled to visit her best friend living in Jeju, but she arrived late at the airport and there was a delay in taking off and landing. If she hadn't been late, she _____ a delicious breakfast this morning.

(a) would enjoy
(c) would have enjoyed

(b) will be enjoying
(d) had enjoyed

Ria는 제주에 사는 가장 친한 친구를 방문할 예정이었으나 공항에 늦게 도착하였고 이착륙이 지연되었다. 그녀가 늦지 않았더라면, 오늘 아침에 맛있는 아침 식사를 즐겼을 텐데.

해설 Ria가 늦어서 아침에 맛있는 아침 식사를 못했다는 과거 사실과 정반대되는 상황을 나타내는 가정법과거완료의 (c)가 올바른 표현이다.

❯ Core Point [가정법과거완료: 과거 사실의 반대]

종속절			주절	
		동사		동사
If	주어	had p.p.	주어	조동사 과거형 + have p.p. (would / should / could / might)

어휘 **be scheduled to** ~할 예정이다(= **be slated to**) **there is[was]** + 단수 주어 ~이 있었다 **take off** (항공기 등이) 이륙하다[날아오르다] **land** (땅 표면에) 내려앉다, 착륙하다(↔ **take off**)

---

11 정답 (b)

David personally wants to attend the London Symphony Orchestra at the Sejong Culture and Arts Center this Friday, but he cannot be there. If he were the owner of his company, he _____ to the Center to watch it live.

(a) is going
(c) had gone

(b) would go
(d) will go

David는 이번 주 금요일 세종문화예술회관에서 런던 심포니 오케스트라에 직접 참석하기를 원하지만 참석할 수 없다. 만약 그가 회사의 주인이라면, 그것을 라이브로 보기 위해 센터에 갈 텐데.

해설 David는 회사 소유주가 아니기 때문에 오케스트라를 라이브로 볼 수 없다는 내용으로, 현재 사실과 정반대되는 상황을 의미하는 가정법과거의 (b)가 올바른 표현이다.

❯ Core Point [가정법과거: 현재 사실의 반대]

종속절			주절	
If	주어	과거 동사	주어	조동사 과거형 + 동사원형 (would / should / could / might)

어휘 **personally** 직접(= **in person**) **attend** (의식에) 참석하다(= **be present at**) **owner** 주인, 임자, 소유자, 소유권자 **go to** ~에 가다 **live** (방송·연주 등이) 녹음[녹화]이 아닌, 생방송인, 실황의

12 정답 (a)

Grace wants her 21-year-old son to learn spoken and written English. If he were fluent in English, Grace _____ a fair amount of money for translation and interpretation fees in her business.

(a) could save   (b) saves
(c) had saved   (d) are saving

Grace는 21살 아들이 영어 말하기와 쓰기를 배우기를 원한다. 그가 영어에 유창하다면, Grace는 그녀의 사업에서 번역과 통역 수수료를 상당히 절약할 수 있을 텐데.

해설 ▶ Grace는 자신의 아들이 영어를 못해서 상당한 번역과 통역 수수료를 지불한다는 내용으로, 현재 사실과 정반대되는 상황을 의미하는 가정법과거의 (a)가 올바른 표현이다.

❯ Core Point [가정법과거: 현재 사실의 반대]

종속절			주절	
If	주어	과거형 동사	주어	조동사과거형 + 동사원형 (would / should / could / might)

어휘 ▶ **be fluent in** ~에 유창하다   **an amount of** 상당한 [양의]   **translation** 번역   **interpretation** 통역   **fee** 수수료, 요금, 사례금, 보수

Chapter 4 준동사

01 정답 (a)

Unlike the Egyptian process, Korean corpses were not deliberately mummified. During the Joseon dynasty, the upper classes were buried in a way that prevented the body's decay. Over the last decades, researchers in Korea have started _____ all corpses, coffins, and treasured possessions to display in the museum.

(a) preserving   (b) will preserve
(c) to have preserved   (d) having preserved

이집트의 과정과 달리, 한국 시신은 의도적으로 미라로 만들어지지 않았다. 조선 시대에 상류층은 신체의 부패를 막는 방법으로 매장되었다. 지난 수십 년 동안, 한국의 연구원들은 박물관에 전시할 모든 시체, 관, 그리고 아끼던 물건들을 보존하기 시작했다.

해설 ▶ 완전 타동사 start는 뒤에 목적어로 to부정사와 동명사를 둘 다 취할 수 있기 때문에 (a)가 올바른 표현이다. G-TELP에서는 동명사의 완료시제(having p.p.)나 to부정사의 완료시제(to have p.p.)는 정답으로 거의 나오지 않는다.

❷ Core Point [완전 타동사 start 용법]

주어	완전 타동사	목적어
	start	to-동사원형 / 동사원형-ing

어휘 **process** 과정[절차] **corpse** (특히 사람의) 시체, 송장(= **body**) **deliberately** 고의로, 의도[계획]적으로(= **intentionally, on purpose**) **mummify** 미라로 만들다, 말려서 보존하다 **dynasty** 왕조, (동일 가문이 다스리는) 시대 **(the) upper class** 상류 계급 (사람들) **bury** 파묻다, 매장하다(bury – buried – buried – burying) **prevent** 막다, 방지하다 **decay** 부식, 문드러짐 **coffin** 관(= **casket**) **treasured possessions** 진장품 **display** 전시하다, 진열하다, 장식하다

---

02   정답 (a)

My neighbor, Mr. Park, was sentenced to two years in prison for violence. His offence was _____ his girlfriend, store managers, and waitresses, often threatening them with a baseball bat.

(a) assaulting
(c) having assaulted

(b) to be assaulting
(d) to assault

내 이웃인 박 씨는 폭력죄로 징역 2년을 선고받았다. 그의 범행은 여자친구, 상점 관리자, 웨이트리스들을 <u>폭행하는</u> 것이었고, 종종 야구방망이로 그들을 위협했다.

해설 밑줄이 포함된 문장에서 주어는 His offence이고 동사는 불완전 자동사 was이다. 빈칸은 이에 대한 주격보어를 묻는 것으로 동명사나 to부정사를 사용할 수 있는데, G-TELP에서는 동명사는 과거를, to부정사는 미래를 각각 의미하는데, 문맥상 선고를 받았다는 사실과 범행이 여러 사람을 폭행했다는 내용이 모두 과거를 의미하기 때문에 (a)가 올바른 표현이다. G-TELP에서는 동명사의 완료시제(having p.p.)는 정답으로 거의 나오지 않는다.

❷ Core Point [to부정사와 동명사의 의미 차이]

주어	불완전 자동사	주격보어
	be동사 (am / is / are / was / were / been / being)	to부정사 미래
		동명사 과거

어휘 **be sentenced to ~ years in prison** ~년의 징역형을 선고 받다 **violence** 폭력, 난폭; 격노; 〈법〉 성폭행, 폭행 **offence** (법률·규칙 등의) 위반, 반칙, 위법 행위, 범죄(= **offense**) **assault** 〈법〉 폭행하다 **store manager** 스토어 매니저 (각 점포의 경영을 맡고 있는 최고책임자) **waitress** 웨이트리스, 여자 급사 **threaten** 협박[위협]하다(= **endanger, put at risk**)

---

03   정답 (b)

George was recently diagnosed as having high blood pressure. His doctor told him to avoid _____ salty food. This is extremely difficult for him as it means giving up his favourite food: Chinese food.

(a) to eat
(c) having eaten

(b) eating
(d) to be eating

George는 최근 고혈압 진단을 받았다. 그의 의사는 그에게 짠 음식을 <u>먹지</u> 말라고 말했다. 이것은 그가 좋아하는 음식인 중국 음식을 포기한다는 것을 의미하기 때문에 그에게 매우 어렵다.

해설 완전 타동사 avoid는 뒤에 목적어로 동명사를 취하기 때문에 (b)가 올바른 표현이다. G-TELP에서는 동명사의 완료시제 (having p.p.)는 정답으로 거의 나오지 않는다.

❯ Core Point [완전 타동사 avoid 용법]

주어	완전 타동사	목적어
	avoid	동사원형-ing

어휘 diagnose as ~로 진단하다 **high blood pressure** 고혈압 salty food 소금이 든[짠] 음식 **extremely** 극도로, 극히 give up 포기하다 **favourite** 좋아하는

---

04 정답 (b)

William is quite annoyed with his sister for being so forgetful. Just the other day, she forgot _____ the oven after use. She had also mixed the clean dishes with oil.

(a) turning off
(b) to turn off
(c) having turned off
(d) to have turned off

William은 그의 여동생이 건망증이 너무 심해서 매우 짜증이 난다. 바로 요전 날, 그녀는 사용 후 오븐을 <u>끄는 것을</u> 잊었다. 그녀는 또한 깨끗한 접시에 기름도 섞었었다.

해설 완전 타동사 forget은 to부정사와 동명사를 둘 다 목적어로 취할 수 있지만 문맥에 따라 둘 중 하나만 골라 사용해야 한다. William의 여동생이 오븐을 끈 것이 아니라 끌 것을 잊었다는 의미이므로 미래를 나타내는 to부정사가 올바른 표현으로 (b)가 정답이다. G-TELP에서는 to부정사의 완료시제(to have p.p.)는 정답으로 거의 나오지 않는다.

❯ Core Point [완전 타동사 forget 용법]

주어	완전타동사	목적어	
		to부정사	동명사
	forget	~할 것을 잊어버리다 미래	~한 것을 잊어버리다 과거

어휘 annoy (남을) 성가시게 굴다, 짜증나게 하다 **forgetful** 잊기 쉬운, 건망증이 있는, 잘 잊어버리는 **just the other day** 바로 요전 날 **turn off** (전기·가스·수도 등을) 끄다

---

05 정답 (b)

An amusement park just opened in our neighborhood. Since its opening day, many children and young people have been visiting the park and enjoying a variety of rides. I am now heading there _____ the extreme rides myself.

(a) experiencing
(b) to experience
(c) to have experienced
(d) having experienced

우리 동네에 놀이공원이 막 생겼다. 개장일부터 많은 어린이와 젊은이들이 공원을 찾아 다양한 놀이기구를 즐기고 있다. 나는 지금 극한의 놀이기구를 직접 <u>체험하기 위해</u> 그곳으로 향하고 있다.

해설 밑줄이 들어가 있는 문장에서 주어는 I이고 동사는 am heading이다. 주어 자신이 직접 극한의 놀이기구를 체험하기 위해서 놀이공원으로 향하고 있다는 점에서 보면, '~하기 위해서'라는 to부정사의 부사적 용법 중 목적을 의미하는 것이 필요하기 때문에 (b)가 올바른 표현이다. G-TELP에서는 to부정사의 완료시제(to have p.p.)는 정답으로 거의 나오지 않는다.

어휘 **amusement park** 놀이공원 **neighborhood** 근처, 인근, 이웃, (어떤 특징을 가진) 지역 **a variety of** 여러 가지의 **ride** (유원지 등의) 탈것; 운송 기관[수단] **extreme** 극도의, 몹시 급격한(↔ **moderate**)

06 정답 (a)

The Bondi Beach and Darling Harbour in Sydney attract tourists from all over the world. The beach's waves are perfect for surfing, while Darling Harbour is a good place _____ a variety of seafood dishes.

(a) to enjoy
(c) enjoying

(b) will enjoy
(d) to have enjoyed

시드니의 Bondi 해변과 Darling 항구에는 전 세계 관광객을 유치한다. 해변의 물결은 서핑하기에 완벽한 반면에, Darling 항구는 다양한 해산물 요리를 즐기기에 좋은 장소이다.

해설 종속접속사 while이 이끄는 종속절에서 주어는 Darling Harbour, 동사는 is, a good place는 동사 is의 주격보어로 사용되었다. '다양한 해산물을 즐기는 좋은 장소'라고 해석된 부분을 보면, 타동사 enjoy가 앞에 있는 명사 a good place를 후치 수식하는 구조이기 때문에 to부정사의 형용사적 용법이 필요하므로 (a)가 올바른 표현이다. G-TELP에서는 to부정사의 완료시제(to have p.p.)는 정답으로 거의 나오지 않는다.

어휘 **harbour** 항구, 항만(= harbor) **attract tourists** 관광객을 유치하다 **all over the world** 전 세계에서 **wave** 파도, 물결 **perfect for** ~에 안성맞춤인 **while** (주절 뒤에서 반대·비교·대조를 나타내어) 그런데, 한편[으로는]; 동시에

07 정답 (c)

The City Hall of Seoul has set up a new bike-sharing system, which makes use of an online application. Called City Bikes, the app allows users _____ for its service by their smartphones.

(a) paying
(c) to pay

(b) having paid
(d) to be paying

서울시청이 온라인 애플리케이션을 활용한 자전거 공유 시스템을 새로 마련했다. City Bikes로 불리는 이 앱은 사용자들이 스마트폰으로 서비스 요금을 지불할 수 있게 해준다.

해설 불완전 타동사 allow는 목적어 다음에 나오는 목적격보어 자리에 to부정사를 사용할 수 있기 때문에 (c)가 올바른 표현이다. G-TELP에서는 to be 동사원형-ing는 정답으로 거의 사용하지 않는다.

❯ Core Point [불완전 타동사 allow 용법]

주어	불완전 타동사	목적어	목적격보어
allow	~에게 …하는 것을 허락[허가] 하다		to-동사원형

어휘 **set up** 건립하다, 설립[수립]하다; 준비하다 **make use of** ~을 이용[활용]하다 **application** 애플리케이션 (응용 소프트웨어의 총칭 또는 컴퓨터에 의한 실무 처리 등에 적합한 특정 업무) **pay for** 대금을 치르다

08 정답 (a)

Aside from the depressing atmosphere, Donna is unwilling to visit hospitals because of how she feels about patients fighting death and fatal diseases. So, she believes that _____ love for families and friends should be done while they are alive.

(a) expressing
(b) to express
(c) to have expressed
(d) having expressed

우울한 분위기와는 별개로, Donna는 죽음과 치명적인 질병과 싸우고 있는 환자에게 느끼는 감정 때문에 병원에 방문하기를 꺼린다. 그래서 그녀는 가족과 친구들에 대한 사랑을 <u>표현하는 것이</u> 그들이 살아 있는 동안 이루어져야 한다고 믿는다.

해설 밑줄이 들어 있는 문장에서 주절의 주어는 she이고 동사는 believes이다. that은 종속접속사로 종속절을 이끄는데, 밑줄을 포함해서 friends까지가 종속절의 주어이고 동사는 should be done이다. G-TELP에서 주어 자리에는 to부정사보다 동명사를 더 선호하기에 (a)가 올바른 표현이다. G-TELP에서는 동명사의 완료시제(having p.p.)는 정답으로 거의 나오지 않는다.

❯ Core Point [주절이나 종속절에서 주어 자리에 동명사 사용]

주절		종속절		
주어	단수 동사	종속접속사	주어	동사
동사원형-ing		(that)	동사원형-ing	단수 동사

어휘 **aside from** ~이외에, ~은 별도로 하고 [(미) aside from, (영) apart from] **depressing** 우울하게 만드는, 우울한 **atmosphere** 분위기, 환경, 주위의 상황 **be unwilling to-동사원형** ~하는 것을 꺼려하다 **feel about** ~에 대해 생각하다 **fatal disease** 심각한 질병 **express** (감정·생각 등을) 표현[표명]하다(= show) **alive** 살아 있는(↔ dead)

09 정답 (d)

Suji read somewhere that passive smoking are as harmful as smoking. That is why she intentionally refuses _____ with smokers.

(a) to be staying
(b) staying
(c) having stayed
(d) to stay

Suji는 어디선가 간접흡연이 흡연과 같이 치명적으로 유해한 영향을 끼친다고 읽었다. 그렇기 때문에 그녀는 흡연자들과 <u>함께 있는 것을</u> 강력하게 거부한다.

해설 완전 타동사 refuse는 뒤에 목적어로 to부정사를 취할 수 있어 (d)가 올바른 표현이다. G-TELP에서는 to be 동사원형-ing는 정답으로 거의 나오지 않는다.

❯ Core Point [완전 타동사 refuse 용법]

주어	완전타동사	목적어
	refuse	to-동사원형

어휘 **somewhere** 어딘가에[서], 어딘가에로 **passive smoking** 간접흡연 **critically** 위태롭게, 위독하게, 위험 상태에 (= **dangerously**) **harmful** (특히 사람의 건강·환경에) 해로운[유해한] **That is why+주어+동사** 그건 ~이유 때문이다 **intentionally** 강하게, 격렬하게 **stay with** ~와 같이 있다 **in order to-동사원형** ~하기 위해서 **inhalation** 흡입[법](↔ exhalation)

10 정답 (d)

On his way to school, Steven saw Mary Jo, a renowned fashion designer who has been an inspiration for his studies, design, and future career. He couldn't resist _____ for her autograph.

(a) to ask

(b) having asked

(c) to be asking

(d) asking

Steven은 학교로 가는 길에 그의 학업, 디자인, 그리고 미래의 직업에 영감을 주는 유명한 패션 디자이너인 Mary Jo를 보았다. 그는 그녀에게 사인을 부탁하는 것을 참을 수 없었다.

해설 완전 타동사 resist는 뒤에 목적어로 동명사를 취하기 때문에 (d)가 올바른 표현이다. G-TELP에서는 동명사의 완료시제 (having p.p.)는 정답으로 거의 나오지 않는다.

❯ Core Point [완전 타동사 resist 용법]

주어	완전 타동사	목적어
	resist	동사원형-ing

어휘 **on one's way to** ~으로 가는 길[도중]에 **renowned** 유명한, 명성 있는(= **celebrated, noted**) **an inspiration for** ~에 대한 영감 **resist** (보통 cannot[could not] ~과 함께) 참다, 삼가다, 억제하다 **autograph** (유명인의) 사인

11 정답 (c)

Dermatologists say that sunscreen products like sun cream can prevent sunburn and premature aging like wrinkles and decrease the risk of skin cancer. They encourage people _____ sunscreen to all exposed skin 30 minutes before sun exposure and reapply it every 2 hours.

(a) applying

(b) to be applying

(c) to apply

(d) will apply

피부과 전문의들은 썬크림과 같은 자외선 차단제는 햇볕에 타는 것과 조기 노화를 예방할 수 있고 피부암의 위험을 줄일 수 있다고 말한다. 그들은 사람들이 햇빛에 노출되기 30분 전에 모든 노출된 피부에 자외선 차단제를 바르고 2시간마다 다시 바르도록 권장한다.

해설 불완전 타동사 encourage는 목적어 다음에 나오는 목적격보어 자리에 to부정사를 사용할 수 있기 때문에 (c)가 올바른 표현이다. G-TELP에서는 to be 동사원형-ing는 정답으로 거의 사용하지 않는다.

❯ Core Point [불완전 타동사 encourage 용법]

주어	불완전 타동사	목적어	목적격보어
encourage	~에게 …하도록 격려하다		to-동사원형

어휘 **dermatologist** 피부과 전문의, 피부병 학자 **sunscreen** 자외선 차단제[차단 크림] **sun cream** 자외선 방지 피부 보호 크림 **sunburn** (따갑고 물집이 생길 정도로) 햇볕에 탐 **premature aging** 조로 (조직노화 증후군) **wrinkle** 주름, 잔주름, 주름살 **decrease** 줄이다, 감소[축소, 저하]시키다 **skin cancer** 피부암 **apply** (약 따위를) 바르다, 붙이다 **apply A to B** A를 B에 바르다 **exposed** (위험 등에) 드러난, 노출된 **encourage** 장려[격려]하다, 권하다 **sun exposure** 햇빛노출, 일광노출 **reapply** (연고 등을 한 겹 더) 다시 바르다[덧바르다] **every** 매 ~, ~마다(= **each**)

12 정답 (b)

A koala's diet is composed entirely of eucalyptus leaves. Eucalyptus is low in nutrition and has toxic compounds in the leaves, so koalas are inactive and spend the day asleep in the fork of the tree. This demands _____ a considerable amount of leaves as an energy-saving adaptation to their poor diet.

(a) to have eaten
(c) having eaten

(b) to eat
(d) eating

코알라의 식단은 전적으로 유칼립투스 잎으로 구성되어 있다. 유칼립투스는 영양가가 낮고 잎에 독성 화합물이 들어 있어 코알라는 활동이 활발하지 않고 나무 갈래에서 잠을 자며 하루를 보낸다. 이것은 그들의 빈약식에 대한 에너지 절약을 위한 적응으로써 상당한 양의 잎을 먹어야 할 필요가 있다.

해설 완전 타동사 demand는 뒤에 목적어로 to부정사를 취할 수 있어 (b)가 올바른 표현이다. G-TELP에서는 to부정사의 완료 시제(to have p.p.)는 정답으로 거의 나오지 않는다.

❯ Core Point [완전 타동사 demand 용법]

주어	완전 타동사	목적어
	demand	to-동사원형

어휘 **be composed of** ~로 구성되어 있다 **entirely** 완전히, 아주(= **completely**), 전적으로 **eucalyptus** 유칼립투스 (오스트레일리아산 나무) **nutrition** 영양물 섭취; 영양(작용); 영양물 **toxic compound** 중독성 화합물 **inactive** 활동하지 않는, 활발하지 않은, 나태한, 게으른 **asleep** 잠들어; 휴지[정지] 상태로 **fork** (나뭇가지의) 갈래; (인체의) 가랑이 **a considerable amount of** 상당한 양의 **adaptation** 적응 **poor diet** 빈약식

Chapter 5 — 연결어(사)

---

01 정답 (a)

The school is suspending Mark for bullying his classmates. _____, the bullying should never have occurred place because he knew that it had detrimental effects on students' health, wellbeing and learning and was against school rules.

(a) In the first place
(c) At the same time

(b) Therefore
(d) Afterwards

학교는 반 친구들을 괴롭힌 것에 대해 Mark에게 정학 처분을 내리고 있다. 우선, 이 괴롭힘은 그가 이것이 학생들의 건강, 행복, 그리고 학습에 해로운 영향을 끼치고 학교 규칙에 어긋난다는 것을 알았기 때문에 결코 일어나지 말았어야 했다.

해설 In the first place는 '우선[먼저] (무엇에 대한 이유를 말하거나, 무엇을 했어야 또는 하지 말았어야 했다는 말)'의 뜻을 가진 접속부사로 '시간의 순서'를 의미하는데, 반 친구들을 괴롭힌 Mark(대등절 1)는 우선 학생들에게 해로운 영향을 주었다(대등절 2)고 말하고 있는 (a)가 올바른 표현이다. Therefore(그러므로)는 '인과 관계'를, At the same time(동시에, 또한)은 '추가·첨가'를, Afterward(s)(나중에)는 '시간'을 각각 표현한다.

❷ Core Point

대등절 1		접속부사	대등절 2	
주어	동사	In the first place,	주어	동사
		우선, 먼저		

어휘 ▶ **suspend** (학생을) 정학시키다 **bullying** 약자 괴롭히기, 왕따 시키기 **classmate** 급우, 반 친구 **take place** (특히 미리 준비되거나 계획된 일이) 개최되다[일어나다] **detrimental** 해로운, 불리한(= **damaging**) **have an effect on** ~에 영향을 미치다; 효과를 나타내다 **wellbeing** 복지, 안녕, 행복 **be against** ~에 반대하다

02 　정답 (c)

Alicia wonders how her friends can maintain good concentration when studying. In comparison, she is easily distracted and has poor concentration. She finds concentration difficult _____ something takes her attention away from the tasks she needs to finish.

(a) because
(c) whenever

(b) until
(d) but

Alicia는 친구들이 공부할 때 어떻게 좋은 집중력을 유지할 수 있는지를 궁금해 한다. 그에 비해, 그녀는 쉽게 주의가 산만해지고 집중력이 떨어진다. 그녀는 무언가가 그녀가 끝내야 할 일들로부터 주의를 빼앗을 때마다 집중이 어렵다는 것을 안다.

해설 ▶ 종속접속사 whenever(~할 때마다)는 종속절을 이끌고, 주절과의 관계가 '시간'을 나타내는데, 주의를 빼앗을 때마다 집중이 어렵다는 문맥을 보았을 때 (c)가 올바른 표현이다. 대등접속사 because(~ 때문에)는 '원인 · 이유'를, until(~할 때까지)은 '시간'을, but(그러나)은 '대조'를 각각 표현한다.

❷ Core Point

주절		종속절		
주어	동사	종속접속사	주어	동사
		whenever		
		~할 때마다		

어휘 ▶ **wonder** 궁금하다, 궁금해 하다 **maintain** 유지하다, 지탱하다 **concentration** (정신의) 집중, 전심전력, 집중력, 전념 **in comparison** ~와 비교하여 **distract** (마음 · 주의를) 흐트러뜨리다, 딴 데로 돌리다(→ **attract**) **find+목적어+목적격보어(형용사)** ~이 …한 것을 알다 **take A away** A를 없애 주다

03 　정답 (b)

Teachers have warned us not to sit closely together in the classroom. They say that social distancing can prevent the spread of virus and avoid close contact with people who may be infected. _____, we still sit side by side and even talk without wearing a mask.

(a) Moreover
(c) Otherwise

(b) Nevertheless
(d) Eventually

선생님들은 우리에게 교실에서 서로 가까이 앉지 말라고 경고해 왔다. 그들은 사회적 거리두기가 바이러스의 확산을 막을 수 있고 감염될 수 있는 사람들과의 긴밀한 접촉을 피할 수 있다고 말한다. 그런데도 우리는 여전히 나란히 앉아 마스크를 쓰지 않고 이야기까지 한다.

접속부사 Nevertheless는 '그럼에도 불구하고'의 뜻으로 2개의 대등절의 관계가 '양보 · 대조'의 의미를 나타낸다. 바이러스 확산을 막기 위해 접촉을 피해야 한다(대등절 1)와 이에 대해 마스크도 쓰지 않고 이야기까지 한다(대등절 2)를 서로 대조시키고 있는 (b)가 올바른 표현이다. Moreover(게다가)는 '추가 · 첨가'를, Otherwise(그렇지 않다면)는 '양보 · 대조'를, Eventually(마침내)는 '인과 관계'를 각각 표현한다.

❯ Core Point

대등절 1		접속부사	대등절 2	
주어	동사	Nevertheless.	주어	동사
		그럼에도 불구하고,		

어휘 **warn A to-동사원형** A에게 ~하라고 경고하다 **sit closely together** 착 붙어 앉다 **social distancing** 사회적 거리두기 **the spread of** ~의 확산[전파] **avoid close contact with** 긴밀한 접촉을 피하다 **infect** 〈사람에게〉 (병을) 전염시키다, 감염시키다 **sit side by side** 나란히 앉다 **wear[put on] a mask** 마스크를 쓰다[착용하다]

---

04 정답 (d)

Unlike other animals, koalas are adapted to eat eucalyptus leaves or gum leaves, which are low in nutrition and poisonous. _____ their bodies need a lot of energy to digest the gum leaves, they sleep or rest for up to 22 hours each day.

(a) Despite
(b) Instead
(c) Although
(d) Because

다른 동물과 달리 코알라는 유칼립투스 잎이나 고무나무 잎을 먹도록 적응하는데, 이 잎은 영양이 적고 독성이 있다. 그들의 몸은 고무나무 잎을 소화하기 위해 많은 에너지를 필요로 <u>하기 때문에</u>, 그들은 매일 22시간까지 잠을 자거나 휴식을 취한다.

해설 종속접속사 Because(왜냐하면)는 종속절(원인)을 이끌고, 주절(결과)과의 관계가 인과 관계인데, 코알라가 매일 22시간이나 잠을 자거나 휴식을 취한다(결과)는 원인으로 고무나무 잎을 소화하기 위해 많은 에너지를 필요로 한다(원인)고 말하고 있기 때문에 (d)가 올바른 표현이다. Despite(~에도 불구하고)는 '대조'를, Instead(~대신에)는 '반박'을, Although(비록 ~일지라도)는 '양보 · 대조'를 각각 나타낸다.

❯ Core Point [종속접속사 because 용법: 주절과 종속절의 순서가 서로 바뀌어도 무관]

종속절			주절	
종속접속사	주어	동사	주어	동사
Because	원인		결과	

어휘 **adapt** (상황에) 적응하다(= **adjust**) **eucalyptus** 유칼립투스 (오스트레일리아산 나무) **gum** 고무나무(= **gum tree**) (특히 유칼리나무) **nutrition** 영양물 섭취; 영양[작용]; 영양물, 음식물 **poisonous** 유독[유해]한 **digest** (음식을) 소화하다 [소화시키다], 소화되다 **rest** 쉬다, 휴식을 취하다, 자다; (몸의 피로한 부분을 편하게) 쉬다 **up to** ~까지

05　정답 (b)

A public health report by Seoul National University says that the richest 1% of Koreans live longer and healthier than their poorest counterparts. This may be _____ poor people hardly have a well-balanced diet and do not exercise on a regular basis.

(a) although
(b) because
(c) so that
(d) unless

서울대학교의 공중보건 보고서에 따르면 한국인 중 가장 부유한 1%가 가장 가난한 사람보다 더 오래 더 건강하게 살고 있다고 한다. 이것은 가난한 사람들이 균형이 잘 잡힌 식사를 거의 하지 않고 규칙적으로 운동을 하지 않기 때문일 것이다.

해설 종속접속사 because(왜냐하면)는 종속절(원인)을 이끌고, 주절(결과)과의 관계가 인과관계인데, 한국인 중 가장 부유한 1%가 가난한 사람보다 더 오래 살고 더 건강하게 살고 있다(결과)는 원인으로 균형 잡힌 식사를 못하고 규칙적인 운동을 하지 않는다(원인)고 말하고 있기 때문에 (b)가 올바른 표현이다. 종속접속사 although(비록 ~일지라도)는 '양보·대조'를, so that(~하기 위해서)는 '목적'을, unless(만약 ~하지 않는다면)는 '조건'을 각각 나타낸다.

❱ Core Point

주절		종속절		
주어	동사	종속접속사	주어	동사
결과		because	원인	

어휘 **public health report** 공중보건 보고서　**counterpart** (한 쌍의) 한 쪽, 상대물, 상대방, 대응물[자]　**on a regular basis** 정기적으로(= **regularly**)　**hardly** 거의 ~아니다[없다]　**well-balanced diet** 균형 잡힌 식사

06　정답 (c)

If you really want that nursing unit manager position this year, you need to put more effort into your patient nursing care. _____, you will miss your chance to get promoted and your performance evaluation will be recorded as poor.

(a) Therefore
(b) Instead
(c) Otherwise
(d) Additionally

올해 간호단위 관리자 자리를 정말 원한다면, 당신은 환자 간호에 더 많은 노력을 기울일 필요가 있다. 그렇지 않으면, 승진할 기회를 놓치게 되고 인사 고과는 형편없는 것으로 기록될 것이다.

해설 접속부사 Otherwise는 '그렇지 않다면'의 뜻으로 2개의 대등절과의 관계가 '양보·대조'의 의미를 나타낸다. 간호단위 관리자 자리를 얻기 위해 환자 간호에 노력을 한다는 점(대등절 1)과 이와 반대로 승진 기회를 놓친다는 점(대등절 2)을 서로 대조시키고 있는 (c)가 올바른 표현이다. Therefore(그러므로)는 '인과 관계'를, Instead(대신에)는 '반박'을, Additionally(부가적으로)는 '추가·첨가'를 각각 나타낸다.

❱ Core Point

대등절 1		접속부사	대등절 2	
주어	동사.	Otherwise.	주어	동사.
		그렇지 않다면,		

어휘 **nursing unit manager** 간호단위 관리자　**position** 처지, 상태, 입장, 지위, (높은) 신분　**put (an) effort into** ~에 공을 들이다. 노력을 기울이다　**nursing care** 간호 케어(행위)　**miss a(an) opportunity[chance]** 기회를 놓치다　**get promoted** 승진[승급]하다　**performance evaluation** 업적평가, 인사 고과　**record** 기록하다

07 정답 (b)

Louise always refuses invitations to a music concert. In particular, she doesn't like going to the classical music concerts, and her reason is a little surprising: it's _____ she gets annoyed by the sound of string instruments.

(a) whenever
(b) because
(c) although
(d) since

Louise는 항상 음악회 초대를 거절한다. 특히, 그녀는 클래식 음악 콘서트에 가는 것을 좋아하지 않는데, 그녀의 이유는 약간 놀랍다. 그것은 그녀가 현악기 소리에 짜증이 나기 때문이다.

해설 종속접속사 because(왜냐하면)는 종속절(원인)을 이끌고, 주절(결과)과의 관계가 인과 관계인데, Louise가 클래식 음악 콘서트에 가는 것을 좋아하지 않는다(결과)에 대한 원인으로 현악기 소리에 짜증이 나기(원인) 때문이라고 말하고 있기 때문에 (b)가 올바른 표현이다. 종속접속사 whenever(~할 때마다)는 '시간'을, although(비록 ~일지라도)는 '양보·대조'를, since(~한 이래로)는 '시간'을 각각 나타낸다.

❯ Core Point

주절		종속절		
주어	동사	종속접속사	주어	동사
결과		because	원인	

어휘 refuse 거절[거부]하다 invitation 초대[초청] reason 이유, 까닭, 사유, 근거 a little 약간 be[get] annoyed 귀찮다. 골치 아프다; 성내다 string instrument 현악기

08 정답 (b)

Studies show that drinking green tea brings some health benefits, including protecting the brain from aging, increasing fat burning, lowering blood pressure, and preventing strokes. _____, the studies also found that drinking too much green tea can cause side effects because of the caffeine.

(a) In fact
(b) Nevertheless
(c) Therefore
(d) At length

녹차를 마시는 것이 뇌의 노화를 방지하고, 지방 연소를 증가시키고, 혈압을 낮추고, 뇌졸증을 예방하는 것을 포함하여 건강상의 이익을 가져온다는 연구결과가 나왔다. 그럼에도 불구하고, 이 연구들은 또한 녹차를 너무 많이 마시는 것은 카페인으로 인해 부작용을 일으킬 수 있다는 것을 발견했다.

해설 접속부사 Nevertheless는 '그럼에도 불구하고'의 뜻으로 2개의 대등절과의 관계가 '양보·대조'의 의미를 나타낸다. 녹차를 마시는 것의 이점(대등절 1)과 이에 대한 부작용(대등절 2)을 서로 대조시키고 있는 (b)가 올바른 표현이다. In fact(사실)는 '추가·첨가' 기능을, Therefore(그러므로)는 '인과 관계'를, At length(상세히)는 '강조'를 나타낸다.

❯ Core Point

대등절 1		접속부사	대등절 2	
주어	동사.	Nevertheless,	주어	동사.
		그럼에도 불구하고,		

09　정답 (b)

Bob's new camping lamp has a hand crank to produce power. When the lamp needs to be charged, all he has to do is turn the crank, _____ he doesn't have to worry about power outages anywhere.

(a) although

(b) so

(c) because

(d) yet

Bob의 새로운 캠핑 램프(등)는 동력을 생산하기 위한 수동 크랭크를 가지고 있다. 램프를 충전해야 할 때는 크랭크를 돌리기만 하면 되기 때문에 어디서든 정전이 될 걱정을 할 필요가 없다.

해설 ▶ 대등접속사 so는 '그래서'라는 의미로 인과 관계를 나타낸다. 램프 충전을 위해 크랭크를 돌리는 일이 원인이고 이에 대한 결과로 정전에 대한 걱정이 없다고 나와 있기 때문에 (b)가 올바른 표현이다. 종속접속사 although(비록 ~일지라도)는 종속절을 이끌 수 있는데 주절과 종속절과의 관계가 '역접·대조'를 나타내고, 종속접속사 because 역시 주절과 종속절을 가질 수 있지만 so와 반대로 because가 들어 있는 종속절이 원인이고 주절은 결과이다. yet은 대등접속사로 '그래도, 그런데도'라는 의미로 대조를 나타낸다.

❯ Core Point

대등절 1		대등접속사	대등절 2	
주어	동사	so	주어	동사
원인			결과	

주절		종속절		
주어	동사	종속접속사	주어	동사
결과		because	원인	

❯ Core Point　[주격보어 자리에 to가 생략되는 경우]

주어	관계대명사절				동사	주격보어
All What The thing	(that)	주어	(조)동사	do	is	(to) 동사원형
	목적격 관계대명사 -생략 가능		can should have to need will			

10　정답 (d)

Chimney sweeps are people who clear ash and soot from chimneys. With a greater understanding of the occupational hazard, ways they work have changed. _____, most sweeps are done from the bottom of the chimney rather than the top to prevent the dispersion of dust and debris.

(a) That is
(b) In addition
(c) Nevertheless
(d) For instance

굴뚝 청소부는 굴뚝에서 재와 그을음을 걷어내는 사람들이다. 직업적 위험에 대한 이해도가 높아짐에 따라, 그들이 일하는 방식이 달라졌다. 예를 들어, 대부분의 청소는 먼지와 파편이 흩어지지 않도록 윗부분이 아닌 굴뚝 바닥에서 이뤄진다.

해설 접속부사 For example(예를 들어)은 '예시'를 나타내는 표현인데, 굴뚝 청소부의 일하는 방식이 달라졌다(대등절 1)는 사실에 대한 예시로 굴뚝의 꼭대기가 아니라 바닥에서 굴뚝 청소가 이뤄진다(대등절 2)는 구체적인 예가 나와 있는 (d)가 올바른 표현이다. That is(즉)는 '반복 · 재언급 · 부연 설명'을, In addition(~외에도, 게다가)은 '추가 · 첨가'를, Nevertheless(~임에도 불구하고)는 '대조'를 각각 표현한다.

❯ Core Point

대등절 1		접속부사	대등절 2	
주어	동사.	For example.	주어	동사.
		예를 들어,		

어휘 chimney sweep(er) 굴뚝 청소부　ash 재, 화산재; 담뱃재　soot 그을음, 검댕　occupational hazard 직업 재해　bottom 맨 아래 (부분)(↔ top)　A rather than B B보다는 A　dispersion 흩뜨림, 살포; 분산; 흩어짐　dust 먼지, 티끌　debris 부스러기, (파괴물의) 파편, 잔해

11　정답 (a)

Albinism is a congenital disorder characterized in humans by the complete or partial absence of pigment in the skin, hair, and eyes. Many people find this interesting _____ it affects people of all ethnic backgrounds and its frequency worldwide is estimated to be approximately one in 17,000.

(a) since
(b) although
(c) therefore
(d) but

알비니즘은 피부, 머리카락, 그리고 눈에 색소가 완전히 또는 부분적으로 없어지는 것으로 인간에게 특징지어지는 선천성 질환이다. 많은 사람들은 이것이 모든 인종적 배경을 가진 사람들에게 영향을 미치고, 이것의 빈도는 전 세계적으로 거의 17,000명 중 1명꼴로 추정되기 때문에 흥미롭다고 생각한다.

해설 종속접속사 since(~ 때문에)는 종속절을 이끌며 '원인 · 이유'를 나타내고 주절은 '결과'를 의미하는데, 많은 사람들이 흥미롭게 여긴다(결과)는 원인으로 모든 인종적 배경을 지닌 사람들에게 영향을 미치고 그 빈도수가 17,000명 중 1명꼴로 추정(원인)된다는 의미를 도와주는 (a)가 올바른 표현이다. 접속부사 although(비록 ~이지만)는 '양보 · 대조'를, 접속부사 therefore(그러므로)는 '인과 관계'를, 대등접속사 but(하지만)은 '대조'를 각각 표현한다.

❯ Core Point

주절		종속절		
주어	동사	종속접속사	주어	동사
결과		since	원인	

주절		종속절		
주어	동사.	접속부사	주어	동사.
원인		Therefore	결과	

어휘 ▶ **albinism** (사람·동물의) 색소 결핍증, 백색증(↔ **melanism**) **congenital disorder** 선천성 장애 **characterize** ~의 특징이 되다(= **characterise**) **complete** 필요한 모든 것이 갖춰진, 완전한(↔ **incomplete**) **partial** 부분적인, 불완전한 **absence** 없음, 결핍(↔ **presence**) **pigment** (조직·세포 중의) 색소 **affect** ~에 영향을 미치다, 작용하다 **ethnic background** 민족적 배경 **frequency** 자주 일어남[일어나는 상태], 빈도, 빈번 **estimate** 추산[추정]하다 **approximately** 대략, 대체로, 거의(= **nearly**)

---

12 | 정답 (a)

Racial discrimination against blacks is a deeply ingrained way of thinking in many cultures. _____, 61% of Americans say more work is needed to make changes for blacks to have equal rights with whites, while 30% of Americans say they have made the changes needed to bring about equality.

(a) Similarly

(b) On the contrary

(c) Afterward

(d) In the first place

- -

흑인에 대한 인종 차별은 많은 문화에서 깊이 뿌리내린 사고방식이다. 마찬가지로 미국인의 61%는 흑인이 백인과 동등한 권리를 갖기 위해서 변화하는 데 더 많은 노력이 필요하다고 말하는 반면, 30%의 미국인은 평등을 가져오는 데 필요한 변화를 이루었다고 말한다.

해설 ▶ 접속부사 Similarly(마찬가지로)는 '유사'의 의미를 나타내는데, 인종 차별은 깊이 박힌 사고방식(대등절 1)이라고 말하면서 이와 유사하게(마찬가지로) 미국인의 61%와 30%의 의견은 어떠한 사고방식을 표시하는지(대등절 2)를 나타내고 있는 (a)가 올바른 표현이다. On the contrary(반대로, 반면에)는 '대조'를, Afterward(s)(나중에)는 '시간'을, In the first place(우선)는 '시간'을 각각 표현한다.

❯ Core Point

대등절 1		접속부사	대등절 2	
주어	동사.	Similarly,	주어	동사.
		마찬가지로,		

어휘 ▶ **racial discrimination** 인종 차별 **against** ~에 반대하여, 반항하여(↔ **for, in favor of**) **deeply ingrained** 아주 단단히 자리 잡은, 깊이 뿌리 내린 **make changes** 변화를 만들다 **equal right** 평등권 **while** 반면에 **bring about** ~을 유발[초래]하다(= **cause**)

---

01   정답 (a)

It is not really easy for disabled people to catch a taxi in the middle of night. In fact, that old man, _____, has been waiting for more than an hour and he still can't get a ride.

(a) who is sitting in a wheelchair   (b) which is sitting in a wheelchair
(c) that is sitting in a wheelchair   (d) why he is sitting in a wheelchair

---

한밤중에 장애인을 위해 택시를 잡는 것은 정말 쉽지 않다. 사실 휠체어에 앉아 있는 저 노인은 한 시간 넘게 기다려 왔지만 아직도 차를 타지 못했다.

해설 ▶ 빈칸이 포함된 문장을 보면, 주어와 완전 자동사가 있는 1형식 문장 구조로 빈칸에는 주어를 설명해 주는 주격 관계대명사절이 필요하므로 (a)가 올바른 표현이다.
(b) 주격 관계대명사 which가 쓰였는데 선행사가 사물이 아니라 사람이기 때문에 올바른 표현이 아니다.
(c) 관계대명사 that이 쓰였는데 일반적인 경우에는 주격 관계대명사 who를 대신할 수 있지만 빈칸 바로 앞에 있는 콤마(,)가 있어 사용할 수 없기에 올바른 표현이 아니다. (관계대명사의 계속적 용법은 that 사용 불가)
(d) 관계부사 why가 이끌고 있는 문장이 완전한 문장이므로 그 자체로 보면 문법상 올바르지만 내용상 올바르지 않기에 올바른 표현이 아니다.

❯ Core Point

선행사 (주어)	계속적 용법	주격 관계대명사절			
	콤마	주격 관계대명사	주어	동사	동사
that old man	.	who	(없음)	is sitting	has been waiting

어휘 ▶ **catch a taxi** 택시를 잡다   **disabled people** 장애인들   **in the middle of (the) night** 한밤중에   **wait for** ~를 기다리다   **get a ride** (탈것 따위에) 타다

---

02   정답 (a)

The banana is one of the world's most versatile fruits. It can be used in more ways than just one. The fruit, _____ depending on its state of ripeness, can be eaten both raw and cooked.

(a) which tastes either bland or sweet   (b) that is either bland or sweet
(c) why is it either bland or sweet   (d) how either bland or sweet it is

---

바나나는 세계에서 가장 다용도로 쓸 수 있는 과일 중 하나이다. 그것은 한 가지 이상의 방법으로 사용될 수 있다. 숙성 상태에 따라 맛이 부드럽거나 단맛이 나는 그 과일은 날것으로 먹기도 하고 익혀 먹기도 한다.

해설 ▶ 빈칸이 들어 있는 문장에서 주어는 The fruit이고 동사는 can be eaten이다. 주어이자 선행사인 사물 The fruit를 설명해 주는 주격 관계대명사가 필요하고, 콤마(,)가 있으므로 계속적 용법으로 사용 가능한 (a)가 올바른 표현이다.
(b) 주격 관계대명사 that이 사용되는데 무리가 없어 보이지만, 콤마(,)가 있어 올바른 표현이 아니다. (관계대명사의 계속적 용법은 that 사용 불가)

(c) 관계부사 why가 이끌고 있는 문장이 완전한 문장이므로 그 자체로 보면 문법상 올바르지만 내용상 올바르지 않기에 올바른 표현이 아니다.

(d) 의문부사 how가 이끌고 있는 문장이 완전한 문장이므로 그 자체로 보면 문법상 올바르지만 내용상 올바르지 않기에 올바른 표현이 아니다.

❯ Core Point

선행사 (주어)	계속적 용법	주격 관계대명사절			
	콤마	주격 관계대명사	주어	동사	동사
The fruit	,	which	(없음)	tastes	can be eaten

> **어휘** **versatile** 다재다능한; (능력·재능이) 다방면의, 다용도의 **taste** ~의 맛이 나다 **bland** (음식물·약 등이) 구미에 당기는, 담백한; 자극성이 적은, 독하지 않은 **depending on** ~에 따라 **state** 상태, 형세, 형편, 사정 **ripeness** 성숙, 원숙; 준비되어 있음 **raw** 가공하지 않은, 원료 그대로의, 날[생]것의(↔ **cooked**) **cook** (음식이) 요리되다, 삶아지다, 구워지다, 익다 **either A or B** A이거나 B

---

03 정답 (b)

The iconic Lotte World Tower in Seoul is widely known as the tallest building in South Korea and the fifth tallest in the world. The tower is similar to the Shard of London designed by the renowned Italian architect, Renzo Piano, _____ by the railway lines at the time of the project.

(a) where he was inspired
(c) how he was inspired
(b) who was inspired
(d) that he was inspired

서울의 상징적인 롯데월드타워는 한국에서 가장 높고 세계에서 다섯 번째로 높은 빌딩으로 널리 알려져 있다. 이 타워는 프로젝트 당시 철도에서 영감을 얻은 이탈리아의 저명한 건축가인 Renzo Piano가 설계한 런던의 샤드와 유사하다.

> **해설** 빈칸이 포함된 문장을 보면, 주어는 The tower이고, 동사는 is이고, 전치사 by의 목적어는 the renowned Italian architect, Renzo Piano인데, 이 목적어는 주격 관계대명사 who 이하의 선행사이고 내용상으로 보나, 콤마(,)가 있는 계속적 용법의 경우로도 보아 (b)가 올바른 표현이다.
> (a) 관계부사 where가 이끌고 있는 문장이 완전한 문장이므로 그 자체로 보면 문법상 올바르지만 내용상 올바르지 않기에 올바른 표현이 아니다.
> (c) 관계부사 how가 이끌고 있는 문장이 완전한 문장이므로 그 자체로 보면 문법상 올바르지만 내용상 올바르지 않기에 올바른 표현이 아니다.
> (d) 종속접속사 that이 쓰여 that절은 완전한 절이기 때문에 문법상 올바르지만, '추상명사+that+주어+동사 ~' 구조에서 사용되는 종속접속사 that은 추상명사와 서로 동격을 나타내지만 콤마 앞에 있는 명사 the renowned Italian architect, Renzo Piano가 추상명사가 아니기 때문에 올바른 표현이 아니다.

❯ Core Point

선행사	계속적 용법	주격 관계대명사절		
	콤마	주격 관계대명사	주어	동사
the renowned Italian architect, Renzo Piano	,	who	(없음)	was

> **어휘** **iconic** ~의 상징[아이콘]이 되는, 우상의 **be known as** ~로 알려져 있다 **be similar to** ~와 비슷하다 **be inspired by** ~에 의해 영감을 받다 **railway line** 철도선[로] **at the time of** ~할 때, ~하던 시기에

The University of Sydney is Australia's first university. Since 1850, _____, the school has educated seven Australian prime ministers, nine state governors and territory administrators, and 24 justices of the High Court of Australia.

(a) where it was founded

(b) that it was founded

(c) how founded it was

(d) when it was founded

시드니 대학은 호주 최초의 대학이다. 설립된 1850년 이래로, 그 대학은 호주 수상 7명, 주지사 및 준주 관리자 9명 그리고 고등법원 판사 24명을 교육해왔다.

해설 ▶ 빈칸이 포함된 문장에서 보면, 1850은 시간을 나타내는 표현으로 선행사이고 완전한 문장이 들어 있는 (d)가 올바른 표현이다.

(a) 관계부사 where가 이끌고 있는 문장이 완전한 문장이므로 그 자체로 보면 문법상 올바르지만 내용상 올바르지 않기에 올바른 표현이 아니다.

(b) 종속접속사 that이 이끄는 절로 완전한 문장이 나왔으므로 문장 구조적으로 보면 올바르지만, 앞에 있는 말 1850과 동격 관계를 가질 수 없기 때문에 사용할 수 없다. 한편, that은 관계부사 대용어로 사용될 수도 있지만, G-TELP에서는 관계부사 자리에는 주로 that보다는 관계부사를 더 선호한다.

(c) 의문부사 how가 이끌고 있는 문장이 완전한 문장이므로 그 자체로 보면 문법상 올바르지만 내용상 올바르지 않기에 올바른 표현이 아니다.

❷ Core Point

선행사	관계부사절		
	관계부사	주어	동사
1850	when	it	was founded

어휘 ▶ **found** (조직·기관을 특히 돈을 대서) 설립하다(= **establish**) (found – founded – founded – founding) **educate** 교육하다, 육성하다 **prime minister** 수상 **state governor** 주지사 **territory** (미국·캐나다·오스트레일리아 등지에서) 지방, 준주(準州) (아직 주(State)로 인정되지 않는 지역) **administrator** 행정관, 사무관; 통치자; 관리자 **territory administrator** 준주 관리자 **justice** 법관, 재판관(= **judge**); 치안 판사; [영] 고등 법원 판사 **High Court** (잉글랜드·웨일스의) 고등법원, 대법원(= **the Supreme Court**)

Lisa wants to watch the upcoming World Figure Skating Championships to see Yu-na Kim hold the title of world champion. Her brother told her that the seats _____ are the front row of a skating rink.

(a) where she could watch her idol best

(b) that she could watch her idol best

(c) whose idol she could best watch

(d) which she could watch her idol best

Lisa는 김연아가 세계 챔피언 타이틀을 거머쥐는 것을 보기 위해 다가오는 세계 피겨 스케이팅 선수권 대회를 보고 싶어 한다. 그녀의 오빠는 그녀에게 아이돌(우상)을 가장 잘 볼 수 있는 좌석이 스케이트장 맨 앞줄이라고 말했다.

해설 ▶ 빈칸이 포함된 문장에서 주어는 Her brother, 동사는 told이고 her가 간접목적어, 종속접속사 that부터 끝까지가 직접목적어인 4형식 구조의 문장이다. that 다음에 쓰인 the seats는 주어이면서 관계부사 where의 선행사이기도 하고, where ~ best 문장이 완전하기 때문에 (a)는 올바른 표현이다.

(b) 종속접속사 that이 이끄는 절로 완전한 문장이 나왔으므로 문장 구조적으로 보면 올바르지만, 앞에 있는 말 the seats와 동격 관계를 가질 수 없기 때문에 사용할 수 없다. 한편, that은 관계부사 대용어로 사용될 수도 있지만, G-TELP에서는 관계부사 자리에는 주로 that보다는 관계부사를 더 선호한다.

(c) 소유격 관계대명사 whose가 사용되었는데, '선행사+whose+명사+동사' 구조에서 whose 안에 나오는 동사 다음은 완전한 구조가 되어야 하는데 여기에서는 watch의 목적어가 없기 때문에 구조적으로 올바른 표현이 아니다.

(d) 관계대명사 which가 사용되었는데, which 다음에 나오는 문장이 완전한 문장이기 때문에 구조적으로 올바른 표현이 아니니다.

❯ Core Point

선행사	관계부사절				동사
	관계부사	주어	동사	목적어	
the seats	where	she	could watch	her idol	are

어휘 **upcoming** 다가오는, 곧 있을 **hold the title** 타이틀[선수권]을 보유하다 **idol** 우상, 우상시되는[숭배 받는] 사람[물건], 숭배물, 아이돌: 본보기, 모범 **the front row of** ~의 맨 앞 줄

---

06 정답 (b)

American singer, Lady Gaga arrived at the 2010 MTV Video Music Awards with a "meat dress". The infamous dress, _____, was made of raw beef and condemned by animal rights groups.

(a) that was designed by Franc Fernandez
(b) which was designed by Franc Fernandez
(c) who was designed by Franc Fernandez
(d) how Franc Fernandez designed it

- -

미국 가수 Lady Gaga는 '고기 드레스'를 차려입고 2010 MTV 비디오 뮤직 어워드에 도착했다. Franc Fernandez가 디자인한 이 수치스러운 드레스는 날고기로 만들어졌고 동물보호단체들로부터 비난을 받았다.

해설 빈칸이 들어 있는 문장에서 주어는 The infamous dress이고 동사는 was made of이다. 주어이자 선행사인 The infamous dress는 사물이고, 콤마(,)가 있어 계속적 용법이기 때문에 (b)가 올바른 표현이다.

(a) 관계대명사 that이 쓰였는데 일반적인 경우에는 주격 관계대명사 which를 대신할 수 있지만 빈칸 바로 앞에 있는 콤마(,)가 있어 사용할 수 없기에 올바른 표현이 아니다. (관계대명사의 계속적 용법에 that 사용 불가)

(c) 주격 관계대명사 who가 사용되었는데, 이는 선행사가 사람일 때 사용되지만 빈칸 앞에 있는 선행사가 사물이기 때문에 올바른 표현이 아니다.

(d) 관계부사 how가 이끌고 있는 문장이 완전한 문장이므로 그 자체로 보면 문법상 올바르지만 내용상 올바르지 않기에 올바른 표현이 아니다.

❯ Core Point

선행사 (주어)	계속적 용법	주격 관계대명사절			동사
	콤마	주격 관계대명사	~~주어~~	동사	
The infamous dress	,	which	(없음)	was designed	was made of

어휘 **infamous** 수치스러운, 불명예스러운, 부끄러워할 만한, 악명 높은 **be made of** ~로 구성되다 **raw beef** 날고기 **be condemned** 지탄을 받다 **animal rights group** 동물권리단체

〈be made 용법〉

be	made	of	물리적 변화	~로 구성되다
		from	화학적 변화	
		into	제품	
		with	재료	

07 정답 (a)

JM's business success has made it necessary to move to a bigger office. The institution's over 50 employees have been working in the basement of a small building in the east of Seoul. The new office, _____, is in the south of Seoul.

(a) which is a three-story building
(b) when it is a three-story building
(c) where is a three-story building
(d) that building has three stories

JM의 사업 성공으로 더 큰 사무실로 옮길 필요가 생겼다. 이 기관의 50명 이상의 직원들은 서울의 동쪽에 있는 작은 건물 지하에서 일해 오고 있다. <u>3층 건물인</u> 새 사무실은 서울 남쪽에 있다.

해설 ▶ 빈칸이 포함된 문장을 보면, 주어와 완전 자동사가 있는 1형식 문장 구조로 빈칸에는 주어를 설명해 주는 주격 관계대명사절이 필요하므로 (a)가 올바른 표현이다.

(b) 관계부사 when이 이끌고 있는 문장이 완전한 문장이므로 그 자체로 보면 문법상 올바르지만 내용상 올바르지 않기에 올바른 표현이 아니다.

(c) 관계부사 where가 이끄는 문장이 완전해야 하지만 주어가 없기 때문에 불완전한 문장이 되어 올바른 표현이 아니다.

(d) 관계대명사 that이 쓰였는데 일반적인 경우에는 주격 관계대명사 which를 대신할 수 있지만 빈칸 바로 앞에 있는 콤마 (,)가 있어 사용할 수 없으므로 올바른 표현이 아니다. (관계대명사의 계속적 용법은 that 사용 불가)

❯ Core Point

선행사(주어)	계속적 용법	주격 관계대명사절				동사
	콤마	주격 관계대명사	주어	불완전 자동사	주격보어,	
The new office	,	which	(없음)	is	a three-story building,	is

어휘 ▶ **business success** 영업상의 성공 **move to** ~로 옮기다 **institution** 회사, 기구, 조직 **basement** (건물의) 지하층

⟨floor vs. story⟩

	해석	용법	예문
floor	층(수)	내부 (서수 + floor)	I am on the sixth floor. (나는 6층에 있어.)
story		외부 (기수 + story)	I have a six-story building. (나는 6층 건물을 가지고 있어.)

08 정답 (b)

Monica recently bought a small studio near her university. However, she found that water pressure in the shower is low, so she wants to fix it with a minimum of time and materials. I advised her to call Peter, the plumber _____.

(a) when pipes and plumbing were repaired last month
(b) who repaired pipes and plumbing fixtures last month
(c) whom repaired pipes and plumbing fixtures last month
(d) which repaired pipes and plumbing fixtures last month

Monica는 최근에 대학 근처에 작은 스튜디오를 샀다. 하지만 그녀는 샤워기의 수압이 낮다는 것을 발견했고, 그래서 그녀는 최소한의 시간과 도구로 그것을 고치고 싶어 한다. 나는 그녀에게 <u>지난달 파이프와 배관 설비를 수리한</u> 배관공 Peter에게 전화하라고 조언했다.

빈칸이 들어 있는 문장은 주어는 I, 동사는 advised, 목적어는 her / to call, 이하는 목적격보어인 5형식 구조이다. call의 목적어는 Peter이고 the plumber와 Peter는 동격관계로 쓰였다. 빈칸에 들어갈 말 중, who는 주격 관계대명사로 선행사가 사람이면서 뒤에 주어가 없어야 하므로 (b)가 올바른 표현이다.

(a) 관계부사 when이 이끌고 있는 문장이 완전한 문장이므로 그 자체로 보면 문법상 올바르지만 내용상 올바르지 않기에 올바른 표현이 아니다.

(c) 목적격 관계대명사 whom이 사용되는데 뒤에 목적어가 없는 것이 아니라 주어가 없기 때문에 올바른 표현이 아니다.

(d) 주격 관계대명사 which가 쓰였는데 선행사가 사물이 아니라 사람이기 때문에 올바른 표현이 아니다.

❯ Core Point

선행사	주격 관계대명사절		
	주격 관계대명사	~~주어~~	동사
Peter, the plumber	who	(없음)	repaired

buy 사다[사 주다], 구입하다(↔ **sell**)(buy – bought – bought – buying)　**water pressure** 수압　**shower** 샤워기; 샤워실　**fix** 수리하다, 수선하다, 고치다(= **mend, repair**)　**a minimum of** 최소한의　**materials** 용구, 도구, 기구　**advise + 목적어 + 목적격보어** ~가 …하도록 조언하다　**plumber** 배관공　**plumbing fixture** 배관 장치 (가스, 수도 등)

09　정답 (b)

Joan is new to Sydney in Australia and is not yet familiar with the bus schedules. Because of this, she missed the bus to the city. The bus _____ had already left when she arrived at the station.

(a) who she was supposed to take
(b) that she was supposed to take
(c) when she was supposed to take it
(d) what she was supposed to take

Joan은 호주의 시드니에 처음 와 아직 버스 시간표에 익숙하지 않다. 이 때문에 그녀는 시내로 가는 버스를 놓쳤다. 그녀가 탈 예정이 있던 버스는 그녀가 역에 도착했을 때 이미 떠나고 없었다.

빈칸이 포함된 문장을 보면, 주어와 완전 자동사가 있는 1형식 문장 구조로 빈칸에는 목적어를 설명해 주는 목적격 관계대명사절이 필요하므로 (b)가 올바른 표현이다.

(a) 주격 관계대명사 who가 사용되었는데 이는 뒤에 주어가 없이 동사로 시작해야 하는데 주어 she가 있고 선행사가 사람이어야 하는데 사물이기 때문에도 올바른 표현이 아니다.

(c) 관계부사 when이 이끌고 있는 문장이 완전한 문장이므로 그 자체로 보면 문법상 올바르지만 내용상 올바르지 않기에 올바른 표현이 아니다.

(d) 관계대명사 what은 목적격 관계대명사로 사용될 수 있지만 선행사가 없어야 하는데 앞에 있기 때문에 올바른 표현이 아니다.

❯ Core Point

선행사(주어)	목적격 관계대명사절					
	목적격 관계대명사	주어	동사	to부정사	~~목적어~~	동사
The bus	that	she	was supposed	to take	(없음)	had left

be new to + (동)명사 ~에 처음이다　**be familiar[well acquainted] with** 익히 알다　**miss** (치거나 잡거나 닿지 못하고) 놓치다[빗나가다]　**be supposed to do[be] something** (규칙 · 관습 등에 따르면) ~하기로 되어 있다[~해야 한다]　**take the bus** 버스를 타다　**arrive at** ~에 도착하다

10 정답 (a)

A former driver at Lee's company revealed that the chairman is a big fan of sports car racing. However, when the chairman needs to drive a long distance, he tends to select the car _____.

(a) that is known safe and fuel efficient
(b) when safe and fuel efficient driver is known
(c) which it gets safe and fuel efficient
(d) where the driver is safety and fuel efficiency

Lee 회사의 전직 운전기사는 이 회장이 스포츠카 경주의 열혈 팬이라고 밝혔다. 하지만 이 회장이 장거리 운전을 해야 할 때는 안전하고 연비가 좋은 것으로 알려진 차를 선택하는 경향이 있다.

해설 빈칸이 들어 있는 문장에서, when ~ distance는 종속절이고, 주절에서 주어는 he이고 자동사는 tends이다. 빈칸에 들어 갈 말 중, 주격 관계대명사 that은 선행사가 사람이나 사물 둘 다 가능하고 뒤에 주어가 없을 경우에 사용되므로 (a)가 올바른 표현이다.
(b) 관계부사 when이 이끌고 있는 문장이 완전한 문장이므로 그 자체로 보면 문법상 올바르지만 내용상 올바르지 않기에 올바른 표현이 아니다.
(c) 관계대명사 which가 쓰였는데 뒤에 완전한 문장이 나왔으므로 구조적으로 올바르지 않다.
(d) 관계부사 where가 이끌고 있는 문장이 완전한 문장이므로 그 자체로 보면 문법상 올바르지만 내용상 올바르지 않기에 올바른 표현이 아니다.

❯ Core Point

선행사	주격 관계대명사절		
	주격 관계대명사	주어	동사
the car	that	(없음)	is known

어휘 **former** (시간상으로) 예전[옛날]의 **reveal** (비밀 등을) 드러내다[밝히다, 폭로하다](= **disclose**) **chairman** (회사 · 위원회 등의) 회장 **drive a long distance** 장거리 운전을 하다 **tend to-동사원형** ~하는 경향이 있다 **select** 고르다, 선택하다, 선발하다 **fuel efficient** (자동차 등이) 저연비의, 연료 효율이 좋은

11 정답 (b)

Not all people who play video or computer games during the day are wasting their time. A study shows that people _____ can improve problem-solving skills and enhance multitasking skills. They also tend to be good at memorizing.

(a) which are keen on gaming   (b) who are keen on gaming
(c) when are keen on gaming   (d) whom gaming is keen on

낮 동안 비디오 게임이나 컴퓨터 게임을 하는 모든 사람들이 시간을 낭비하고 있는 것은 아니다. 게임을 좋아하는 사람들이 문제해결 능력을 향상시키고 멀티태스킹 능력을 높일 수 있다는 연구 결과가 나왔다. 그들은 또한 암기를 잘 하는 경향이 있다.

해설 주절에서 주어는 A study이고 동사는 shows이다. 종속접속사 that이 이끄는 종속절을 보면, 빈칸이 포함된 문장은 주어와 완전 타동사가 있는 3형식 문장 구조로 빈칸에는 주어를 설명해 주는 주격 관계대명사절이 필요하므로 (b)가 올바른 표현이다.

(a) 주격 관계대명사 which가 사용되었는데 이는 선행사가 사물이어야 하는데 사람이기 때문에 올바른 표현이 아니다.

(c) 관계부사 when이 이끌고 있는 문장이 완전한 문장이어야 하는데 주어가 없는 불완전한 문장이 나왔기 때문에 올바른 표현이 아니다.

(d) 목적격 관계대명사 whom이 사용되는데 뒤에 전치사 on의 목적어가 없기 때문에 구조상 올바르게 보이지만, '게임이 사람을 아주 좋아한다'는 내용이 어색하기 때문에 올바른 표현이 아니다.

❷ Core Point

선행사 (주어)	주격 관계대명사절			
	주격 관계대명사	주어	동사	동사
people	who	(없음)	are	can improve

어휘 **not all[every]** 반드시 ~하는 것은 아니다. **waste** (돈·시간 등을 필요 이상으로 들여) 낭비하다 **be keen on** ~에 열심이다. ~을 아주 좋아하다(= **be keen to-동사원형** ~하고 싶다. 열의 있다. 간절히 바라다) **improve** 개선되다. 나아지다; 개선하다. 항상시키다 **enhance** (좋은 점·가치·지위를) 높이다[항상시키다] **multitasking** 멀티태스킹. 다중 처리 **tend to-동사원형** ~하는 경향이 있다 **be good at** ~에 능숙하다 **memorize** 암기하다(= **memorise**)

---

12 정답 (a)

A high number of young Koreans these days wish to live in Canada and Australia in order to raise the standard of living. However, the latest study showed that immigrants _____ struggle to find a highly-paying job and frequently experience discrimination at work.

(a) who don't speak English fluently

(b) what don't speak English fluently

(c) which don't speak English fluently

(d) where don't speak English fluently

요즘 많은 한국 젊은이들이 생활수준을 높이기 위해 캐나다와 호주에서 살고 싶어 한다. 하지만 최근의 연구는 <u>영어를 유창하게 말하지 못하는</u> 이민자들이 고임금 직업을 찾기 위해 고군분투하고 직장에서 자주 차별을 경험한다는 것을 보여주었다.

해설 빈칸이 들어 있는 문장에서 a latest study는 주어. showed는 동사. that은 종속접속사로 쓰여 목적어를 이끄는 3형식 구조이다. 종속절에서 주어는 immigrants이고 동사는 struggle인데 주어이자 선행사인 immigrants를 보충 설명하고 있는 주격 관계대명사 who가 들어 있는 (a)가 올바른 표현이다.

(b) 관계대명사 what은 주격 관계대명사로 사용될 수 있지만 선행사가 없어야 하는데 있기 때문에 올바른 표현이 아니다.

(c) 주격 관계대명사 which가 사용되었는데 이는 선행사가 사물이어야 하는데 사람이기 때문에 올바른 표현이 아니다.

(d) 관계부사 where가 이끌고 있는 문장이 완전한 문장이 나와야 하는데 주어가 없는 불완전한 문장이 나왔기 때문에 올바른 표현이 아니다.

❷ Core Point

선행사 (주어)	주격 관계대명사절			
	주격 관계대명사	주어	동사	동사
immigrants	who	(없음)	don't speak	struggle

어휘 **a high number of** 많은 **these days** (과거와 비교해서) 요즘에는 **live in** ~에 살다 **raise the standard of living** 생활수준을 높이다 **latest** (가장) 최근의[최신의] **immigrant** (다른 나라로 온) 이민자[이주민] **struggle to-동사원형** ~하려고 분투[고투]하다. 전력을 다해서 하다. 애쓰다. 고심하다(= **strive**) **a highly-paid job** 고액의 보수를 받는 직장 **frequently** 자주. 흔히(↔ **infrequently**) **discrimination** 차별. 차별 대우

모의고사(GRAMMAR)

01 정답 (c)

A team of architects have won a grant to design a shopping center that could be a landmark of Seoul. By the time the design is finished in 2022, the team will _____ on it for two years.

(a) worked
(b) would have worked
(c) have been working
(d) have been worked

한 건축 팀이 서울의 랜드마크가 될 수 있는 쇼핑 센터를 디자인하기 위한 보조금을 받았다. 2022년에 그 디자인이 마무리될 때쯤이면 그 팀은 2년 동안 일을 해온 것이다.

해설 미래완료진행(will have been 동사원형-ing)을 묻는 문제이다. 미래의 특정 시점(2022년)까지 진행될 디자인 업무를 가리키고 있기 때문에 (c)가 정답이다.

❯ Point 1

종속절			주절		해석
By the time	주어	동사의 현재동사 ~,	주어	will have p.p.	~할 무렵이면 …을 했을 것이다.
				will have been 동사원형-ing	
By the time	주어	동사의 과거동사 ~,	주어	had p.p.	~했을 무렵, …을 했다

❯ Point 2

미래완료진행	~	정답의 근거		해석
will have been 동사원형-ing	~	for	시간	~ 동안
		since	시간	~ 이래로

어휘 **architect** 건축가 **win a grant** 보조금을 타다 **landmark** 주요 지형지물, 랜드마크 (멀리서 보고 위치 파악에 도움이 되는 대형 건물 같은 것) **work on** ~에 노력을 들이다, 착수하다

02 정답 (d)

When Anna drove home after work, traffic was very heavy. If she had left the office ten minutes earlier, she _____ a waste of time.

(a) would avoid
(b) would be avoided
(c) will be avoiding
(d) would have avoided

퇴근 후 Anna가 차를 몰고 집으로 돌아왔을 때, 교통이 매우 혼잡했다. 그녀가 10분 일찍 퇴근했다면, 그녀는 시간 낭비를 피할 수 있었을 것이다.

해설 가정법과거완료(If+주어+had p.p. ~, 주어+조동사 과거형+have p.p.)를 묻는 문제이다. 이것은 과거에 있었던 일에 대

한 후회나 아쉬움을 말하는 것으로, Anna가 10분 일찍 퇴근하지 못했기에 교통 혼잡을 피할 수 없었다는 의미를 지니는 (d)가 정답이다.

> **Point**

종속절			주절	
If	주어	동사	주어	동사
		had p.p.		조동사 과거형^{would/should/could/might} + have p.p.

어휘 ▶ **after work** 일[작업]이 끝난 후에   **heavy** (교통 혼잡 따위가) 극심한   **a waste of time** 시간의 낭비

---

03   정답 (d)

Yesterday, Louis invited his friend, Suzy, to watch an opera together. However, due to a terrible headache, Suzy told Louis that she really wouldn't enjoy _____ time with him.

(a) to spend
(c) having spent

(b) to be spending
(d) spending

어제 Louis는 오페라를 같이 보려고 친구 Suzy를 초대했다. 하지만 심한 두통 때문에 Suzy는 Louis에게 정말로 같이 시간을 <u>보내지</u> <u>못할 것 같다</u>고 말했다.

해설 ▶ enjoy 뒤의 목적어를 묻는 문제이다. 3형식 완전 타동사 enjoy는 동명사가 목적어로 나올 수 있다. 따라서 (d)가 정답이다. G-TELP에서는 동명사의 완료시제(c)를 정답으로 문제를 출제하지 않는다.

> **Point**

주어	완전 타동사	목적어
	enjoy	동명사^{동사원형-ing}

어휘 ▶ **invite A to do** A에게 ～하자고 초대하다   **watch an opera** 오페라를 보다   **due to** ～ 때문에   **terrible** 심한, 괴로운, 지독한   **headache** 두통   **tell A that S + V** A에게 ～라고 말하다   **spend A with B** B와 함께 A를 보내다

---

04   정답 (c)

A majority of people believe that the high consumption of wheat flour causes acne. However, Professor, Monica Lincolin at the University of New York demonstrates that acne is usually caused by physical stress and hormone imbalance. She advises that bread lovers not _____ about their scone intake.

(a) are worrying
(c) worry

(b) will worry
(d) worried

대다수의 사람들은 많은 양의 밀가루 섭취가 여드름을 유발한다고 믿는다. 하지만 뉴욕 대학의 Monica Lincolin 교수는 여드름이 육체적 스트레스와 호르몬의 불균형에 의해 주로 발생한다고 설명한다. 그녀는 빵을 좋아하는 사람들은 그들의 스콘 섭취에 대해 <u>걱정하지 말</u>라고 충고한다.

해설 ▶ '충고'를 의미하는 완전 타동사 advise의 쓰임을 묻는 문제이다. advise 뒤에 나오는 that절의 동사는 조동사 should 뒤에 나오기 때문에 동사원형 (c)가 정답이고, should가 생략된 형태이다.

❯ Point

주절			종속절
주어	동사		(that)+주어+(should)+동사원형
	충고	advise	

어휘 ▶ **a majority of** 다수의 **consumption** 소비, 섭취 **wheat flour** 밀가루 **acne** 여드름 **professor** 교수 **demonstrate** 보여주다, 설명하다 **highly** 크게, 대단히, 매우 **be caused by** ~에 기인하다 **physical stress** 육체적 스트레스 **imbalance** 불균형 **bread lover** 빵을 좋아하는 사람 **worry about** ~에 대해 걱정하다 **scone** 스콘 (핫케이크의 일종) **intake** 섭취[량]

---

05 정답 (a)

Nancy has planned a vacation in Hong Kong. However, she hasn't been feeling well over the last few weeks due to stress. For her to enjoy the vacation, she _____ find a way to be physically fit.

(a) must
(b) could
(c) shall
(d) will

Nancy는 홍콩에서 휴가를 보낼 계획을 세웠다. 하지만 그녀는 요즘 스트레스 때문에 지난 몇 주 동안 몸이 좋지 않았었다. 그녀가 휴가를 즐기기 위해서는, 그녀는 신체적으로 건강해지는 방법을 찾아야만 한다.

해설 ▶ '~해야만 한다'라는 의미로 의무나 당위성을 나타내는 조동사 must를 묻는 문제이다. 스트레스로 인해 몸이 좋지 않은 Nancy가 건강해지는 방법을 찾아야만 한다는 (a)가 정답이다.

❯ Point

조동사	쓰임	해석
must	의무 · 당위성	~해야만 한다

어휘 ▶ **vacation** 휴가 **feel well** 건강 상태가 좋다 **due to** ~ 때문에 **for+목적격+to부정사** ~가 …하기 위해서 **physically** 신체적으로 **fit** (특히 규칙적인 운동으로 몸이) 건강한[탄탄한]

---

06 정답 (d)

Troy is the host of an educational quiz show on TV. Lately, he has been receiving viewer feedback that the show is neglecting the educational purpose. If only the producers reconsidered its format, the program _____ more educational.

(a) is
(b) would have been
(c) will be
(d) would be

Troy는 TV에서 하는 교육 퀴즈쇼의 진행자다. 최근 그는 이 쇼가 교육 목적을 소홀히 하고 있다는 시청자들의 반응을 받고 있다. 제작자들이 형식을 재고한다면, 프로그램은 더 교육적이게 될 것이다.

해설 ▶ 가정법과거(If+주어+were/과거형 동사, 주어+조동사 과거형+동사원형)를 묻는 문제이다. 이것은 현재 사실과 반대되는 일을 의미한다. 퀴즈쇼에 대한 시청자들의 반응이 좋지 않은데 이 쇼를 만드는 제작자들의 재고가 있다면 더 좋아질 것이라는 (d)가 정답이다.

❯ Point

종속절			주절		
If	주어	과거형 동사,	주어	조동사 과거형^{would / could / should / might}	동사원형

---

07 정답 (a)

Paula invited some of her close friends to her new house for dinner. She left the office early to buy food but had a car accident on her way home. When her boyfriend arrived to help her, she _____ with a policeman.

(a) was still arguing

(b) would still argue

(c) had been still arguing

(d) already argue

Paula는 그녀의 가까운 친구들 중 몇 명을 저녁 식사로 그녀의 새 집에 초대했다. 그녀는 음식을 사기 위해 일찍 사무실을 떠났지만 집에 오는 길에 교통사고를 당했다. 그녀의 남자친구가 그녀를 돕기 위해 도착했을 때, 그녀는 여전히 경찰관과 말다툼을 하고 있었다.

해설 과거진행(was/were 동사원형-ing)을 묻는 문제이다. Paula가 집으로 가는 길에 교통사고를 당했는데 그녀의 남자친구가 도착(arrived)했을 때 그녀가 여전히(still) 경찰과 언쟁을 하고 있었다(was arguing)는 의미로 (a)가 정답이다.

❯ Point

	과거진행		쓰임
단수 주어	was	동사원형-ing	과거의 특정 시점에 진행 중이었던 사건이나 행동
복수 주어	were		

---

08 정답 (c)

Dr. Campbell is a dentist and his two sons are a physician and a social worker. In 2015, they founded Glory House _____ funds for critically sick patients who struggle with financial difficulties and are in urgent need of treatments.

(a) to have raised

(b) raising

(c) to raise

(d) to be raised

Campbell 박사는 치과 의사이고 그의 두 아들은 내과 의사와 사회복지사다. 2015년에 그들은 재정적 어려움을 겪고 있고 급하게 치료가 필요한 위독한 상태의 아픈 환자들을 위한 기금을 모으기 위해 Glory House를 설립했다.

해설 to부정사의 쓰임을 묻는 문제이다. 빈칸이 있는 문장에서 주어는 they이고 동사는 founded이다. 한 문장에 동사를 두 번 사용할 수 없으므로 준동사(to부정사 / 동명사 / 분사)를 사용해야 한다. 의미상 '목적(~을 하기 위해서)'을 나타내는 to부정사의 부사적 용법인 (c)가 정답이다. G-TELP에서는 to부정사의 완료시제(to have p.p.)나 수동태(to be p.p.)는 정답으로 나오지 않는다.

◆ Point

주어	동사 ~	to-동사원형 부사적 용법 (~하기 위해서)

어휘 ▶ **dentist** 치과 의사 **physician** 내과 의사 **social worker** 사회복지사 **found** (조직·기관을 특히 돈을 대서) 설립하다 (found – founded – founded – founding) **raise a fund** 기금을 모으다 **critically** 위태롭게 **struggle with** ~으로 고심하다, ~과 씨름하다, ~을 해결하려고 애쓰다 **financially** 재정적으로, 재정상 **be in urgent need of** (구조 등이) 긴급히 필요하다 **treatment** 치료

---

09   정답 (d)

Many people want to be a friend of Mark. He is the type of person _____ how to make people laugh. I think he has potential to be a famous entertainer in the near future.

(a) what knows   (b) when would have know
(c) which knows   (d) who knows

많은 사람들이 Mark의 친구가 되고 싶어 한다. 그는 사람을 웃길 줄 <u>아는</u> 타입이다. 나는 그가 가까운 미래에 유명한 연예인이 될 가능성이 있다고 생각한다.

해설 ▶ 주격 관계대명사 who의 용법을 묻는 문제이다. 선행사가 사람이고 주어가 없는 경우에 주격 관계대명사 who를 사용한다.

◆ Point

선행사 (사람)	주격 관계대명사	주어	동사	목적어
		주격 관계대명사절		
the type of person	who		knows	how to make people laugh

어휘 ▶ **make+목적어+동사원형** ~가 …하게 하다 **laugh** (소리 내어) 웃다 **potential** 가능성, 잠재[능]력 **entertainer** 연예인 **near future** 가까운 장래[미래]

---

10   정답 (a)

Sarah's doctor advised her to stop smoking and drinking alcohol because she is at risk of a stroke. Following her doctor's advice, she recently began _____ every day because it doesn't cost her a lot.

(a) walking   (b) being walking
(c) having walking   (d) to have walked

Sarah의 의사는 그녀에게 뇌졸중 위험이 있으니 흡연과 술을 끊으라고 충고했다. 의사의 조언에 따라, 최근에 그녀는 돈이 많이 들지 않기 때문에 매일 <u>걷기를</u> 시작했다.

해설 ▶ begin 동사의 쓰임을 묻는 문제이다. 완전 타동사 begin은 목적어로 to부정사와 동명사 모두 사용할 수 있기 때문에 (a)가 정답이다. G-TELP에서 동명사의 진행시제(being 동사원형-ing), 완료시제(having p.p.) 또는 to부정사의 완료시제(to have p.p.)는 보통 정답으로 나오지 않는다.

◆ Point

주어	완전 타동사	목적어	
	begin	to부정사^{to-동사원형}	~을 시작하다
		동명사^{동사원형-ing}	

11 정답 (b)

Many tourists were disappointed that the hotel service was poor. They were saying that if their demands such as clean towels and free drinks in the fridge had been provided, they _____ their friends to stay in this hotel.

(a) would recommended
(b) would have recommended
(c) will recommend
(d) recommended

많은 관광객들은 호텔 서비스가 좋지 않아 실망했다. 깨끗한 수건과 냉장고에 있는 무료 음료수 같은 그들의 요구 사항이 제공되었다면, 그들은 친구들에게 이 호텔에 머물도록 <u>권유했었을 것이라고</u> 말하고 있었다.

해설 가정법과거완료(If+주어+had p.p., 주어+조동사 과거형+have p.p.)를 묻는 문제이다. 이것은 과거에 있었던 일에 대한 후회나 아쉬움을 말하는 것으로, 호텔 서비스가 좋았다면 그 호텔에 머물라고 권유했을 것이지만 그렇지 못했다는 의미의 (b)가 정답이다.

❯ Point

종속절			주절	
If	주어	동사 had p.p.	주어	동사 조동사 과거형would/should/could/might + have p.p.

어휘 **tourist** 관광객 **disappointed** 실망한, 낙담한 **poor** (질이) 나쁜, 조잡한, 열등한 **demand** 요구(= claim), 요구 사항 **towel** 수건, 타월 **fridge** 냉장고(refrigerator의 단축형) **stay in** ~에 머물다. (밖으로) 나가지 않다, 집에 있다

12 정답 (d)

Changing personality is not as simple as it sounds. _____ one understands how personality affects social life and successful employment, he'll not realize the need to alter personality.

(a) If
(b) Because
(c) Despite
(d) Unless

성격을 바꾸는 것은 말처럼 간단하지 않다. 성격이 사회생활과 성공적인 취업에 어떤 영향을 미치는지 이해하지 <u>못한다면</u>, 그는 성격을 바꿀 필요성을 깨닫지 못할 것이다.

해설 종속접속사 unless(만약 ~하지 않는다면)의 쓰임을 묻는 문제이다. Unless는 'If ~ not'과 같은 의미로 종속절과 주절의 관계가 조건으로 역접 관계를 나타낸다. 인격이 사회생활과 취업에 영향을 미칠 수 있다는 것을 이해하지 못한다면 성격을 바꿀 필요성을 깨닫지 못한다는 의미로 (d)가 정답이다.

❯ Point

종속절			주절	
Unless 조건 (만약 ~하지 않는다면)	주어	동사.	주어	동사

어휘 **personality** 개성, 성격, 성질, 인격, 사람됨 **as simple as it sounds** 이것은 너무 간단해 보일 수 있지만 **affect** 영향을 미치다 **successful** (어떤 일에) 성공한, 성공적인 **employment** 사용, 고용, 취업 **alter** 변하다, 달라지다, 바꾸다, 고치다

13 정답 (d)

After working as a professional piano teacher for over 15 years, Beth decided to quit teaching and go into business on her own. Next month, she _____ educational books in series for those who want to be a piano teacher.

(a) will write   (b) wrote
(c) will have been writing   (d) will be writing

15년 넘게 전문 피아노 교사로 일한 후 Beth는 교직을 그만두고 스스로 사업을 시작하기로 결심했다. 다음 달, 그녀는 피아노 교사가 되고 싶어 하는 사람들을 위해 연속으로 교육용 책을 쓸 것이다.

해설 미래진행(will be 동사원형-ing)을 묻는 문제이다. 이것은 미래 시점에서 진행 중일 것 같은 상태나 동작을 의미한다. Beth는 피아노 교사직을 그만두고 교육용 책을 쓸 것이라는 의미를 지닌 (d)가 정답이다. 부사구 Next month(다음 달)는 주로 미래시제와 같이 사용된다.

❱ Point

주어	will be 동사원형-ing 미래진행	미래 어느 시점에서 진행 중인 상태나 동작

어휘 **work as** ~으로 일하다 **professional** 전문적인 **decide to-동사원형** ~을 결심[결정]하다 **quit 동명사** ~을 그만두다 **go into business** 사업에 뛰어들다, 실업계에 나서다 **on one's own** 혼자서, 단독으로(= alone) **in series** 연속하여; 총서로서 **those who** ~하는 사람들

14 정답 (c)

A high number of white bears used to be seen in Antarctica. Lately, however, it is not easy to see them since they die from hunger and a change in climate. It is urgent that the public _____ in saving the bears from extinction.

(a) participates   (b) will participate
(c) participate   (d) to participate

많은 수의 북극곰들을 남극 대륙에서 볼 수 있었다. 하지만 최근에는 배고픔과 기후 변화로 죽어서 그들을 보는 것이 쉽지 않다. 대중이 곰을 멸종에서 구하는 데 동참하는 것이 시급하다.

해설 '이성적·감성적 판단의 형용사'의 쓰임을 묻는 문제이다. 이러한 형용사 뒤에 나오는 that절의 동사는 should를 앞에 사용하기 때문에 동사원형으로 써야 한다. should는 생략 가능하기 때문에 (c)가 정답이다.

❱ Point

			종속절		
It	be동사	urgent 이성적·감성적 판단의 형용사	(that)	주어	(should) 동사원형

어휘 **a number of** 많은 **used to-동사원형** ~하곤 했다 **lately** 최근에 **die from** ~으로 죽다 **urgent** 긴급한, 시급한(= pressing) **save A from B** B에서 A를 구하다 **extinction** 멸종

15 정답 (a)

With the emergence of the Internet, students having difficulty attending school because they live in an isolated area can now study online. If Internet-based learning were not available today, those students _____ less opportunities for formal education.

(a) would have
(c) would be having

(b) had
(d) would have had

인터넷의 출현으로, 고립된 지역에 살고 있기 때문에 학교에 다니기 어려운 학생들은 이제 온라인으로 공부할 수 있게 됐다. 오늘날 인터넷 기반의 학습이 가능하지 않다면, 그 학생들은 정규 교육을 받을 기회가 줄어들 것이다.

해설 ▶ 가정법과거(If+주어+were/과거형 동사, 주어+조동사 과거형+동사원형)를 묻는 문제이다. 이것은 현재 사실과 반대되는 일을 의미한다. 소외 받는 지역에 거주하는 학생들을 위한 인터넷 기반의 학습이 있어 정규 교육을 받을 기회가 있다는 의미를 가정하는 (a)가 정답이다.

❯ Point

종속절			주절		
If	주어	were/과거형 동사,	주어	조동사 과거형 would/could/should/might	동사원형

어휘 ▶ **emergence** 출현, 발생(of, from) **have difficulty (in) doing** ~하는 데 어려움을 겪다 **attend** ~에 참석하다 **isolated area** 고립 지역 **available** 이용할 수 있는, 쓸모 있는 **have an opportunity for** ~할 기회가 있다 **formal education** 정규[학교] 교육

16 정답 (a)

Many people insist that governments should create more jobs for young people, while other people assert that governments should not forget _____ the responsibility of caring old people.

(a) to consider
(c) to have considered

(b) considering
(d) being considered

많은 사람들은 정부가 젊은이들을 위해 더 많은 일자리를 만들어야 한다고 주장하는 반면, 다른 사람들은 정부가 노인들을 돌보는 책임을 고려해야 할 것을 잊지 말아야 한다고 주장한다.

해설 ▶ forget 동사의 쓰임을 묻는 문제이다. 완전 타동사 forget은 목적어 자리에 to부정사와 동명사를 둘 다 사용하지만 의미의 차이가 발생한다. 전자는 미래, 후자는 과거의 의미를 지닌다. 이 글은 정부가 젊은이들을 위해 더 많은 일자리를 만드는 것뿐만 아니라 노인들을 돌보는 책임까지 고려해야 할 것을 잊지 말아야 한다는 의미를 지니기 때문에 (a)가 정답이다. G-TELP에서 to부정사의 완료시제(to have p.p.)는 정답으로 나오지 않는 표현이다.

❯ Point

forget	to부정사 to-동사원형	~할 것을 잊다 미래
	동명사 동사원형-ing	~했던 것을 잊다 과거

어휘 ▶ **create jobs** 일자리를 만들다 **while** 반면에 **assert** 주장하다 **responsibility** 책임, 책무, 의무 (for, of, to) **care** 돌보다

17 정답 (b)

Jack, the new financial director, approved the budget for new office chairs. The staff, especially those having back pain, truly appreciative. He _____ replacing the old chairs since he was employed.

(a) has considered
(b) has been considering
(c) had considered
(d) would have been considering

새로운 재정국장 Jack은 새 사무용 의자에 대한 예산을 승인했다. 특히 요통을 앓고 있는 직원들은 정말 고마워했다. 그는 고용된 이후로 낡은 의자를 교체하는 것을 고려하고 있었다.

해설 현재완료진행(have/has been 동사원형-ing)을 묻는 문제이다. 이것은 과거에서 시작해 지금까지 진행되고 있는 상태나 동작을 의미한다. 재정을 담당하는 Jack은 고용되었을 때(was employed)부터 직원들의 의자를 교체해줄 것을 고려해오고 있었다(has been considering)는 (b)가 정답이다.

❯ Point

주절		종속절		
주어	동사	종속접속사	주어	동사
	현재완료진행 has been considering	since ~한 이래로		과거 was employed

어휘 **financial director** 재정국장 **approve** 승인하다 **budget** 예산 **have back pain** 요통을 앓다 **appreciative** 고마워하는 **consider** 고려하다 **replace** 교체하다, 대체하다 **employ** 고용하다

---

18 정답 (c)

Scientists have always debated about a placebo effect. While patients believe that it effectively decreased their pain levels, some scientist theorize that their psychological state _____ more than their physical state.

(a) should have affected
(b) must affect
(c) might have affected
(d) could have affected

과학자들은 항상 플라시보(위약) 효과에 대해 토론해왔다. 환자들은 그것이 그들의 고통 수준을 효과적으로 감소시켰다고 믿는 반면, 일부 과학자들은 그들의 심리 상태가 그들의 신체적 상태보다 더 많은 영향을 미쳤을 수도 있다고 이론화한다.

해설 '조동사+have+p.p.' 중, 'might have p.p.'의 쓰임을 묻는 문제이다. 이것은 '~이었을지도 모른다'라는 의미로 사용된다. 플라시보 효과에 대한 과학자들의 토론이 두 가지가 나오는데 그것의 효과가 고통을 감소시켜줬다는 입장과 신체보다는 심리 상태가 더 영향력을 끼쳤다고 볼 수도 있다는 약한 추측을 나타내기 때문에 (c)가 정답이다.

❯ Point

might have p.p.	과거 사실에 대한 약한 추측 ~ 이었을지도 모른다

어휘 **debate about[on]** ~에 대해 토론[토의]하다 **a placebo effect** 위약 효과 (가짜 약이지만 약을 복용하고 있다는 데 대한 심리 효과 따위로 실제 환자의 상태가 좋아지는 것) **while** 반면에 **patient** 환자 **effectively** 효과적으로 **pain level** 고통 수준 **theorize** 이론화하다 **psychological state** 심리적 상태 **affect** 영향을 주다 **physical state** 신체적 상태

19 정답 (a)

Sandy wants to join her school's music band. Because of the full number of members in the band, she will try out for the dancing club instead. If she joined earlier, she _____ the guitar in front of all students and teachers.

(a) would play
(b) played
(c) was playing
(d) would have played

Sandy는 학교의 음악 밴드에 가입하고 싶어한다. 그 밴드의 멤버 수가 많기 때문에 그녀는 대신 댄스 클럽에 도전할 것이다. 만약 그녀가 더 일찍 합류했다면, 그녀는 모든 학생들과 선생님들 앞에서 기타를 칠 것이다.

해설 ▶ 가정법과거(If+주어+were/과거형 동사, 주어+조동사 과거형+동사원형)를 묻는 문제이다. 이것은 현재 사실과 반대되는 일을 의미한다. Sandy가 음악 밴드에 가입하지 않아서 선생님과 학생들 앞에서 기타를 칠 수 없다는 점을 가정하고 있는 (a)가 정답이다.

❯ Point

종속절			주절		
If	주어	과거형 동사,	주어	조동사 과거형 would/could/should/might	동사원형

어휘 ▶ **the number of** ~의 수 **try out for** ~에 지원하다 **play+the+악기** (악기)를 연주하다 **in front of** ~의 앞에(서)

---

20 정답 (b)

Lisa's greyhound bit a cat. Since then, the dog has been unstable and refused food. Fearing the deadly parvo virus, Lisa's dad insisted that Lisa _____ the dog to the vet immediately.

(a) took
(b) take
(c) takes
(d) would take

Lisa의 그레이하운드가 고양이를 물었다. 그때부터 그 개는 불안정한 상태여서 먹이를 거부했다. 치명적인 파보 바이러스를 두려워한 Lisa의 아버지는 Lisa가 즉시 그 개를 수의사에게 데려가야 한다고 주장했다.

해설 ▶ '주장'을 의미하는 완전 타동사 insist의 쓰임을 묻는 문제이다. insist 뒤에 나오는 that절의 동사는 조동사 should 뒤에 나오기 때문에 동사원형인 (b)가 정답이고, should가 생략된 형태이다.

❯ Point

주절			종속절
주어	동사		(that) + 주어 + (should) + 동사원형
	주장	insist	

어휘 ▶ **vet** 수의사 **greyhound** 그레이하운드 (몸이 길고 시력과 주력走力이 좋은 사냥개) **bite** 물다; 물어뜯다(bite – bit – bitten) **since then** 그때부터 **unstable** 불안정한 **refuse** 거절[거부]하다 **deadly** 치명적인 **parvo virus** 파보 바이러스 (한 가닥의 DNA를 가진 바이러스) **take A to B** A를 B로[에] 데려가다 **immediately** 즉시

21 정답 (a)

In order to stay in London for a month, Julia _____ on the weekend last year to save money. However, if her company had not approved her vocation, she would have quit her job.

(a) had been working
(b) has been working
(c) was working
(d) would have been working

한 달 동안 런던에 머물기 위해서, Julia는 돈을 절약하기 위해 작년에 주말에도 일을 해오고 있었다. 하지만, 만약 그녀의 회사가 그녀의 휴가를 승인하지 않았었다면, 그녀는 직장을 그만두었을 텐데.

해설 과거완료진행 had been -ing을 묻는 문제이다. 이것은 과거 이전(대과거)부터 과거까지 계속해서 일이 진행되고 있다는 것을 표현할 때 사용된다. 한 달 동안 런던에 머물기 위해 Julia는 작년에(last year) 돈을 절약하기 위해 일해오고 있다는 (a)가 정답이다.

❯ Point

had been -ing ^{과거완료진행}	대과거에서 과거까지 진행 ~해오고 있었다

어휘 **in order to-동사원형** ~하기 위해서 **stay in** ~에 머물다, 집에 있다 **work on** ~에 노력을 들이다, 착수하다 **save** 절약하다 **approve** 찬성[승인, 허가]하다 **quit a job** 직장을 그만두다

22 정답 (b)

Emma likes talking with friends living in other countries. In particular, talking to those _____ she has not met for years has been a joy of her life lately.

(a) which
(b) whom
(c) when
(d) what

Emma는 다른 나라에서 살고 있는 친구들과 대화를 나누는 것을 좋아한다. 특히, 수년 동안 만나지 못했던 친구들과 얘기하는 것은 최근에 그녀의 삶의 기쁨이 되어 왔다.

해설 목적격 관계대명사 whom을 묻는 문제이다. 선행사는 의미상 friends를 받는 지시대명사 those로 사람이고, 완전 타동사 meet(meet – met – met – meeting)은 목적어를 가져야 하는데 이 문장에서는 없다. 이 두 가지를 모두 충족시키는 목적격 관계대명사 (b)가 정답이다.

❯ Point

	목적격 관계대명사절			
선행사	목적격 관계대명사	주어	타동사	목적어
those	whom	she	has not met	(없음)

어휘 **talk with** ~와 담화를 나누다 **meet** 만나다(meet – met – met – meeting) **lately** 최근에

23 정답 (a)

The history teacher encourages her students to be aware of the importance of learning history. She tells them that aside from doing many math and science questions, they also need _____ a depth of historical knowledge.

(a) to accumulate
(c) to have accumulated

(b) accumulating
(d) to be accumulated

그 역사 선생님은 학생들에게 역사를 배우는 것의 중요성을 인식하도록 장려한다. 그녀는 그들에게 많은 수학과 과학 질문을 하는 것뿐만 아니라 깊은 역사적 지식 또한 축적할 필요가 있다고 말한다.

해설 need 동사의 쓰임을 묻는 문제이다. 완전 타동사 need는 뒤에 목적어로 to부정사를 취하므로 (a)가 정답이다. G-TELP에서는 to부정사의 완료시제(to have p.p.)나 수동태(to be p.p.)는 주로 정답으로 나오지 않는 표현이다.

❯ Point

need	to부정사^{to-동사원형}	~할 필요가 있다

어휘 encourage+목적어+to-동사원형 ~가 …하도록 격려[장려]하다 **be aware of** ~을 인식하다 **aside from** ~외에도[뿐만 아니라], ~외에는, ~을 제외하고 **accumulate** 축적하다 **depth** 깊이

---

24 정답 (d)

When I started living with my best friend, I normally cooked each meal instead of eating at a restaurant. Later, I realized that if I had lived alone, I _____ a lot of money on food.

(a) would spend
(c) will have been spending

(b) was spent
(d) would have spent

내가 가장 친한 친구와 함께 살기 시작했을 때, 나는 보통 식당에서 식사하는 대신 매 끼니를 요리했다. 나중에 나는 혼자 살았더라면 음식을 사는 데 많은 돈을 썼을 것이라는 것을 깨달았다.

해설 가정법과거완료(If+주어+had p.p., 주어+조동사 과거형+have p.p.)를 묻는 문제이다. 이것은 과거에 있었던 일에 대한 후회나 아쉬움을 말하는 것으로, 혼자 살았더라면 음식을 구입하는 데 많은 돈을 소비했을 거라는 (d)가 정답이다.

❯ Point

종속절			주절	
		동사	주어	동사
If	주어	had p.p.		조동사 과거형^{would/should could/might} + have p.p.

어휘 normally 보통(은), 보통 때는 **instead of** 대신에 **live alone** 혼자 살다 **spend A on B** A를 B에 쓰다

A high number of scientists have carried out research on climate change and its detrimental effects on animal life. As a result of that, at present, environmentalists _____ effects of geological alterations on all living creatures in the forest.

(a) are analyzing
(b) are analyzed
(c) was analyzing
(d) would be analyzed

많은 과학자들이 기후 변화와 그것이 동물들에게 미치는 해로운 영향에 대한 연구를 수행해오고 있다. 그 결과로, 현재 환경보호론자들은 숲 속 모든 생물에 대한 지질학적 변화의 결과를 분석하고 있는 중이다.

해설 현재진행 am/is/are 동사원형-ing을 묻는 문제이다. 이것은 현재 말하고 있는 시점에서 진행 중인 사실을 강조하는 표현으로, 기후 변화가 동물들에게 부정적인 영향을 미칠 수 있다는 과학자들의 연구 결과로 환경보호론자 역시 현재(at present) 숲속 지질학적 변화의 결과를 분석하고 있는 중(are analyzing)이라는 의미인 (a)가 정답이다.

❯ Point

am/is/are 동사원형-ing^{현재진행}	현재 말하고 있는 시점에서 진행 중인 행위 ~하고 있는 중이다, ~하고 있다

어휘 **a number of** 많은 **carry out** 수행하다 **research on** ~에 대한 연구 **climate change** 기후 변화(= **global warming**) **detrimental** 해로운 **effect** 영향, 결과 **as a result of** ~의 결과로서 **environmentalist** 환경[보호]론자 **at present** 현재는, 지금은, 목하(= **now**) **analyze** 분석하다 **geological alteration** 지질학적 변화 **all living creatures** 모든 생물 **forest** (광대한) 숲, [대]삼림

Today, children obesity is a serious health issue all over the world. _____ a recent study shows that the number of obese children in the age range of 7 to 10 particularly has been soaring compared to the past.

(a) As
(b) Therefore
(c) If
(d) In fact

오늘날 어린이 비만은 전 세계적으로 심각한 건강 문제이다. 실제로 최근 한 연구에 따르면, 7세에서 10세 사이의 비만 아동 수가 과거에 비해 특히 급증하고 있는 것으로 나타났다.

해설 접속부사 In fact를 묻는 문제이다. 이것은 '사실은'이라는 강조의 의미로 앞 문장과의 관계가 순접이다. 어린이 비만이 심각한 건강 문제가 되고 있다는 문장을 앞에 두고 그 뒤 문장은 비만 아동 수가 과거에 비해 급증하고 있다고 말하고 있는 점을 보아 이 두 문장은 서로 순접(강조)으로 (d)가 정답이다.

❯ Point

In fact^{접속부사(사실은)} 강조	주어	동사

어휘 **obesity** 비만 **health issue** 건강 문제 **all over the world** 세계 도처에 **the number of** ~의 수 **age range** 나이 폭 **particularly** 특히 **soar** 급증하다, 치솟다 **compared to** ~와 비교하여

PART 1 27~33 ## Conversation

M: Hi, Karis! I am glad to see you. How are you doing?	**남:** 안녕, Karis! 만나서 기쁘다. 어떻게 지내니?
F: Jim! I am doing good so far. In fact, **(Q27) I have the best kind of news. I just passed the final interview for an accountant position in an Australian company!**	**여:** Jim! 나는 지금까지 잘 지내고 있어. 사실, 나에게 기쁜 소식이 있어. 나는 방금 호주 회사의 회계사 직책에 대한 최종 면접을 통과했어!
M: Really? Congratulations! How did that come about?	**남:** 정말? 축하해! 어떻게 이뤄낸 거야?
F: I was scanning the brochures at our department's office when I saw a list of possible job positions. You know I have always wanted to find a job in Australia.	**여:** 우리 부서에 있는 브로셔를 훑어보고 있다가 지원 가능한 직책 목록을 봤어. 내가 항상 호주에서 일자리를 찾고 싶었던 것을 넌 알잖아.
M: Yeah, you chose accounting for an essential prerequisite for employment and took an elective course about statistics and economics. But wait, **(Q28) how come I haven't heard anything about this plan of yours?**	**남:** 그래, 넌 취업에 필수적인 조건인 회계를 선택했고 통계학과 경제학에 대한 선택 과목을 수강했잖아. 하지만 잠깐, 왜 난 네 계획에 대해 아무것도 못 들었었지?
F: That's because I haven't told anyone yet, not even my sister and parents. I didn't want anyone to know about my job application in case it didn't go through. I just received the confirmation e-mail yesterday.	**여:** 그건 내가 아직 아무에게도 말하지 않았기 때문이야. 심지어 언니와 부모님조차도 말이야. 나는 떨어졌을 경우에 대비해서 아무에게도 내 입사 지원을 말하지 않았어. 나는 어제 온 확인 이메일을 막 봤거든.
M: That's fantastic. I am sure your parents will be glad to hear about your good news. **(Q29) The position must have been competitive.**	**남:** 정말 환상적이다. 나는 너의 부모님이 이 좋은 소식을 들으면 기뻐하실 것이라고 확신해. 그 자리는 틀림없이 경쟁이 치열했을 거야.
F: Not really. I learned that the company only prefers applicants with language fluency in English, Spanish and Chinese, so there were many slots for the job application.	**여:** 그렇진 않았어. 나는 이 회사가 영어, 스페인어, 중국어를 유창하게 구사할 수 있는 지원자들만 선호하기 때문에 입사 지원에 많은 공석이 있었다는 것을 알게 됐어.
M: That's good. So, what were the other stages of the application process?	**남:** 좋은 일이군. 그렇다면 지원 절차의 다른 단계는 뭐였어?
F: Well, there was an online exam, but it was mainly about mathematics. **(Q30) The tricky part was the interview. It had to be done entirely in Spanish!**	**여:** 음. 온라인 시험이 있었지만 주로 수학에 관한 거였어. 까다로운 부분은 인터뷰였어. 그것은 전부 스페인어로 해야 했거든!
M: Really? How did you do?	**남:** 정말? 어떻게 했어?
F: **(Q30) I struggled with spelling of a few words because it had been a while since I spoke Spanish.** Luckily, they said that I didn't have to be perfect as long as my English proficiency is highly recognized.	**여:** 스페인어를 한 지 꽤 됐기 때문에 몇몇 단어의 철자 때문에 고생했어. 다행히도, 그들은 내 영어 실력이 높이 인정되기 때문에 스페인어가 완벽할 필요는 없다고 했어.

M: Well, knowing you, I think your English is already enough. Who will take care of your accomodations there?

F: (Q31) **There will be a company dormitory available if I request it. Somebody from the company will be taking care of me while I stay there.** The dormitory has food and laundry services.

M: That'll be great. How about your expenses, though?

F: Over the last couple of years, I have saved money to pay for my airfare and the accommodations and I think my parents will be willing to support me financially if necessary.

M: But you are employed now.

F: Yes. Since the application is going through, (Q32) **I will have to submit my resignation. I will be leaving one week after my job contract with current company ends, which is the end of next month.**

M: I see.

F: Oh, by the way, (Q33) **would you mind driving me to the Australian embassy later to pick my visa application?** It would save a lot of time.

M: Sure, you can just give me a call a day before you want to go, so I can arrange my schedule for you.

F: Thank you so much, I really appreciate it.

M: No problem. Congratulations again, Karis!

F: Thanks, Jim.

남: 음. 내가 너를 봤을때 너의 영어 실력은 이미 충분하다고 생각해. 거기서 너의 거처는 누가 알아봐 주니?

여: 내가 요청한다면 회사 기숙사에서 지낼 수 있을 거야. 내가 그곳에 머무는 동안 회사의 누군가가 나를 돌봐줄 거야. 기숙사에 식사와 세탁 서비스가 있대.

남: 그것 참 다행이다. 근데, 비용은 어떻게 돼?

여: 지난 몇 년 동안, 나는 항공료와 숙박비를 지불하기 위해 돈을 모았고, 필요하다면 부모님이 기꺼이 나를 재정적으로 지원해주실 거라고 생각해.

남: 하지만 넌 지금 일하는 상태잖아.

여: 맞아. 지원서가 이미 통과했기 때문에 사직서를 제출해야 할 것 같아. 나는 다음 달 말인 현재 회사와의 계약이 끝나고 일주일 후에 떠날 것 같아.

남: 그렇구나.

여: 아 그건 그렇고, 나중에 혹시 비자 신청을 위해 네 차로 호주 대사관으로 데려다 줄 수 있어? 그렇게 된다면 시간을 많이 절약할 수 있을 것 같아서.

남: 물론이지. 가기 하루 전에 전화해주면 내가 내 스케줄을 조정할게.

여: 정말 고마워. 정말 감사하게 생각해.

남: 문제없지! 다시 한번 축하해, Karis!

여: 고마워, Jim.

어휘 **so far** 지금까지 **in fact** 사실은 **interview** 면접 **accountant** 회계원, 회계사 **come about** 생기다, 일어나다 **scan** 자세히[꼼꼼하게] 조사하다 **brochure** (업무 안내 등의) 팸플릿, 가제본한 책, 소책자 **department** 부서 **possible** 가능한, 실행할 수 있는 **choose** 고르다, 선택하다(choose – chose – chosen) **accounting** 회계[학], 계산 **essential** 필요한, 필수적인 **prerequisite** 전제 조건 **employment** 고용, 취업 **elective** 선택할 수 있는 **statistics** 통계학 **economics** 경제학 **how come?** 어째서 […인가]? **That's because+주어+동사** 그것은 ~하기 때문이다 **know about** ~에 대하여 알고[듣고] 있다 **application** 지원(서) **in case** ~한 경우에 대비해서 **push through** ~을 억지로 결말나게 하다, 끝까지 해내다 **receive** 받다 **confirmation** 확인 **I am sure (that)+주어+동사** ~을 확신하다 **hear about** ~에 관해서 (상세한 이야기·꾸지람 등을) 듣다 **must have p.p.** ~임에 틀림이 없다 (과거에 대한 강한 추측) **competitive** 경쟁을 하는, 경쟁력 있는 **prefer** ~을 더 선호하다 **applicant** 지원자 **fluency** (언어, 특히 외국어 실력의) 유창성 **there is/are+단수/복수 주어** ~이 있다 **slot** 구멍, 공석 **stage** 단계 **mainly** 주로 **mathematics** 수학 **tricky** (역할·일 등이) 하기 까다로운, 신중을 요하는, 솜씨가 좋아야 하는 **entirely** 전적으로, 완전히, 전부 **struggle with** ~로 고심하다 **as long as** ~하는 동안은, ~하는 한은, ~하기만 하면 **proficiency** 숙달, 능숙, 능란 **recognize** 알아보다, 인정하다 **take care of** ~을 책임지고 떠맡다, ~을 처리[수습]하다(= **deal with**) **accommodation** 거처, 숙소, 시설 **dormitory** 기숙사 **request** 요청하다 **stay** 머물다 **laundry service** 세탁 서비스 **how about ~?** ~하는 것은 어때? **though** (문미·문중에 두어) 그러나, 그래도, 그렇지만, 하긴, 역시 **expense** 비용 **save** 절약하다 **pay for** 지불하다 **airfare** 항공 요금 **be willing to-동사원형** 기꺼이 ~하다 **support** 지지[지원]하다 **financially** 금전적으로, 재정적으로 **if (it is) necessary** 필요하다면 **be employed** 고용된 상태이다 **inform** 알리다 **resignation**

사직[서] **contract** 계약 **current** 현재의, 지금의 **embassy** 대사관 **visa application** 비자 신청 **give me a call**
전화해 주세요 **arrange** 처리하다, 마련하다 **appreciate** 감사해하다

---

27 정답 (d)

What good news is Karis telling Jim?

(a) that she found a list of job positions in Australia
(b) that she qualified to be an accountant in Australia
(c) that she was asked for an job interview in Australia
(d) that she got a job in an Australian company

- -

Karis가 Jim에게 말한 좋은 소식은 무엇인가?

(a) 그녀가 호주에서의 직업 목록을 찾은 것
(b) 그녀가 호주에서 회계사로 일할 자격을 갖춘 것
(c) 그녀가 호주에서 면접을 받게 된 것
(d) 그녀가 호주 회사에서 일을 하게 된 것

해설 호주에 소재한 회사의 최종 면접을 통과했다는 내용이 언급되었으므로 (d) 호주 회사에서 일을 하게 된 것이 Karis가 Jim에게 전한 좋은 소식이다.

어휘 **qualify** 자격을 갖추다 **accountant** 회계사 **get a job** 직장을 얻다

---

28 정답 (c)

What is Karis's reason for not telling her family about the news?

(a) She was busy with studying.
(b) The confirmation mail is not delivered yet.
(c) She wanted to wait until it was successfully confirmed.
(d) Her parents live far away from her.

- -

Karis가 그녀의 가족들에게 소식을 알리지 않은 이유는 무엇인가?

(a) 그녀는 공부하느라 바빴다.
(b) 확인 메일이 아직 도착하지 않았다.
(c) 그녀는 성공적으로 확인될 때까지 기다리고 싶었다.
(d) 그녀의 부모님이 그녀와 멀리서 살았다.

해설 Karis는 만약 면접에 떨어졌을 때를 대비하여 아무한테도 알리지 않았다고 언급했으며 어제 도착한 확인 메일을 받아서 알렸다고 말한 것을 봤을 때, (c) 확실하게 통과되었을 때 알리고자 했음을 유추할 수 있다.

어휘 **be busy with** ~하느라 바쁘다 **confirmation** 확인, 확신 **confirm** 확인하다(= **make firm**), 확증하다 **far away**
[from] 멀리 떨어진 곳에

29 정답 (d)

Why wasn't Karis's application as competitive as Jim thought it would be?

(a) because the company wanted applicants who were willing to learn specific languages
(b) because she spoke three different languages
(c) because she sent the job application form as soon as it was advertised
(d) because only a few applicants speaking specific languages applied to the job position

----

왜 Karis의 지원은 Jim이 생각한 것에 비해 경쟁이 덜 심했는가?

(a) 회사가 특정한 언어를 배우기를 희망하는 지원자들을 원했기 때문에
(b) 그녀가 세 가지의 다른 언어를 구사할 수 있기 때문에
(c) 그녀가 모집 공고가 올라오자마자 지원서를 보냈기 때문에
(d) 특정한 언어를 구사하는 몇몇 지원자들만이 그 직책에 지원했기 때문에

해설 Karis가 지원한 회사는 영어, 스페인어, 중국어를 자유롭게 구사하는 직원을 뽑고 있었으므로 그 요건에 충족한 지원자들이 많이 없어 자리가 많이 남았다고 했으므로 정답은 (d)이다.

어휘 **application** 지원, 지원서 **competitive** 경쟁의, 경쟁적인 **as 형용사/부사 원급 as** ~만큼 …한 **applicant** 지원자 **be willing to-동사원형** 기꺼이 ~하다 **specific** 특정한 **application form** 신청 용지, 신청서 **as soon as** ~하자마자, ~하자 곧 **advertise** 광고하다, 공고하다, 모집하다 **only a few** 다만 몇 안 되는 **apply to** ~에 지원하다

---

30 정답 (d)

What is the reason that Karis thinks she did not do well during the interview?

(a) lacking fluency in Spanish
(b) speaking Spanish informally
(c) speaking two languages simultaneously
(d) making spelling mistakes of words

Karis가 자신이 면접에서 잘 하지 못했다고 생각한 이유는 무엇인가?

(a) 스페인어 구사력의 부족
(b) 스페인어의 격식을 지키지 않음
(c) 두 가지의 언어로 동시에 말함
(d) 단어의 철자 실수

해설 면접은 모두 스페인어로 이루어졌고 면접을 할 때 Karis가 스페인어를 한 지 오래돼서 철자 실수를 했다고 언급함에 따라 정답은 (d)이다.

어휘 **do well** 잘 하다, 성공하다 **fluency** (말·문체의) 유창[함], 능변, 거침없음 **informally** 형식에 구애되지 않고 **simultaneously** 동시에, 일제히 **make a mistake** 실수를 하다

31 정답 (b)

How does the company help Karis's accommodations?

(a) by paying for her food and laundry services
(b) by arranging a person who can look after her
(c) by taking her to a real estate agency
(d) by supplying all her living appliances

회사에서 Karis의 숙소에 관해 어떤 도움을 주는가?

(a) 그녀에게 음식과 세탁 서비스를 지불해 줌으로써
(b) 그녀를 돌봐줄 사람을 배치해 줌으로써
(c) 그녀를 부동산으로 데려감으로써
(d) 그녀에게 모든 가전제품을 지원해 줌으로써

해설 회사의 숙소에서 지내면서 회사에서 고용된 사람이 그녀를 도와줄 것이라고 했으므로 정답이 (b)임을 확인할 수 있다.

어휘 accommodation 숙소, 거처 by+동명사 ~함으로써 pay for ~을 지불하다 laundry 세탁 arrange 배치[지정]하다 look after ~을 맡다[돌보다] take A to B A를 B로 데려가다 real estate agency 부동산 appliance 가전제품, 가정용 기기

32 정답 (c)

What will Karis most likely have to do for her application not to affect her current job?

(a) informing the current company about her resignation at the end of next month
(b) practicing her Spanish speaking
(c) resigning after her contract with the current company ends
(d) resigning as soon as her contract with the current company ends

그녀의 지원이 현재 회사에 영향을 주지 않도록 Karis가 할 행동은 무엇인가?

(a) 다음 달 말일에 현재 회사에 사직할 것을 알린다.
(b) 스페인어 말하기를 연습한다.
(c) 현 회사와의 계약이 끝난 후에 사직을 한다.
(d) 현 회사와의 계약이 끝나자마자 사직을 한다.

해설 현재 회사와의 계약이 끝난 일주일 후인 다음 달 말에 떠난다고 했으므로 (c)가 정답이다.

어휘 most likely 아마, 필시 for+목적격+not+to-동사원형 ~가 …하지 하도록 resignation 사임, 사직서 at the end of ~의 말에 resign 사임[사직]하다 contract 계약, 계약서 as soon as ~하자마자, ~하자 곧

33 정답 (b)

What will Jim be helping Karis with?

(a) contacting the Australian embassy
(b) driving her to the Australian embassy
(c) making a call to the Australian embassy
(d) searching for visa application

Jim이 Karis에게 어떤 도움을 줄 것인가?

(a) 호주 대사관과 연락을 해준다.
(b) 호주 대사관에 차로 태워다 준다.
(c) 호주 대사관에 전화를 걸어준다.
(d) 비자 신청에 대해 알아봐준다.

> **해설** ▶ Karis가 Jim에게 호주 대사관까지 태워다 줄 수 있냐고 물어봤고, 그에 대해 Jim이 요청을 수락했으므로 정답은 (b)이다.

> **어휘** ▶ **contact** 연락하다 **embassy** 대사관 **drive A to B** A를 B에 차로 태워주다 **make a call** 전화를 걸다 **search for** ~를 찾다 **visa application** 비자 신청

PART 2 34~39 **Presentation**

Good afternoon, everyone! I am the marketing officer of Extreme Glow Corporation, and today, **(Q34) I'd like to talk about our company's teeth whitening products.** But before I go further, I'd like to give you some information about our company.

Extreme Glow was established in 2015 as a small oral care business. Through thousands of studies and tests, the owner, Mr. Jim Knight, has led our company as one of the largest oral care manufacturers in the US. We specialize in teeth whitening products.

Now, let's talk about our product: the Teeth Whitening Kit. Without any doubt, we all want to look younger and feel happier with the brightest smile, but **(Q35) we are deeply afraid of going to the dentist because the dentist may charge us the high cost for his services and cause unbearable pain. With the Teeth Whitening Kit, you are free from those worries.**

The Teeth Whitening Kit delivers the best of in-office dentist teeth whitening without expensive cost or discomfort. The system uses whitening gel with a hands-free LED light technology to wipe away stains caused by coffee, wine, food or smoking in just 30 minutes per day. You just repeat this routine for 7-14 days. You can do this on your own, but make sure you read the product instructions before you start.

좋은 오후입니다. 여러분! 저는 Extreme Glow Corporation의 마케팅 담당자로, 오늘은 우리 회사의 치아 미백 제품에 관해 이야기하고자 합니다. 하지만 더 진행하기 전에 우리 회사에 대한 정보를 좀 알려드리고 싶습니다.

Extreme Glow는 2015년에 소규모 구강 관리 회사로 설립됐습니다. 수천 건의 연구와 테스트를 통해 회장인 Jim Knight는 미국에서 가장 큰 구강 관리 제조업체 중 하나로 이 회사를 이끌어 왔습니다. 저희는 치아 미백 제품을 전문으로 합니다.

자, 이제 저희 제품에 관해 이야기하겠습니다: 치아 미백 키트입니다. 의심의 여지 없이 우리 모두는 더 젊어 보이고 가장 밝은 미소로 더 행복해 보이고 싶어 하지만, 치과 의사가 우리에게 높은 치과 진료비를 청구하고 견딜 수 없는 고통을 줄 수도 있으므로 치과 의사를 만나는 것이 너무 두렵게 느껴집니다. 치아 미백 키트를 사용하면 이러한 걱정에서 벗어날 수 있습니다.

치아 미백 키트는 비싼 비용이나 불편함 없이 사무실 내 상주하는 치과 의사처럼 미백 기능을 최상으로 제공합니다. 이 시스템은 핸즈프리 LED 조명 기술로 미백 젤을 사용하여 커피, 와인, 음식이나 흡연 등으로 인한 얼룩을 하루에 30분이면 닦아냅니다. 여러분은 이 일상의 과정을 7일에서 14일 동안만 반복하면 됩니다. 이 작업은 스스로 할 수 있지만 시작하기 전에 제품 사용 설명서를 반드시 읽어보십시오.

Guaranteed to give you professional results at home, **(Q36) the core of the Teeth Whitening Kit is the LED light device that accelerates whitening results like never before.** The LED light speeds up whitening results 3 times faster than the Teeth Whitening Kit unequipped with the LED light. The device is connected to mouth tray for **(Q36) hands-free whitening** and **(Q36) built in 10 minutes timer**, which ensures that you keep track of whitening.

The Teeth Whitening Kit is very comfortable and safe to wear. The comfort fit tray or mouthpiece attaches to the LED light device and is inserted into the mouth to hold the teeth whitening gel during whitening. **(Q38) The tray is made of high grade BPA free silicone** and fits any mouth with no molding or shaping required. In general, **(Q37) the most well-known dangers of teeth whitening include tooth sensitivity or gum irritation, however, it only lasts for a short period of time.** As proof of this, our product offers a 30 day money back guarantee.

Despite its remarkable function, **(Q39) the Teeth Whitening Kit is only $69.99.** It includes the LED light device with batteries, 2 x 5ml teeth whitening gel syringes, a comfort fit mouth tray and a tray storage case. All parts and components in this kit have a 1 year replacement warranty. **(Q38) Our products are not tested on animals, and are safe for teeth and enamel. All of our products are approved by the FDA. (Q39) So take advantage of this wonderful offer.**

Thank you for listening, everyone. You can try out the product at one of our booths and see how this amazing product works! If you have any questions or comments, you can call our customer service hotline at 111-3333 or email us at inquiry@extremeglow.com.

가정에서 전문적인 결과를 얻을 수 있게 보장된 치아 미백 키트의 핵심은 이전과는 달리 미백 결과를 앞당겨주는 LED 조명 장치입니다. LED 조명은 이것이 장착되지 않은 치아 미백 키트보다 3배 더 빠른 속도로 미백 효과를 냅니다. 이 장치는 치아 틀에 연결되어 핸즈프리 미백 기능을 제공하며 10분 타이머로 설계되어 미백을 계속 파악할 수 있도록 확인시켜 줍니다.

치아 미백 키트는 착용하기에 매우 편안하고 안전합니다. 편안한 착용감의 틀이나 마우스피스가 LED 조명 장치에 부착되어 미백 시 치아 미백 젤이 들어 있도록 입안에 넣습니다. 이 틀은 고급의 BPA 무첨가 실리콘으로 만들어졌으며 성형이나 형태 변경 없이도 어떤 입에도 잘 맞습니다. 일반적으로 치아 미백에 대한 가장 잘 알려진 위험에는 치아의 예민함이나 잇몸 자극이 포함되지만, 이는 단기간만 지속됩니다. 이에 대한 증거로 저희 제품은 30일 환불 보증을 제공해 드립니다.

이런 놀라운 기능에도 불구하고, 치아 미백 키트는 69.99달러에 불과합니다. 배터리가 들어 있는 LED 조명 장치와 5ml 미백 젤 주사기 두 개, 컴포트 핏 마우스 트레이, 트레이 수납 케이스가 포함되어 있습니다. 이 키트의 모든 부품과 구성품은 1년의 교체 보증을 받을 수 있습니다. 저희 제품은 동물 실험을 하지 않고 치아와 에나멜에도 안전합니다. 저희의 모든 제품은 FDA의 승인을 받습니다. 그러니 이 멋진 제품을 이용하십시오.

들어주셔서 감사합니다. 여러분. 여러분은 저희 부스에서 제품을 시험해 보고 이 놀라운 제품이 어떻게 작동하는지 볼 수 있습니다! 문의사항이나 의견이 있으시면 111–3333으로 고객 서비스 핫라인으로 전화 주시거나 inquiry@extremeglow.com으로 이메일을 보내주시길 바랍니다.

어휘 ▶ **corporation** 기업, 회사 **would like to-동사원형** ~하고 싶다 **talk about** ~에 대해 이야기하다 **teeth whitening product** 치아 미백 제품 **go further** (말하는 내용에 있어서) 더 나아가다 **establish** 설립하다 **oral** 구강[의] **care** 관리 **one of + 복수명사** ~중에 하나 **manufacturer** 제조자, 제조업체 **specialize in** ~을 전문으로 하다 **let's** ~하자 (let us의 단축형(권유의 뜻일 때)) **without any doubt** 의심할 것 없이 **be afraid of** ~을 두려워하다 **charge** (상품·서비스에 대한) 요금 **unbearable** 참을 수 없는 **pain** (육체적·정신적) 아픔, 고통 **be free from** ~로 부터 해방되다 **deliver** 배달하다, 넘겨주다 **in-office** 재직 중에 **expensive** 값비싼 **discomfort** 불편 **hands-free** 손을 쓰지 않고 이용할 수 있는 **technology** 기술 **wipe away** 제거하다, 없애다 **stain** 얼룩 **be caused by** ~에 기인하다 **per day** 하루에 **repeat** 반복하다 **routine** 판에 박힌 일, 일상의 일[과정] **on one's own** 혼자서, 단독으로 (= **alone**) **make sure (that)+주어+동사** 반드시 (~하도록) 하다, (~을) 확실히 하다 **instruction** 사용 설명서 **guarantee** 보증하다(= **affirm**), 보증 **professional** 전문적인 **result** 결과, 성과 **at home** 집에[서] **core** 핵심 **device** 장치, 고안품, 설비 **accelerate** 촉진하다, 앞당기다, 가속화하다 **never before** ~한 적이 없다 **speed up** 속도를 더 내다[높이다] **be connected to** ~와 연결[연관]되다 **mouth tray** 치아 틀 **ensure** 반드시 ~하게 하다, 보장하다 **keep track of** ~을 기록하다, ~을 놓치지 않도록 하다; 끊임없이 ~의 정보를 얻어내다 **comfortable** 편안한, 편리한 **fit** 적합한, 알맞은, 어울리는; 어울리다 **mouthpiece** 입에 대는 부분, 주둥이 **attach to** ~에 붙이다, 첨부하다 **insert A into B** A를 B에 삽입하다, 넣다 (수동태: be inserted into) **be made of** ~로 만들어지다 **high**

grade 고급의 **free** ~이 없는 **molding** 성형, 조형 **shaping** 성형 **in general** 일반적으로 **include** 포함하다 **sensitivity** 민감도, 예민함 **irritation** 자극하는 것, 자극, 아픔 **last** 지속하다 **gum** 잇몸, 치은 **proof** 증거 **despite** ~에도 불구하고 **remarkable** 주목할 만한, 놀랄 만한 **syringe** 세척기, 주사기 **storage** 저장, 보관 **case** 용기, 통, 상자 **part** 부품 **component** 구성, 구성품, 부품 **replacement** 대체, 교환 **warranty** 보증, 보증서 **approve** 승인하다, 허가하다 **take advantage of** ~을 이용하다 **offer** (판매할 물건의) 제공 **thank you for + 동명사** ~하는 것에 감사하다 **try out** (성능·효력 등을 알아보기 위해) ~을 (…에게) 테스트해[시험적으로 사용해]보다 **booth** 부스, (특정 용도의) 작은 방 **amazing** 놀랄 만한, 굉장한 **work** (기관·기계 등이) 움직이다, 작동하다 **comment** 논평 (= **remark**), 의견, 비평, 비판 **hotline** 직통 전화, 핫라인

---

34 정답 (c)

What is the purpose of the talk?

(a) to discuss a company's project
(b) to inform people about a new marketing officer
(c) to introduce a product
(d) to compare a product with other company's products

- -

담화의 목적은 무엇인가?

(a) 회사의 프로젝트에 대한 논의를 하기 위해
(b) 사람들에게 새로운 마케팅 직원에 대해 알리기 위해
(c) 제품을 소개하기 위해
(d) 타사의 제품과 비교하기 위해

해설 회사의 치아 미백 제품을 소개하고자 한다고 첫 문단에서 밝혔으므로 정답은 (c)이다.

어휘 **purpose** 목적 **inform** 알리다, 알려 주다, 통지하다 **discuss** 논의하다, 회의하다 **compare A with B** A와 B를 비교하다

---

35 정답 (d)

According to the speaker, what is a common concern with going to the dentist?

(a) dentists do not care about pain management
(b) dentists are impolite to patients
(c) the dental care is one of the life-threatening services
(d) the dental service is costly

- -

화자에 따르면, 치과 의사에게 갈 때 무엇이 공통된 걱정인가?

(a) 치과 의사들은 통증 관리에 대해 별 신경을 안 쓴다.
(b) 치과 의사들은 환자들에게 무례하다.
(c) 치과 치료는 생명을 위협하는 일 중 하나이다.
(d) 치과 치료는 비용이 많이 든다.

해설 치과 의사에게 치료를 받으러 갈 때 의사가 높은 비용을 청구할 것이라는 걱정이 치과를 갈 때 걱정이라고 언급되었으므로 정답은 (d)이다.

어휘 **according to** ~에 따르면 **concern about[for, over, with]** ~에 대한 관심[염려] **go to the dentist[dentist's office]** (치료 받으러) 치과에 가다 **care about** ~에 마음을 쓰다, ~에 관심을 가지다 **pain management** 통증관리 **impolite** 무례한, 예의 없는 **life-threatening** 생명을 위협하는 **costly** 값비싼, 비용이 많이 드는

Which one is not included in special features of the Teeth Whitening Kit?

(a) the brightness of the LED light
(b) the fast effect of the LED light
(c) hands-free whitening
(d) the timer that allows you to continuously track whitening teeth

---

치아 미백 키트의 특별한 점에 포함되지 않는 것은?

(a) LED 조명의 밝기
(b) LED 조명의 빠른 효과
(c) 손을 쓸 필요가 없는 미백
(d) 치아 미백을 지속적으로 추적할 수 있는 타이머

해설 LED 조명으로 인한 효과는 나오지만 밝기에 대한 언급은 따로 없으므로 (a)가 답이다.

어휘 **feature** 특징, 점 **brightness** 빛남, 밝음 **timer** 타이머, 시간 기록기 **continuously** 지속적으로 **allow A to-동사원형** A가 ~하도록 허용[허락]하다 **track** 추적하다

---

37 정답 (c)

Why does the company offer a 30 day money back guarantee?

(a) because the LED light device may be bright for users
(b) because the mouthpiece may not fit some users
(c) because users may experience unpleasant sensations on teeth or gums
(d) because some users may think the price of the product is expensive

---

회사는 왜 30일 환불 보증을 제공해 주는가?

(a) LED 조명 장치가 사용자들에게 밝을 수도 있어서
(b) 마우스피스가 몇몇 사용자들에게 안맞을 수도 있어서
(c) 사용자들이 치아나 잇몸에 대해 불편한 느낌을 경험할 수도 있어서
(d) 몇몇 사용자들이 제품의 가격이 비싸다고 생각할 수도 있어서

해설 치아 미백의 대표적인 위험으로 치아의 민감도나 잇몸의 자극을 언급하고 비록 이 불편이 단기간 지속되지만 회사는 이에 대한 30일 환불 보증을 제공한다고 했으므로 정답은 (c)이다.

어휘 **money back guarantee** 환불 보장 **device** 장치, 설비 **mouthpiece** 입에 대는 부분, 주둥이 **fit into** ~에 꼭 들어맞다, 적합[적응]하다, 어울리다 **unpleasant** 불편한, 기쁘지 않은 **sensation** 느낌, 감각 **gum** 잇몸, 치은

---

38 정답 (a)

Why most likely is the product ideal for people who worry about its safety?

(a) The FDA has approved the product.
(b) It is tested on animals.
(c) It is made of BPA silicone.
(d) It uses high quality whitening gel.

왜 이 제품이 안전에 대해 걱정하는 사람들에게 이상적일 것 같은가?

(a) FDA가 제품에 대해 승인했다.
(b) 동물에게 임상 실험이 진행된 제품이다.
(c) BPA 실리콘으로 만들어진 제품이다.
(d) 높은 수준의 미백 젤을 사용한 제품이다.

해설 ▶ 동물 실험은 안 했다고 언급했고, 미국 식약청인 FDA에 승인을 받았다고 했으므로 답은 (a)이다.

어휘 **ideal for** ~에 이상적인 **worry about** ~에 대해 걱정하다 **approve** 승인하다 **be made of** ~로 만들어지다

---

39 정답 (d)

What could be the reason why the company is offering a discounted price?

(a) to plan a rise in price in the future
(b) to encourage people to care for their teeth
(c) to highlight the approval from the FDA
(d) to make more buyers purchase the product

회사가 할인된 가격을 제공할 수 있는 이유는 무엇인가?

(a) 장래에 가격을 올릴 계획을 세우기 위해
(b) 사람들에게 치아를 신경 쓰도록 장려하기 위해
(c) FDA의 승인을 강조하기 위해
(d) 더 많은 소비자들이 제품을 구매하게 하기 위해

해설 ▶ 뛰어난 기능에도 불구하고, 70달러도 되지 않는 제품을 제공하는 이유는 더 많은 소비자들의 구매를 돕기 위함으로 (d)가 정답이다.

어휘 **offer** 제공하다 **encourage A to-동사원형** A가 ~하도록 장려하다[북돋아주다] **care for** 보살피다, 돌보다 **highlight** 강조하다 **approval** 승인, 허가 **purchase** 사다, 구매하다

PART 3 40~45 Conversation

F: Hi, Peter! How are you?	**여:** 안녕, Peter! 어떻게 지내?
M: Oh, hello, Alice! I am doing great. Hey, (Q40) I heard that you are diagnosed with type 2 diabetes. Will you change your diet?	**남:** 오, 안녕, Alice! 난 정말 잘 지내고 있어. 너 제2형 당뇨 진단을 받았다면서. 너의 식습관을 바꿀 거니?
F: Actually, I have been thinking about that, but I have not decided yet. Can you help me choose which one is better among a vegetarian diet and a meat diet?	**여:** 사실 그것에 대해 생각해 봤는데, 아직 결정하지 않았어. 채식 식단과 육류 식단 중에 어떤 것이 더 좋은지 선택하는 것을 도와줄 수 있니?
M: Sure. Discussing the pros and cons of both types of diets might help you decide.	**남:** 물론이지. 두 종류 식단의 장단점을 논의해보는 것이 너의 결정에 도움이 될 거야.
F: Okay, let's start with a vegetarian diet.	**여:** 그래, 채식주의 식단부터 시작하자.
M: One good thing about a vegetarian diet is that people often become more active in making overall healthy choices. This is because they tend to consume a high proportion of	**남:** 채식주의 식단의 좋은 점은 사람들이 전반적으로 건강에 좋은 선택을 할 때 종종 더 적극적이라는 거야. 항산화제와 섬유질을 제공하는 신

fresh, healthful, plant-based foods, which provide antioxidants and fiber.

F: I agree. I also read **(Q41) plenty of medical studies that say a vegetarian diet may offer benefits such as reducing risk of some diabetes-associated complications and possibly even making the body more responsive to insulin.**

M: That is right. A vegetarian diet is scientifically proven to be helpful for health.

F: I see... Maybe that is also why many people suffering from obesity, high cholesterol, heart problems, and cancer choose a vegetarian diet. What about the disadvantages of a vegetarian diet?

M: **(Q42) One of the downsides is that vegetarians are susceptible to certain deficiencies. They may have trouble getting enough protein, iron, zinc, vitamin B12, calcium, and vitamin D. Symptoms of deficiencies in those nutrients can range from mild fatigue and severe depression to slow recovery from illness or injury.**

F: Oh, I also heard that a vegetarian eating plan is not automatically healthier than a diet that includes meat, although many vegetarians have lower disease risks. Cake, pie, doughnuts, fried cheese curds and plenty of processed foods are meat-free and still allowed on a vegetarian diet.

M: I've heard that. The key to forming a vegetarian diet is to include a variety of nutritious items from every major food group that will satisfy all of your nutritional needs.

F: Right. So, how about a meat diet?

M: One good thing about a meat diet is you live with a good immune system because you are getting enough zinc from meats.

F: That's good. **(Q43) I think while I can get zinc from other foods, such as grains, it is better absorbed when it comes from meats such as steak and pork.**

M: Correct. Another advantage of the option is that meat is high in protein. Beef is one of the single biggest sources of protein which helps our body to repair bones and skin and to maintain lean muscle mass. However, a meat diet has disadvantages, too. As you know, a high intake of red meat can increase your risk for diabetes.

F: I agree. I think red meat has sodium in it and that can increase insulin resistance, so the body is not able to use insulin properly. Plus, the nitrates in processed meats also

선하고 건강에 좋은 식물성 식품을 많이 섭취하는 경향이 있기 때문이지.

여: 나도 동의해. 나는 또한 채식주의 식단이 당뇨병과 관련된 합병증의 위험을 줄이고 인슐린에 더 잘 반응하도록 하는 것과 같은 몇 가지 이점을 제공할 수 있다는 많은 의학 연구들을 읽었어.

남: 맞아. 채식주의 식단은 건강에 도움이 된다는 것이 과학적으로 증명됐지.

여: 그렇구나... 아마도 그것이 비만, 높은 콜레스테롤, 심장 질환, 암으로 고통 받는 많은 사람들이 채식주의 식단을 선택하는 이유일 거야. 채식주의 식단의 단점은 무엇일까?

남: 단점 중 하나는 채식주의자들이 특정 결핍에 취약하다는 거야. 그들은 충분한 단백질, 철분, 아연, 비타민B12, 칼슘, 그리고 비타민 D를 얻는 데 어려움을 겪을 수 있어. 이러한 영양소의 결핍 증상은 가벼운 피로, 심각한 우울증에서부터 질병이나 부상의 더딘 회복까지 다양할 수 있어.

여: 아, 나는 또한 채식주의자들이 질병에 걸릴 위험이 낮지만, 채식주의자들의 식사 계획이 고기를 포함한 식단보다 무조건 더 건강에 좋은 것은 아니라고 들었어. 케이크, 파이, 도넛, 구운 치즈와 많은 가공식품들은 고기가 안 들어있고 채식주의 식단에 허용된대.

남: 나도 들었어. 채식주의 식단을 형성하는 열쇠는 모든 주요 식품군으로부터 영양가 있는 다양한 것들을 포함해서 너의 모든 영양소 필요를 충족시키는 거야.

여: 맞아. 그렇다면 육류 식단은 어떨까?

남: 육류 식단의 한 가지 좋은 점은 육류에서 충분한 아연을 얻을 수 있어 좋은 면역 체계를 가지고 산다는 거야.

여: 좋아. 나는 곡물과 같은 다른 음식에서 아연을 얻을 수 있지만, 스테이크와 돼지고기와 같은 육류에서 나올 때 더 잘 흡수된다고 생각해.

남: 맞아. 이 옵션의 또 다른 장점은 육류에 단백질이 많다는 거야. 소고기는 우리 몸이 뼈와 피부를 회복하고 순수 근육량을 유지하는 데 도움을 주는 가장 큰 단일 단백질 공급원 중 하나야. 하지만 육류 식단은 단점도 있지. 알다시피, 붉은 고기를 많이 먹으면 당뇨병에 걸릴 위험이 커질 수 있어.

여: 나도 동의해. 나는 붉은 고기에 나트륨이 들어있어 인슐린 저항성을 높일 수 있기 때문에 몸이 인슐린을 제대로 사용할 수 없다고 생각해.

can increase insulin resistance, tipping the risk for type 2 diabetes even higher.

M: You are right. Another disadvantage of a meat diet is that meats contain cholesterol and saturated fat and contribute to heart diseases and various types of cancer. Decades of scientific study have linked dietary cholesterol to cardiovascular disease. **(Q44) Believe it or not, saturated fat is present in all meat, even chicken and turkey cooked without the skin.**

F: That is right. Well, thanks a lot for discussing the pros and cons of a vegetarian diet and a meat diet, Peter.

M: So, have you decided which one to choose, Alice?

F: I think so. **(Q45) I'd like to stick to a vegetarian diet which seems highly appropriate to people with diabetes.** That may help me deal with other health problems better later in life.

게다가 가공된 육류의 질산염은 인슐린 저항성을 증가시켜 제2형 당뇨병의 위험성을 더욱 높일 수 있어.

남: 네 말이 맞아. 육류 식단의 또 다른 단점은 육류가 콜레스테롤과 포화 지방을 포함하고 심장병과 다양한 종류의 암의 원인이 된다는 것이지. 수십 년간의 과학적 연구는 식이 콜레스테롤과 심혈관 질환의 연관성을 밝혀냈어. 믿거나 말거나, 포화지방은 모든 고기에 존재하며, 심지어 껍질 없이 요리된 닭고기와 칠면조에도 존재한대.

여: 맞아. 음, 채식주의 식단과 육류 중심 식단의 장단점에 대해 토론해줘서 정말 고마워, Peter.

남: 그래, 어떤 걸 선택할지 결정했어, Alice?

여: 그런 것 같아. 나는 당뇨병에 걸린 사람들에게 매우 적합해 보이는 채식주의 식단을 고수하고 싶어. 그것은 내가 나중에 다른 건강 문제를 더 잘 다루는 데 도움이 될 것 같아.

어휘 ▶ **be diagnosed with** ~로 진단받다 **diabetes** 당뇨병 **think about** ~에 대해 생각하다 **vegetarian** 채식주의자, 채식 위주의 식단 **pros and cons** 찬반 양론 **both** 둘 다 **start with** ~를 시작하다 **This is because** 이것은 (이러한) 원인 때문이다 **tend to-동사원형** ~하는 경향이 있다 **consume** 소모하다, 먹다, 마시다 **proportion** 부분, 몫, 할당, 부분 **plant-based** 식물성의 **antioxidant** 항산화제, 산화 방지제 **fiber** 섬유, 섬유질 **agree** 동의하다 **plenty of** 많은 **medical study** 의학 연구 **benefit** 이익, 혜택 **reduce** 줄이다 **complication** 합병증 **possibly** 아마, 혹시, 어쩌면 **responsive to** ~에 빠른 반응을 보이는 **insulin** 인슐린 (췌장 호르몬; 당뇨병의 특효약) **helpful** 도움[소용]이 되는, 유익한, 유용한 **that is why 주어+동사** 그게 바로 ~한 이유이다 **suffer from** ~로 고통 받다 **obesity** 비만 **cancer** 암(癌), 암종, 악성 종양 **what about ~?** ~하는 것은 어때? **downside** 불리한[부정적인] 면 **be susceptible to** ~에 영향을 받기 쉽다 **deficiency** 결핍[증] **have trouble (in)+동명사** ~하는 데 어려움을 가지다 **iron** (영양소로서의) 철분 **zinc** 아연 **symptom** 증후(症候), 증상 **nutrient** 영양분, 영양소 **range from A to B** A에서 B까지 범위에 이르다 **mild** (정도가) 가벼운 **fatigue** 피로 **severe** 심각한 **depression** 우울증 **recovery** 회복 **illness** 병 **injury** 상해, 손상 **automatically** 자동적으로; 기계적으로, 무의식적으로 **curd** 커드 (치즈를 위해 우유의 단백질인 casein을 젖산균으로 응유한 것) **processed food** 가공식품 **meat-free** 육류가 없는 **the key to -ing** ~에 대한 열쇠(해결책) **a variety of** 여러 가지의 **nutritional** 영양상의 **satisfy** 만족하다 **how about ~?** ~하는 것은 어때? **immune system** 면역 체계 **grain** 곡물, 곡류 **absorb** 흡수하다 **come from** ~에서 나오다 **pork** 돼지고기 **correct** 옳은, 틀림없는, 정확한 **beef** 소고기 **repair** 치료하다, 회복하다 **maintain** 유지하다 **lean muscle** 순수 근육 **mass** 덩어리 **disadvantage** 불리한 처지[조건], 불편[함] **intake** 섭취 **red meat** 붉은 고기 (쇠고기·양고기 등) **sodium** 나트륨 **resistance** (감염 등에 대한) 저항력 **properly** 적절하게 **nitrate** 질산염; 질산칼륨 **tip** (어떤 것이 어느 방향으로 가도록) 살짝 건드리다 **saturated** 포화된, 포화 상태를 만들다 **contribute to** ~의 원인이 되다, ~에 기여하다 **cardiovascular** 심혈관의 **present** 있는, 존재하는 **turkey** 칠면조 (고기) **stick to** 굳게 지키다, 방침을 고수하다 **appropriate** 적절한 **deal with** ~을 다루다

---

40 정답 (c)

What is Alice's problem?

(a) looking for a doctor near where she lives
(b) whether she should study her health concern
(c) selecting between two kinds of diets for her health
(d) whether to make an appointment with a doctor

Alice의 문제는 무엇인가?

(a) 그녀가 사는 곳 근처의 의사를 찾는 것
(b) 그녀의 건강 문제에 대해 공부를 해야 되는지
(c) 그녀의 건강을 위한 두 가지 식단 중에서 선택하는 것
(d) 의사와 진료 약속을 잡을지

해설 ▶ 당뇨로 인해 두 가지 식단 중 무엇을 선택할지 결정하지 못했다고 언급한 점을 보아 정답은 (c)이다.

어휘 ▶ **look for** ~을 찾다 **select** 고르다, 선별하다 **diet** 식단 **make an appointment with** ~와 약속을 하다

---

41 정답 (d)

Why most likely does a vegetarian diet offer several benefits?

(a) It does not cause people to suffer from heart problems.
(b) Patients become less sensitive to insulin.
(c) Many doctors have recommended it to their patients.
(d) Its positive effects on health are medically proven.

채식주의 식단이 다양한 이점을 가져다 주는 이유는 무엇일 것 같은가?

(a) 사람들이 심장 질환에 고통 받도록 하지 않는다.
(b) 환자들이 인슐린에 덜 민감해진다.
(c) 많은 의사들이 그들의 환자들에게 추천을 한다.
(d) 건강에 끼치는 채식의 긍정적 효과들이 의학적으로 증명됐다.

해설 ▶ 여성 화자가 많은 의학 연구들이 채식주의 식단이 건강에 이롭다는 것을 증명한 것에 대해 알고 있다는 점을 미루어 보아 정답은 (d)이다.

어휘 ▶ **benefit** 이점, 이득 **suffer from** ~로부터 고통을 받다 **sensitive** 민감한, 예민한 **recommend A to B** A를 B에게 추천하다 **medically** 의학상으로

---

42 정답 (b)

Why might vegetarians experience symptoms of deficiencies in some nutrients?

(a) because they overeat processed foods
(b) because their consumption of major food groups like meat is low
(c) because most of them are depressed
(d) because they tend to eat food they like

왜 채식주의자들이 몇몇 영양소에 대한 결핍 증상을 경험하는 것일까?

(a) 가공식품을 지나치게 많기 때문에
(b) 그들의 육류와 같은 주요 식품군 섭취량이 낮기 때문에
(c) 거의 대부분의 채식주의자들이 우울하기 때문에
(d) 그들이 좋아하는 음식을 먹으려는 경향이 있기 때문에

해설 ▶ 단백질, 비타민 D 등과 같은 몇몇 영양소에 대한 결핍 증상이 주요 식품군 섭취 부족으로 인한 것이라고 언급한 점에 따라 정답은 (b)이다.

어휘 ▶ **experience** 경험하다, 느끼다 **symptom** 증상 **nutrient** 영양, 영양소 **overeat** 과식하다 **processed food** 가공식품 **consumption** 소비, 섭취 **depressed** (기분이) 우울한[암울한] **tend to-동사원형** ~하는 경향이 있다

43 정답 (c)

How are meat dieters able to have a higher intake of zinc than vegetarians?

(a) by managing their immune system
(b) by eating more grains
(c) by increasing the intake of meats
(d) by taking a zinc tablet

육식을 주로 섭취하는 사람들은 어떻게 채식주의자보다 아연에 대한 섭취가 높은가?

(a) 그들의 면역 체계를 관리함에 따라
(b) 더 많은 곡물을 섭취함에 따라
(c) 육류 섭취를 증가시킴에 따라
(d) 아연 정제 섭취를 증가시킴에 따라

해설 아연을 곡물과 같은 다른 음식에서 섭취하는 것보다 고기에서 나왔을 때 더 잘 흡수할 수 있다는 말을 통해 정답이 (c)임을 알 수 있다.

어휘 intake 섭취(량) zinc 아연 manage 다루다 immune system 면역 체계 tablet 정제(둥글넓적한 모양의 약제)

---

44 정답 (d)

According to Peter, what is a typical characteristic of a meat diet?

(a) A meat diet is healthier than a vegetarian diet.
(b) Chicken and turkey do not have effects on heart and cancer.
(c) It is scientifically proven to have a high death rate.
(d) All meat contains saturated fat.

Peter에 따르면, 육류 위주의 식단의 대표적인 특징은 무엇인가?

(a) 육류 위주의 식단은 채식주의 식단보다 더 건강에 좋다.
(b) 닭과 칠면조는 심장이나 암에 아무런 영향도 주지 않는다.
(c) 과학적으로 높은 사망률을 증명했다.
(d) 모든 육류는 포화지방을 포함한다.

해설 (a)에 대해서는 언급한 바가 없고 (b) 닭과 칠면조에도 포화지방이 있다고 언급됐으며 (c)는 전혀 사실이 아니다. 포화지방은 모든 육류에 존재하는 것이 언급됨에 따라 정답은 (d)이다.

어휘 according to ~에 따르면 typical 대표적인, 전형적인 characteristic 특질, 특색, 특성 have an effect on ~에 영향을 미치다, 효과를 나타내다 a rate of death 사망률 contain 포함하다 saturated fat 포화지방

---

45 정답 (d)

Based on the conversation, what will Alice probably do about her problem?

(a) hire a private dietitian
(b) encourage her parents to eat more vegetables
(c) search for more information about a vegetarian diet
(d) try out a vegetarian diet

대화를 바탕으로 Alice는 자신의 문제에 대해 어떻게 할 것인가?

해설 육류 위주의 식단과 채식주의 식단을 비교한 대화에 따라 앨리스는 채식주의 식단이 더 알맞다고 생각하여 채식주의 식단을 하기로 결정한 것을 미루어 보아 정답은 (d)이다.

어휘 **based on** ~에 근거하여　**conversation** 대화, 논의　**probably** 아마　**hire** 고용하다, 채용하다　**private** 개인의, 사적인　**dietitian** 영양사[학자]　**encourage A to-동사원형** A가 ~하도록 격려하다　**search for** ~를 찾다　**try out** ~을 시도해 보다

PART 4 46~52 Explanation

Hello, everyone. I know many of you are new to the hospital environment and are still exploring the job requirements as a registered nurse. While it is certainly understandable that patients who are in pain are experiencing stress and lose control of their emotions, it does not make it any easier on you. Today, **(Q46) I am going to talk to you about how to deal with difficult patients professionally** because this will occur throughout your career.

It is easy to get outraged with impolite patients. After all, you will feel the need to protect yourself when they are verbally abusive. These patient are very unreasonable and can test your compassion, communication skills and patience. Treating this type of patients is difficult, but it is your duty to provide them with quality care while they are in a hospital. So, **(Q47) here are some tips on how to handle tough patients.**

(Q47) The first tip is to remain calm. This is essential, as patients are not attacking you personally, but rather acting out on a feeling of anxiety or a perceived lack of attention to what has happened to them. You need to stay calm because staying calm will allow you to keep control and address the patient in a way that will defuse the situation.

The second tip is to avoid arguing. **(Q48) Upset patients may attempt to pull you into an argument.** Instead of explaining why they are not getting the attention they want, simply apologize and reassure the patient that you will take care of it. Keep in mind that you are just the one they can complain to.

Third, try to draw out the patient's feelings by engaging in conversation. Frequently, they just want someone who will listen and understand. Use the patient's name, maintain eye

안녕하세요, 여러분. 저는 여러분 중 많은 분이 병원 환경에 익숙하지 않고 여전히 전문 간호사로서 직업에 필요한 요건을 탐구하고 있다는 것을 압니다. 고통을 겪고 있는 환자들이 스트레스를 경험하고 그들의 감정을 통제하지 못하는 것은 이해할 수 있지만, 그것이 여러분에게 도움 되는 것은 없습니다. 오늘은 어려운 환자들을 전문적으로 다루는 방법에 관해 이야기하려고 하는데, 왜냐하면 이런 일들이 여러분의 직업 전반에 걸쳐 일어날 것이기 때문입니다.

무례한 환자들로 인해 화를 내기는 쉽습니다. 결국, 여러분은 그들이 욕설할 때 자신을 보호할 필요성을 느낄 것입니다. 이 환자들은 매우 불합리하며 여러분의 동정심과 의사소통 능력, 그리고 인내심을 시험하게 할 것입니다. 이런 유형의 환자들을 치료하는 것은 어렵지만, 그들이 병원에 있는 동안 양질의 치료를 제공하는 것이 여러분의 의무입니다. 그래서 이런 무례한 환자들을 다루는 몇 가지 팁이 있습니다.

첫 번째 조언은 침착함을 유지하는 것입니다. 이것은 환자들이 여러분을 개인적으로 공격하는 것이 아니라, 오히려 그들에게 일어난 일에 대한 불안감이나 인지된 관심 부족에 대해 행동하는 것이기 때문에 필수적입니다. 침착함을 유지하여 여러분은 상황을 완화할 수 있는 쪽으로 환자를 통제하고 다룰 수 있으므로 여러분은 침착할 필요가 있습니다.

두 번째 조언은 논쟁을 피하는 것입니다. 흥분한 환자들은 당신을 논쟁에 끌어들이려고 할 수도 있습니다. 그들이 왜 원하는 관심을 받지 못하는지 설명하기보다는, 그저 사과하고 여러분이 그것을 처리할 것이라고 환자에게 안심시키기만 하면 됩니다. 그들이 불평할 수 있는 유일한 사람이 바로 당신이라는 것을 명심하세요.

세 번째, 대화에 참여하여 환자의 감정을 끌어내보는 것을 시도해 보세요. 종종, 그들은 듣고 이해할 누군가를 원합니다. 환자의 이름을 부르고, 눈을 마주

contact and speak softly, even if they are yelling at you. Try statements that begin with "Let me explain," "May I suggest?", "Can you tell me what you need?" or "Do you have suggestions on how to solve this problem?" because this makes patients feel that their needs and situations are being acknowledged.

Fourth, set boundaries. When it comes to difficult patients who make endless or unreasonable demands, a useful approach is to set limits. Let them know you will check on them again in 15 minutes or a half hour. (Q49) Setting boundaries will keep you safe and can help avoid escalating anger.

The fifth tip is to (Q50) try to solve the patient's problem. Look for the cause of the complaint. For example, if the patient is upset because a radiology tech addressed her by her first name, apologize and let her know you will remind staff members that she prefers to be addressed as Mrs. Smith.

(Q50) If you are unable to resolve the problem yourself, tell the patient you will alert appropriate staff members. Follow up with the patient and report the steps to resolution you have taken. In some cases, the problem can be taken care of simply by listening to the patients' perceptions of the situation and reassuring them. (Q50) A false solution will lead patients to be dissatisfied with nursing care.

Finally, after the patient's situation has been resolved, make sure you have a short break. Handling difficult patients is one of the stressful activities, and (Q51) talking to a new patient while still remembering the unpleasant experience with the previous encounter might end up with an unsatisfactory nursing care. So, take a few minutes to rest, do something that makes you relax, and do not be affected by the stress. Once you've calmed down, you will be willing to engage with other patients again.

Follow the tips I have introduced and be a competent registered nurse. (Q52) Coping with a patient's complaint can lead you not only to increase your self-confidence, but also to address complaints of patients so much more easily.

치고, 소리를 지르더라도 부드럽게 대하세요. "설명해 드릴게요", "제안해도 될까요?", "필요하신 게 무엇인지 말씀해주시겠어요?" 또는 "이 문제를 해결하는 방법에 대해 제안하실 게 있으신가요?"로 시작하는 문장을 시도해 보십시오. 왜냐하면 이것은 환자들로 하여금 그들의 요구와 상황이 받아들여지고 있다고 느끼게 하기 때문입니다.

넷째, 경계를 정하세요. 밑도 끝도 없이 무리한 요구를 하는 까다로운 환자에 대해서는, 경계를 정하는 것이 유용한 접근법입니다. 그들에게 15분이나 30분 후에 다시 확인할 것이라고 알리세요. 경계를 정하는 것은 여러분 자신을 안전하게 지켜줄 것이고 격해지는 환자의 분노를 피하는 데 도움이 될 것입니다.

다섯 번째 조언은 환자의 문제를 해결하려고 노력하는 것입니다. 그들의 불평의 원인을 찾으세요. 예를 들어, 방사선 기술자가 그녀의 이름을 불렀기 때문에 환자가 화가 났다면, 사과하고 그녀가 스미스 부인이라고 불리는 것을 더 좋아한다는 것을 직원들에게 상기시켜 줄 것이라고 전해주세요.

여러분이 문제를 직접 해결할 수 없다면 해당 직원에게 알려준다고 환자에게 말씀하십시오. 환자를 찾아가서 해결 단계를 보고해 주세요. 때에 따라서는 환자의 상황 인식을 듣고 그들을 안심시키는 것으로 간단히 문제를 해결할 수 있습니다. 잘못된 해결책은 오히려 환자들이 치료에 불만족하게 만들 것입니다.

마지막으로, 환자의 상황이 해결된 후에는 잠시 휴식을 취하세요. 까다로운 환자들을 다루는 것은 스트레스를 받는 활동 중 하나이며, 이전 만남에 대한 불쾌한 경험을 여전히 기억하면서 새로운 환자와 이야기하는 것은 만족스럽지 않은 간호로 이어질 수 있습니다. 그러니 잠시 휴식을 취하고, 여러분의 긴장을 풀 수 있는 것을 하고 스트레스에 영향을 받지 마세요. 여러분이 일단 진정되고 나면, 다른 환자와 기꺼이 다시 치료를 할 수 있을 겁니다.

제가 알려드린 팁을 따라 유능한 전문 간호사가 되세요. 환자의 불만 사항에 대처하는 것은 여러분의 자신감을 증진할 뿐만 아니라 환자의 불만을 훨씬 더 쉽게 해결할 수 있게 할 것입니다.

어휘 ▶ **new to** ~에 새로운, 경험 없는 **explore** 탐험[답사]하다, 탐구하다 **requirement** 필요, 필요조건 **registered** 등록[등기]한, 공인된, 기명의 **certainly** 틀림없이, 분명히 **understandable** 이해할 수 있는 **be in pain** 괴로워하다, 아파하다 **lose control of** ~을 제어할 수 없게 되다 **talk to** ~에게 말을 걸다 **deal with** ~을 다루다 **professionally** 직업적으로, 전문적으로 **occur** 발생하다, 일어나다 **outrage** 격분, 격노 **impolite** 버릇없는, 무례한 **after all** 결국 **protect** 보호하다 **verbally** 말로, 구두로 **abusive** 모욕적인, 욕하는 **unreasonable** 불합리한, 부당한 **compassion** 연민, 동정심 **treat** 다루다 **duty** 의무 **provide A with B** A에게 B를 제공하다 **quality care** 양질의 치료 **in a hospital** 입원하여 **here is/are+단수/복수 주어** 여기에 ~이 있다 **handle** 다루다 **tough** 곤란한, 힘든 **remain calm**

평정(平靜)을 유지하다 **essential** 본질적인(= **intrinsic**), 본질의; 없어서는 안 될, 필수적인(= **indispensable**) **attack** 공격하다, 습격하다 **personally** 개인적으로 **act out** 행동하다, 실연하다, 연출하다 **anxiety** 걱정, 근심, 불안 **perceived** 납득하고 있는, 인지 하고 있는, 인지[파악]된 **attention** 관심, 흥미 **happen to** ~에게 일어나다 **keep[remain, stay] calm** 냉정[침착성]을 잃지 않다 **keep control** 통제를 지키다 **address** 해결하다, 다루다 **defuse** 진정시키다 **avoid** 피하다 **upset** 혼란에 빠진, 흥분한 **attempt to-동사원형** ~하려고 시도하다 **pull A into an argument** A를 논쟁에 끌어들이다 **instead of** ~대신에 **explain** 설명하다 **get the attention** 관심을 받다 **apologize** 사과하다 **reassure** 안심시키다 **take care of** ~을 돌보다, ~에 조심하다, 신경을 쓰다, ~을 소중히 하다 **keep in mind that+주어+동사** ~을 명심하다 **complain to** ~에게 불평[항의]하다 **try to-동사원형** ~하려고 노력[시도]하다 **draw out** ~을 끌어내다 **engage in** ~에 관여[참여] 하다, ~를 …에 관여[참여]하게 하다 **frequently** 자주, 종종, 빈번히, 뻔질나게 **keep[maintain] eye contact (with)** (~와) 눈을 마주치다 **softly** 부드럽게 **even if+주어+동사** 비록 ~하더라도 **yell at** ~에게 고함치다 **statement** 말함, 말해진 것; 표현[진술]법, 말하는 방식 **begin with** ~으로 시작하다 **situation** 상태, 정세, 형세, 시국, 사태 **acknowledge** 인정하다 **draw[fix, set] a boundary** 경계를 짓다 **when it comes to** ~라면, ~에 대해서[관해서]라면 **unreasonable demand** 부당한 요구 **approach** 접근법 **set limit** 한계[도]를 정하다 **check on** ~을 확인하다(= **verify**) **escalate** 촉진시키다 **look for** 찾다, 구하다 **cause** 원인 **complaint** 불평거리, 불평, 불만, 푸념 **radiology** 방사능의 **tech** 전문가, 기술자 **address** 부르다 **first name** 이름 **remind** 생각나게 하다, 상기시키다, 일깨우다 **prefer to-동사원형** 더 선호하다 **address A as B** A를 B라고 부르다 (수동태: be addressed as) **resolve** 해결하다 **alert** 알리다; 기민한 **appropriate** 적당한, 적절한, 알맞은, 어울리는 **follow up with** ~에게 연락을 취하다 **resolution** 해결책 **listen to** ~을 듣다 **perception** 인식, 이해, 직관, 직시 **reassure** 안심시키다 **false** 그릇된, 잘못된, 틀린 **lead A to-동사원형** A를 ~하게 만들다 **be dissatisfied with** ~이 불만이다, ~을 불만스럽게 여기다 **resolve** 해결하다 **make sure (that)+주어+동사** 반드시 (~하도록) 하다, (~을) 확실히 하다 **have a break** 잠시 휴식을 취하다 **difficult** (사람이) 까다로운, 완고한 **previous** (시간·순서적으로) 앞의, 이전의(= **prior**) **encounter** 마주침; 마주치다, 접하다, 맞닥뜨리다 **end up with** 결국 ~하게 되다 **unsatisfactory** 만족스럽지 못한 **be affected by** ~에 의해 영향을 받다 **calm down** 진정하다, ~을 진정시키다 **be willing to-동사원형** 기꺼이 ~하다 **engage with** ~와 관계를 맺다 **follow** 따라가다[오다], 뒤따르다 **competent** 유능한, 능력[자격]이 있는; (충분히) 소임을 감당할 수 있는 **cope with** 대처하다 **not only A but also B** A뿐만 아니라 B도 **promote** 촉진하다, 승진시키다 **self-confidence** 자신감

---

46 정답 (d)

What is the talk about?

(a) how to be a competent registered nurse
(b) how to identify a demanding patient
(c) how to communicate with patients
(d) how to deal with tough patients in a professional manner

- -

담화는 무엇에 관한 것인가?

(a) 어떻게 유능한 전문 간호사가 될 수 있는지
(b) 어떻게 요구가 지나친 환자를 구별할 수 있는지
(c) 어떻게 환자들과 소통할 수 있는지
(d) 어떻게 전문적인 태도로 까다로운 환자들을 다룰 수 있는지

해설 화자가 어렵고 까다로운 환자들을 전문적으로 다루는 방법에 이야기를 할 것이라고 밝혔으므로 답은 (d)이다.

어휘 **competent** 유능한, 능력 있는 **registered** 등록[등기]한, 공인된, 기명의 **identify** 구별하다, 식별하다 **demanding** (사람이) 요구가 지나친 **communicate with** ~와 연락하다 **deal with** ~을 다루다

47 정답 (c)

How should a registered nurse respond when handling a difficult patient?

(a) by asking patients to stop talking
(b) by ignoring patients
(c) by staying calm
(d) by reporting to a nursing manager

전문 간호사는 까다로운 환자를 다룰 때 어떻게 대응해야 하는가?

(a) 환자에게 그만 말하라고 한다.
(b) 환자를 무시한다.
(c) 침착함을 유지한다.
(d) 간호 담당자에게 보고한다.

해설 첫 번째 조언으로 침착함을 유지하라고 언급했으므로 따라 정답은 (c)이다.

어휘 respond 대응하다, 반응하다 handle 다루다 ask A to-동사원형 A에게 ~라고 말하다 stop -ing ~하는 것을 멈추다 ignore 무시하다 stay calm 차분함, (침착함)을 유지하다 report to ~에 신고하다

48 정답 (b)

Why should a registered nurse avoid arguing with upset patients?

(a) to let patients know that nursing care is discontinued
(b) to let patients stop making a further argument
(c) to let patients know that nurses are angry
(d) to let patients feel that their complaints are ignored

왜 전문 간호사는 흥분한 환자들과 언쟁하는 것을 피해야 하는가?

(a) 환자들로 하여금 간호가 계속되지 않을 것을 알게 하기 위해
(b) 환자들로 하여금 더 불평을 하지 않게 하기 위해
(c) 환자들로 하여금 간호사들이 화가 났다는 것을 알게 하기 위해
(d) 환자들로 하여금 그들의 항의가 무시된 것을 느끼게 하기 위해

해설 환자들은 간호사들을 언쟁으로 끌어들이려고 하기 때문에 환자와의 언쟁을 피하여 그들에게 사과하고 다른 불평을 안 하도록 만들어주는 것이 두 번째 조언으로 언급되어 있으므로 정답은 (b)이다.

어휘 argue with ~와 언쟁을 벌이다 upset 흥분한, 화가 난 let A 동사원형 A가 ~하도록 시키다 discontinue (계속하기를) 그만두다(= stop) further 그 이상의(= additional), 여분의, 한층 더한(= more) argument 언쟁, 논쟁 complaint 항의, 불만, 불평

49 정답 (a)

What is the benefit of setting boundaries with demanding patients?

(a) It will prove that the nurse can manage a high level of anger.
(b) It will show that patients are impolite.
(c) It will prove that the nursing care has been inadequate.
(d) It will show that patients are understood.

요구가 많은 환자들에게 경계를 설정하는 것의 이점은 무엇인가?

(a) 간호사들이 더 높은 수준의 분노를 다룰 수 있음을 증명할 수 있다.
(b) 환자들이 무례하다는 것을 보여줄 수 있다.
(c) 간호가 불충분했다는 것을 증명할 수 있다.
(d) 환자들을 이해했다는 것을 보여줄 수 있다.

해설 ▶ 환자들에게 경계를 정하는 것이 점점 증가하는 분노를 피할 수 있다고 언급했으므로 정답은 (a) '더 높은 수준의 분노를 다룰 수 있다는 것을 증명하다'이다.

어휘 **set a boundary** 경계선을 정하다 **impolite** 무례한, 예의 없는 **inadequate** 불충분한

---

50 정답 (c)

Why most likely should registered nurses make an effort to find a solution when they are unable to solve a patient's complaints?

(a) because it is not professional to give a wrong answer
(b) because patients keep complaining to nurses
(c) because an incorrect solution may cause a patient's dissatisfaction with nursing care
(d) because patients do not care about what nurses do

- -

왜 전문 간호사들은 해결할 수 없는 환자의 불평들에 대해 해결책을 찾도록 노력해야 할 것 같은가?

(a) 잘못된 답을 알려주는 것은 비전문적인 행동이기 때문에
(b) 환자들은 항상 간호사들에게 불평하기 때문에
(c) 잘못된 해결책은 간호에 대한 환자들의 불만족을 야기시킬 수 있기 때문에
(d) 환자들은 간호사가 하는 것에 대해 신경 쓰지 않기 때문에

해설 ▶ 환자의 항의에 대한 잘못된 해결책은 환자들이 간호에 대해 불만족을 가질 수 있다고 언급되었으므로 답은 (C)이다.

어휘 **make an effort to-동사원형** ~하려고 노력하다 **find a solution** 해답을 찾다 **be unable to-동사원형** ~할 수 없다, 능력이 없다 **give an answer** 답하다, 응답하다 **keep -ing** 계속 ~하다 **complain to** ~에게 불평[항의]하다 **incorrect** 부정확한, 맞지 않는, 사실이 아닌 **dissatisfaction** 불만족 **care about** ~에 마음을 쓰다, ~에 관심을 가지다

---

51 정답 (d)

How can remembering the unpleasant experience with the upset patient while talking to a new patient affect the nursing care?

(a) It may result in a professional nursing care.
(b) It may change the policy of nursing care in the hospital.
(c) It can cause an increasing demand of nursing care.
(d) It may lead to a poor nursing care.

- -

새로운 환자와 이야기하는 동안 분노한 환자들과 겪은 언짢은 경험을 기억하는 것은 간호에 어떤 영향을 미치는가?

(a) 전문적인 간호를 이끌어낼 수 있다.
(b) 병원에서의 간호 방침을 바꿀 수 있다.
(c) 간호에 대한 요구를 증가시킬 수 있다.
(d) 낮은 수준의 간호로 이어질 수 있다.

해설 ▶ 이전 환자의 무례함에 대한 경험을 계속 기억하면서 새로운 환자를 간호하게 되면 낮은 만족 수준의 간호가 될 수 있다고 화자가 언급했으므로 정답은 (d)이다.

---

52 정답 (b)

According to the speaker, what makes a registered nurse be more confident?

(a) studying more about nursing care
(b) coping with a patient's complaint well
(c) asking a manager's advice
(d) dealing with a new customer without taking a break

화자에 따르면, 전문 간호사가 더욱 자신감을 가질 수 있게 해주는 것은 무엇인가?

(a) 간호에 대해 더 공부하는 것
(b) 환자의 불평에 잘 대처하는 것
(c) 관리자의 조언을 요청하는 것
(d) 새로운 고객을 휴식 없이 대면하는 것

해설 화자가 연설 마지막 부분에서 유능한 간호사가 되려면 환자의 불평에 잘 대처하고 자신감을 잃지 않는 것이 중요하다고 언급함에 따라 정답은 (b)이다.

CRISTIANO RONALDO

Cristiano Ronaldo is a Portuguese football player who plays forward for both Serie A club Juventus and the Portugal national team. **(Q53) Universally considered as one of the greatest football players of all time, Ronaldo holds the records for the most goals scored in the UEFA Champions League and the joint-most goals scored in the UEFA European Championship.** He has scored over 700 senior career goals for club and country.

Cristiano Ronaldo dos Santos Aveiro was born in Madeira, Portugal, on February 5, 1985, to Jose, a gardener with the municipality and a part-time kit man, and Maria, a cook. Cristiano started playing football from early childhood and began his senior club career playing for Sporting CP by age sixteen. Although very popular and keen on football, Ronaldo was expelled from the school after he assaulting his teacher by throwing a chair at him, and **(Q54) his racing heart almost forced him to give up playing football.** To resume training, he underwent heart surgery to alter his resting heart rate.

Ronaldo was promoted from Sporting's youth team, where he became the first player for the club's under-16, under-17 and under-18 teams. He made his official debut in 2002 at age 17. **(Q55) In 2003, he made his debut in the Premier League. He became Manchester United's first-ever Portuguese player and the most expensive teenager in English football history.** That year, he ended his first season in English football by scoring the opening goal in United's 3-0 victory over Millwall in the FA Cup final and earning his first trophy.

(Q56) Ronaldo continued to become one of the world's prolific goalscorers, helping Manchester United to win successive championships in Premier League, the UEFA Champions League, and the FIFA Club World Cup. The International media acclaimed him as one of the greatest players of his generation, alongside Lionel Messi.

In 2009, Ronaldo was the subject of the then-most expensive association football transfer when signed for Real Madrid. Although he won his first Ballon d'Or("World Player of

크리스티아누 호날두

Cristiano Ronaldo는 포르투갈의 축구 선수로 세리에 A 클럽 유벤투스와 포르투갈 국가대표팀에서 공격수를 맡고 있다. 일반적으로 역사상 가장 위대한 축구 선수 중 한 명으로 여겨지는 Ronaldo는 UEFA 챔피언스 리그에서 가장 많은 골을 넣은 기록과 UEFA 유럽 챔피언십에서 공동으로 가장 많은 골을 넣은 기록을 보유하고 있다. 그는 클럽과 국가를 위해 700개 이상의 골을 득점했다.

Cristiano Ronaldo dos Santos Aveiro는 1985년 2월 5일에 포르투갈 마데이라에서 시청의 정원사 겸 시간제 키트맨인 Jose와 요리사 Maria 사이에서 태어났다. Cristiano는 어린 시절부터 축구를 시작했고 16세에 스포르팅 CP에서 그의 클럽 경력을 시작했다. 비록 매우 인기가 있고 축구를 열심히 하였지만, Ronaldo는 선생님에게 의자를 던져 폭행한 후 학교에서 퇴학당했으며 그의 진정되지 않는 심박수는 그에게 거의 축구를 포기하도록 만들었다. 훈련을 재개하기 위해서 그는 안정 시 심박수를 바꾸기 위해 심장 수술을 받았다.

Ronaldo는 스포르팅의 청소년 팀에서 성인 팀으로 승격되었고, 그는 16세 미만, 17세 미만, 18세 미만 팀의 첫 번째 선수가 되었다. 그는 2002년에 17세의 나이로 정식 데뷔하였다. 2003년에는 프리미어 리그에 데뷔하였다. 그는 맨체스터 유나이티드의 첫 번째 포르투갈 선수가 되었고 영국 축구 역사상 가장 비싼 10대가 되었다. 그해 FA컵 결승에서 밀월을 3대 0으로 이긴 맨유의 선제골을 터뜨려 첫 우승 트로피를 거머쥐며 잉글랜드 축구의 첫 시즌을 마감했다.

Ronaldo는 계속해서 세계 최고의 골잡이 중 한 명이 되어 맨체스터 유나이티드가 프리미어 리그, UEFA 챔피언스 리그, FIFA 클럽 월드컵에서 연속 우승을 차지하는 데 도움을 주었다. 국제 언론은 그를 Lionel Messi와 함께 그의 세대의 가장 위대한 선수 중 한 명으로 칭송했다.

2009년에 Ronaldo는 레알 마드리드에 입단할 때 당시 협회 역사상 가장 비싼 축구 이적 대상이었다. 23세에 첫 발롱도르("올해의 선수"상)를 받았

the Year") award at age 23, he gained the title four more times after joining Real Madrid. **(Q57) He helped Portugal reach the final at Euro 2004 and led Portugal to their first-ever triumph in a major tournament by winning Euro 2016.** He became the highest European international goalscorer of all time in 2018.

One of the most outstanding athletes in the world, Ronaldo was ranked the world's highest-paid athlete in 2016 and 2017 and second of the highest-paid athletes of the decade, with earnings from 2010 to 2019. Throughout his career, he has made contributions to various charitable causes. In 2013, he was appointed a new global Artist Ambassador by Save the Children.

지만 레알 마드리드에 입단한 뒤 4번 더 상을 차지했다. 그는 포르투갈이 유로 2004에서 결승에 진출하는 것을 도왔고, 포르투갈이 유로 2016에서 우승함으로써 포르투갈을 메이저 대회에서 사상 첫 우승으로 이끌었다. 그는 2018년에 유럽 최고의 국제적인 골잡이 선수가 되었다.

세계에서 가장 뛰어난 선수 중 한 명인 Ronaldo는 2016년과 2017년에 세계 최고 연봉의 선수가 되었으며 2010년부터 2019년까지 올린 수익을 바탕으로 십 년 간 두 번째로 높은 연봉을 받는 선수에 등극했다. 그는 경력 내내 다양한 자선적인 목적을 위해서 기부했다. 2013년에는 세이브 더 칠드런(Save the Children)의 새로운 글로벌 아티스트 대사로 임명되었다.

어휘 ▶ **national team** 국가대표팀 **both *A* and *B*** A와 B 둘 다 **universally** 보편적으로, 일반적으로 **consider+목적어+as 보어** ~을 …로 고려하다[여기다] (수동태: be considered+as 보어) **hold the record** 기록을 보유하다 **score** 넣다, 골을 기록하다 **career** (어떤 분야에서 겪어 온) 일, 경험 **senior** (스포츠에서 상급 수준에 이른) 성인을 위한 **municipality** 지방 자치제; 지방 자치제 당국, 시의 **keen on** ~에 열심인, 열의가 있는 **expel** 퇴학시키다; 축출하다, 쫓아내다 **assault** 폭행하다, 공격을 가하다 **throw** 던지다 **force** 어쩔 수 없이 ~하게 만들다, 강요하다 **give up** 포기하다 **resume** 재개하다, 다시 시작하다 **undergo** (변화 특히 안 좋은 일 등을) 겪다 **surgery** 수술 **alter** 바꾸다, 고치다 **promote** 승격시키다, 승진시키다 **official** 공식적인 **debut** 데뷔, 첫 출연[출전] **first-ever** 사상 첫 **expensive** 값비싼 **opening goal** 선제골 **prolific goalscorer** 골을 많이 넣는 선수 **successive** 연속적인, 연이은 **acclaim+목적어+as 보어** ~을 …로 칭송하다[환호를 보내다] **generation** 세대 **alongside** 더불어 **subject** 대상 **association** 협회 **transfer** 이동, 이적 **sign for** ~에 서명을 하다 **award** (부상이 딸린) 상 **gain** 얻다, 쌓다 **reach the final** 결승전에 진출하다 **tournament** 토너먼트, 승자 진출전 **international** 국제적인 **of all time** 역대, 지금껏 **outstanding** 뛰어난, 걸출한 **athlete** (운동) 선수 **decade** 10[십]년 **earn** (명성·평판·지위 등을) 획득하다, 얻다 **from *A* to *B*** A에서 B까지 **throughout** ≪시간≫ 처음부터 끝까지, 시종일관하여, 쭉 **make a contribution to** ~에 기부[공헌]하다 **various** 다양한 **charitable** 자선(단체)의, 자선을 베푸는 **cause** 대의, 목적 **appoint+목적어+(to be) 보어** ~을 …로 지명[임명]하다 (수동태: be appointed+(to be) 보어) **ambassador** 대사, 사절, 특사, 대표

---

53   정답 (a)

What is Cristiano Ronaldo best known for?

(a) a world-record score holder
(b) an international football leader
(c) a baseball player
(d) a Portuguese football team manager

- -

Cristiano Ronaldo는 무엇으로 가장 잘 알려져 있는가?

(a) 세계 골 기록 보유자로서
(b) 국제 축구 지도자로서
(c) 야구 선수로서
(d) 포르투갈 축구팀 감독으로서

해설 ▶ 첫 번째 단락에서 크리스티아 호날두는 유명한 축구선수라고 본문에 소개되었고, 이와 관련하여 UEFA 챔피언스 리그와 UEFA 챔피언십에서 가장 많은 골을 넣은 기록을 보유하고 있다고 구체적으로 제시되었기에 정답은 (a)이다.

어휘 ▶ **be known for + 근거/이유** ~때문에 알려지다 **holder** 소유자, 소지자, 보유자

54　정답 (b)

What most likely made Cristiano Ronaldo drop out of football as a teenager?

(a) the poor participation in football training
(b) the diagnosis of heart-related disease
(c) the violent fights he had with people
(d) his family's immigration to Argentina

Cristiano Ronaldo가 청소년 시절 축구를 그만 뻔한 이유는 무엇인가?

(a) 축구 훈련에 낮은 참여율
(b) 심장 관련 질환에 대한 진단
(c) 사람들과 폭력적인 싸움
(d) 아르헨티나로의 가족들의 이민

해설 ▶ 본문에 호날두가 청소년 시절 심장 관련한 병으로 축구를 거의 포기할 뻔 했다고 명시되어 있으므로 정답은 (b)이다. 선생님에게 의자를 던져 퇴학을 당했지만 축구를 그만 둔 이유에는 해당이 되지 않고 사람들과 싸움을 한 것은 아니기에 (c)는 정답이 아니다.

어휘 ▶ **drop out of** ~에서 중도 하차하다　**poor** (수량이) 부족한, 불충분한, 빈약한　**participation in** ~에의 참여　**diagnosis** 진단, 처방　**violent** 폭력적인, 난폭한　**immigration** 이민

55　정답 (c)

What happened to Ronaldo in 2003?

(a) He played as a member of Millwall.
(b) He became the first Portuguese's youth football player.
(c) He made his appearance with Manchester United.
(d) He won his first trophy in the FA Cup final by scoring three goals.

2003년에 Ronaldo에게 무슨 일이 일어났는가?

(a) 밀월의 일원으로 축구를 했다.
(b) 첫 번째 포르투갈 유스 선수가 되었다.
(c) 맨체스터 유나이티드에서 출전을 했다.
(d) FA컵 결승에서 3골을 기록하여 우승 트로피를 획득 했다.

해설 ▶ 본문에 2003년에 호날두는 프리미어리그에 데뷔를 했고, 맨체스터 유나이티드에서 출전한 첫 번째 포르투갈 국적의 선수가 됐다고 명시되어 있으므로 정답은 (c)이다.

어휘 ▶ **happen to** ~에게 일어나다　**appearance** 등장, 출전, 출현　**by -ing** ~함으로써

56　정답 (d)

Why did the world media describe Ronaldo the same as Lionel Messi?

(a) because he made his official debut a year after Messi
(b) because he won the first Ballon d'Or
(c) because he was the most highly-paid teen player in football history
(d) because he led to numerous victories of his team by scoring countless goals

----

세계 언론들은 왜 Ronaldo를 Lionel Messi와 비슷하다고 설명을 했는가?

(a) 그가 공식적인 데뷔를 메시의 데뷔 1년 후에 했기 때문에
(b) 그가 첫 번째 발롱도르를 수상했기 때문에
(c) 그가 축구 역사상 가장 돈을 많이 받는 청소년 선수로 기록됐기 때문에
(d) 그가 셀 수 없이 많은 골들을 기록하면서 그의 팀을 수많은 승리로 이끌었기 때문에

해설 본문에서 볼 수 있듯이 호날두는 세계적인 골잡이로 거듭 성장하였고 맨체스터 유나이티드가 프리미어 리그, 챔피언스 리그, 클럽 월드컵을 우승하는 데 혁혁한 공을 세워서 세계 언론들이 메시와 함께 그를 역대 최고의 선수로 선정하였기에 정답은 (d) 이다.

어휘 **the same as** ~와 동일한 **official debut** 공식적인 데뷔[출전] **lead to** ~로 이어지다 **numerous** 수많은, 상당한 **countless** 셀 수 없이 많은

---

57 정답 (d)

Which has Ronaldo done for his country's team?

(a) helped it reach the World Cup championship game
(b) attained the World Player of the Year award
(c) become the first top scorer in 2004 Euro
(d) helped it win the 2016 Euro title

Ronaldo가 그의 국가대표팀을 위해 한 것은 무엇인가?

(a) 월드컵에 도달할 수 있도록 해주었다.
(b) 올해의 선수상을 수상했다.
(c) 2004 유로의 첫 득점왕이 됐다.
(d) 2016 유로 우승을 하도록 공헌했다.

해설 2016 유로에서 포르투갈이 우승컵을 거머쥐었고 그 과정에서 호날두의 공이 컸다고 본문에 명시됨에 따라 정답은 (d)이다.

어휘 **help+목적어+(to) 동사원형** ~가 …하도록 돕다 **attain** 얻다, 수상하다

---

58 정답 (c)

In the context of the passage, assaulting means _____.

(a) offering   (b) encouraging   (c) attacking   (d) preventing

----

본문 맥락에 따르면, assaulting은 _____을/를 뜻한다.

(a) 제공했다   (b) 장려했다   (c) 공격했다   (d) 보호했다

해설 본문에 호날두가 선생님에게 의자를 던져서 퇴학을 당했다고 명시되어 있기 때문에 의자를 던짐으로써 선생님을 '공격했다'라는 표현이 적절하다.

---

59 정답 (b)

In the context of the passage, acclaimed means _____.

(a) considered   (b) praised   (c) overestimated   (d) appointed

----

본문 맥락에 따르면, acclaimed는 _____을/를 의미한다.

(a) 고려했다   (b) 칭찬했다   (c) 과대평가했다   (d) 지명했다

해설 호날두는 메시와 함께 역대 최고의 선수로 세계 언론에서 칭송했다고 명시되어 있기 때문에 '칭찬했다'라는 표현이 적절하다.

STUDIES FIND THAT BABY TALK GIVES INFANT BRAINS A BOOST

Recent studies have found that what an infant listens to boosts his language processing skills. The findings show that (Q60) the more babies listen to baby talk, the more they produce words later in life.

In a study published in *Proceedings of the National Academy of Sciences*, researchers found that (Q60) listening to baby talk prompts infant brains to start practicing their language skills. While finding activation in motor areas of the brain, seven-month-olds' brains are already trying to figure out how to make the right movements that will produce words.

To conduct the study, the researchers did an experiment involving a total of 57 babies from two slightly different age groups - seven months and eleven and a half months. They were played a number of syllables from both their native language (English) and a non-native tongue (Spanish). (Q61) The infants were put in a brain activation scanner. Although the babies did not speak, (Q61) the equipment examined brain activity in an auditory region called the superior temporal gyrus and in other areas known to guide the motor movements that produce speech.

Another study from the University of Washington and the University of Connecticut revealed that (Q62) the more baby talk parents used, the more their youngsters began to <u>babble</u> because frequent baby talk dramatically boosted vocabulary regardless of socioeconomic status. Succeeding experiments further demonstrated that children who listened to a lot of baby talk were talking more than the babies that listened to more adult talk or standard speech.

The studies shed light on babies' preference for the sounds that other babies make in recent years. Linda Polka, co-author of the speech study, believes that (Q63) babies like listening to each other rather than to adults, which may be why baby talk is such a <u>universal</u> tool among parents to observe the impact of auditory cues.

The studies support established literature that identifies the benefits of early language exposure to the brain. While linguists hope to understand how baby talk impacts learning, (Q64) it might be a better idea to allow babies to focus on their own ability to make sounds that influence their language development.

유아어가 유아의 뇌를 촉진한다는 것을 알아내는 연구

최근의 연구는 유아가 듣는 것이 그의 언어 처리 능력을 향상시킨다는 것을 발견했다. 이 연구 결과는 아기들이 유아어를 더 많이 들을수록, 그들은 나중에 더 많은 단어를 만들어 낸다는 것을 보여준다.

국립과학원 회보에 발표된 연구에서, 연구원들은 아기들의 대화를 듣는 것이 유아의 두뇌가 언어 기술을 연습하기 시작하도록 촉구한다는 것을 발견했다. 뇌의 동작 영역에서 활성화를 발견하는 동안, 7개월 된 아이들의 뇌는 이미 말을 만들어 낼 동작을 만드는 방법을 알아내려고 애쓰고 있다.

이 연구를 실시하기 위해, 연구원들은 두 개의 약간 다른 나이 그룹, 즉 7개월과 11개월 반인 총 57명의 아기를 대상으로 실험을 했다. 그들에게 모국어(영어)와 모국어가 아닌 언어(스페인어)의 여러 음절을 들려줬다. 그 유아들은 뇌 활성화 스캐너에 넣어졌다. 비록 아기들은 말을 하지 않았지만, 이 장비는 상측두회라고 불리는 뇌의 청각 영역과 말을 생성하는 운동 움직임을 안내하는 것으로 알려진 다른 영역의 뇌 활동을 검사했다.

워싱턴 대학과 코네티컷 대학의 또 다른 연구는, 부모들이 유아어를 더 많이 사용할수록 그들의 아이들이 더 많이 옹알이를 하기 시작했다는 것을 밝혀냈다. 왜냐하면 잦은 유아어 사용은 사회 경제적 지위에 상관없이 어휘를 급격하게 증가시켰기 때문이다. 그 다음의 실험들은 더 많은 어른의 이야기나 표준적인 말을 들은 아기들보다 유아어를 많이 들은 아이들이 더 많이 말하고 있다는 것을 보여주었다.

이 연구는 최근 몇 년 동안 다른 아기들이 내는 소리에 대한 아기의 선호도를 밝혀 주었다. 스피치 연구의 공동 저자인 린다 폴카는 아기들이 어른들보다는 서로의 말을 듣는 것을 좋아한다고 믿고 있는데, 이것이 유아어가 청각 단서들의 영향을 관찰하는 부모들 사이에서 보편적인 도구인 이유일 것이다.

이 연구는 초기의 언어 노출이 뇌에 미치는 이점을 말해주는 이미 인정받고 있는 연구 논문의 주장을 지지한다. 언어학자들은 유아어가 학습에 어떤 영향을 미치는지 이해하기를 희망하지만, 아기들이 그들의 언어 발달에 영향을 미치는 소리를 내는 능력에 초점을 맞추도록 해주는 것이 더 나을지도 모른다.

---

60 정답 (a)

What did the researchers from different universities find out?

(a) that listening to frequent baby talk makes babies develop their language skills
(b) that babies who prefer to listen are fast learners
(c) that listening to different parents talk changes the attitude of babies
(d) that baby words are more educational than adult words

다른 대학들의 연구자들이 찾은 사실은 무엇인가?

(a) 유아어를 자주 듣는 것이 아기들의 언어 능력을 향상시킬 수 있다
(b) 듣는 것을 선호하는 아기들이 더 빨리 배운다.
(c) 부모들의 대화를 듣는 것이 아기들의 태도를 바꾼다.
(d) 유아어가 어른들의 단어보다 더 교육적이다.

해설 본문 전체가 유아어를 듣는 것이 아기들의 언어 능력 향상에 도움이 된다는 것을 역설하고 있으므로 정답은 (a)이다.

어휘 find out ~을 찾다 make+목적어+동사원형 ~가 …하도록 시키다 develop 향상시키다 prefer to-동사원형 ~을 더 선호하다 attitude 태도

---

61 정답 (d)

How did the researchers come up with their data of seven-month old babies?

(a) by interviewing parents with seven-month-old babies
(b) by examining seven-month-old babies in hospital
(c) by observing baby's behavioral action
(d) by looking at the baby's brain activity

연구원들은 어떻게 생후 7달 된 아기들의 자료들을 찾아냈는가?

(a) 생후 7달 아기들의 부모들을 인터뷰함으로써
(b) 병원에 있는 생후 7달된 아기들을 검사함으로써
(c) 아기들의 행동을 관찰함으로써
(d) 아기들의 뇌 활동을 관찰함으로써

해설 유아들이 뇌 활성화 스캔 장치에 넣어졌고, 그 장치는 아기들의 뇌 활동을 분석하는 장치라는 것이 본문에 명시되어 있으므로 연구원들의 연구 방법이 아기들의 뇌 활동을 관찰한 것임을 알 수 있다.

어휘 come up with 찾아내다   interview *A* with *B* B를 가진 A와 인터뷰하다   in hospital 입원하여   observe 관찰하다
behavioral 행동적인   look at ~을 보다

---

62   정답 (b)

Which is true about children who talked with a wider range of words?

(a) They were eleven and a half months.
(b) They were exposed to more baby talk by parents.
(c) They routinely listened to the standard speech of adults.
(d) Their brain action in an auditory region was superior.

- -

더 넓은 범위의 단어로 이야기한 어린이들에 대해 사실인 것은 무엇인가?

(a) 그들은 생후 11개월 반이었다.
(b) 그들은 부모들에 의해 유아어에 더 노출되었다.
(c) 그들은 어른들의 표준 대화를 일상적으로 들었다.
(d) 그들의 청각 영역에서의 뇌 활동은 우수했다.

해설 본문에서 부모들이 유아어를 더 많이 사용할수록 그들의 아기들이 더 넓은 범위의 단어를 선택했다는 사실이 언급되어 있으므로 정답은 (b)다.

어휘 talk with 담화를 나누다   a wide range of 광범위한, 다양한   expose *A* to *B* A를 B에 노출시키다 (수동태: be exposed to)   routinely 일상적으로   standard 표준, 평균   auditory 청각의, 청력의   region 범위, 영역, 분야   superior (지력·능력 등이) 뛰어난, 우수한

---

63   정답 (d)

Why is baby talk common when parents watch the effect of babies' auditory sign?

(a) because babies want to talk more with other babies
(b) because baby talk is affected by socioeconomic status
(c) because babies quickly develop their language skills
(d) because babies seem to favor the sounds of other babies

- -

왜 부모들이 아기의 청각 신호의 효과를 볼 때 유아어가 보편적인가?

(a) 아기들이 다른 아기들과 대화하기를 더 원하기 때문에
(b) 유아어가 사회 경제적 지위에 영향을 받기 때문에
(c) 아기들이 그들의 언어 능력을 빨리 향상시키기 때문에
(d) 아기들이 다른 아기들의 소리를 더 선호하는 것 같기 때문에

해설 본문에 아기들이 어른들의 말을 듣는 것보다 서로의 말을 듣는 것을 좋아한다고 믿는 것이 청각 신호를 관찰하는 데 유아어가 더 일반적인 방법인 것 같다고 명시되어 있으므로 정답은 (d)이다.

어휘 ▸ **talk with** ~와 대화하다 **affect** 영향을 주다 **socioeconomic status** 사회 경제적 지위 **seem to-동사원형** ~처럼
보이다 **favor** 선호하다

---

64 정답 (c)

Based on the passage, what is most likely the core of language development among babies?

(a) understanding the function of baby's brain
(b) educating parents to develop their speech
(c) encouraging babies to produce more sounds
(d) researching the relationship between parents and their babies

----

이 글에 따르면, 아기들 사이에서 언어 발달의 핵심이 무엇일 가능성이 가장 높은가?

(a) 아기들의 뇌 기능을 이해하는 것
(b) 부모들에게 그들의 말하기 능력을 교육하는 것
(c) 아기들에게 더 많은 소리를 내게 하는 것
(d) 아기들과 부모들의 관계에 대해 조사하는 것

해설 ▸ 본문에 아기들이 그들의 소리를 만드는 능력에 집중하는 것이 언어 능력 향상에 더 도움을 준다고 명시되어 있으므로 정답은
(c)이다.

어휘 ▸ **most likely** 아마, 필시 **educate+목적어+to-동사원형** ~가 …하도록 교육하다[훈련시키다] **encourage+목적어+**
to-동사원형 ~가 …하도록 장려하다[북돋아주다] **relationship between A and B** A와 B사이의 관계

---

65 정답 (d)

In the context of the passage, babble means _____.

(a) speak   (b) focus   (c) crawl   (d) prattle

본문 맥락에 따르면, babble은 _____을/를 의미한다.

(a) 말하다   (b) 집중하다   (c) 기어오르다   (d) 재잘거리다

해설 ▸ babble은 '수다를 떨다'라는 사전적 의미를 가지므로 정답은 (d) prattle '재잘거리다'이다.

---

66 정답 (c)

In the context of the passage, universal means _____.

(a) effective   (b) international   (c) common   (d) uniform

본문 맥락에 따르면, universal은 _____을/를 의미한다.

(a) 효과적인   (b) 국제적인   (c) 일반적인   (d) 형식적인

해설 ▸ 본문에서 유아어가 아기들의 언어 능력 향상을 위한 보편적인 도구라고 말하고 있으므로 정답은 (c) common '일반적인'이
다.

Encyclopedia Article

GALAPAGOS TORTOISE

The Galapagos tortoises are the largest tortoise on the planet, weighing more than 400 kilograms, and occasionally exceeding 1.8 meters in length. **(Q67) With lifespans in the wild of over 100 years, they are also known as one of the longest-living species of tortoise.**

The tortoises have a large bony shell of a dull brown color and can withdraw their head, neck and fore limbs into the shell for protection. **(Q68) Their shape and size vary according to populations. On islands with humid highlands, the tortoises are larger with "domed" (denoting a rounded convex surface resembling a dome) shells and short necks, but on islands with dry lowlands, the tortoises are smaller with "saddleback" (denoting upward arching of the front edge of the shell resembling a saddle) shells and long necks.**

The Galapagos tortoises are native to seven of the Galapagos Islands, a volcanic archipelago about 1,000 kilometers west of the Ecuadorian mainland. **(Q69) In the 16th century, Spanish explorers, who discovered the islands, named them after the Spanish *galapago*, meaning "tortoise."**

Their mating occurs at any time of the year. The young tortoises must dig their way to the surface, which can take several weeks after they emerge from their shells. Except for the death from accidents and a fall down <u>precipices</u>, the adult tortoises have no natural predators apart from humans. The tortoises feed on cacti, grasses, and leaves. **(Q70) They can <u>endure</u> up to a year when deprived of all food and water, surviving by breaking down their body fat to produce water as a byproduct.** When thirsty, they may drink large quantities of water very quickly, storing it in their bladders and the neck.

Human exploitation of the tortoises as a food source and introduction of non-native animals, such as rats, goats, and pigs, to the islands caused a decline in the total wild population. From the start of the 20th century, conservation efforts have resulted in thousands of captive-bred juveniles being released onto their ancestral home islands and the total number of the species is therefore estimated to have increased, but all surviving species are now classified as "threatened" by the International Union for Conservation of Nature. **(Q71) Slow growth rate, late maturity, and island endemism make tortoises particularly prone to extinction.**

갈라파고스 거북

갈라파고스 거북이는 지구상에서 가장 큰 거북이로 무게가 400킬로그램 이상 나가며 때로는 길이가 1.8미터를 넘는다. 야생에서 100년이 넘는 수명을 가진 이들은 가장 오래 사는 거북 종 중 하나로 알려져 있다.

거북이들은 흐릿한 갈색의 커다란 뼈 껍데기를 가지고 있고 보호를 위해 머리, 목, 그리고 앞다리를 껍데기 안으로 넣을 수 있다. 그들의 모양과 크기는 모집단에 따라 다르다. 습한 산악지대가 있는 섬에서는 거북이들이 "돔형"(돔을 닮은 둥근 볼록형 표면을 나타냄) 껍데기와 짧은 목을 가지고 더 크지만, 마른 저지대가 있는 섬에서는 "새들백"(안장을 닮은 껍데기의 앞쪽 가장자리가 위로 활모양으로 되어 있는 것을 나타냄) 껍데기와 긴 목을 가진 거북이들이며 더 작다.

갈라파고스 거북이들은 에콰도르 본토에서 서쪽으로 약 1,000킬로미터 떨어진 곳에 있는 화산 군도인 갈라파고스 섬 7개가 서식지이다. 16세기에 이 섬들을 발견한 스페인 탐험가들은 "거북이"라는 뜻의 스페인어 galapago의 이름을 따서 이 섬들의 이름을 지었다.

그들의 짝짓기는 일 년 중 어느 때라도 일어난다. 어린 거북이들은 땅을 파고 표면으로 나와야 하는데 이것은 그들의 껍질에서 나온 후 몇 주가 걸릴 수 있다. 사고로 인한 죽음과 절벽 아래로 떨어진 것을 제외하면, 어른 거북이들은 인간을 제외하고는 자연적인 포식자가 없다. 거북이는 선인장, 풀, 잎을 먹고 산다. 그들은 모든 음식과 물을 빼앗겨도 그들의 체지방을 분해하여 부산물로 물을 생산함으로써 일년까지 살아남을 수 있다. 목이 마를 때, 그들은 많은 양의 물을 매우 빨리 마실 수 있고, 그것을 그들의 방광과 목에 저장한다.

인간이 거북이를 식량원으로써 착취하고 쥐, 염소, 돼지 같은 비토착 동물을 섬에 도입하여 전체 야생 개체수의 감소를 초래했다. 20세기 초부터 보호 노력으로 인공적으로 번식한 수천 마리의 어린 거북이들이 조상의 섬으로 방류되어 총 개체수가 증가한 것으로 추정되지만, 현재 모든 생존 종들은 국제 자연 보존 연맹에 의해 "멸종위기" 종으로 분류되고 있다. 느린 성장률, 늦은 성숙도, 그리고 섬 풍토성은 거북이를 특히 멸종하기 쉽게 만든다.

어휘 ▶ **tortoise** 거북이 **planet** 지구, 행성 **weigh** 무게가 나가다 **occasionally** 가끔 **exceed** 넘다, 넘어서다 **in length** 길이는, 길이에 있어서 **lifespan** 수명 **be known as** ~로서 알려지다 **species** 종 **bony** 뼈의, 뼈 같은 **shell**

(거북·새우·게 등의) 등딱지, 껍데기 **dull** 둔탁한, 칙칙한 **withdraw** 물러나다, 철수하다 **fore limbs** 앞다리 **protection** 보호 **shape** 모양 **vary** 다양하다 **according to** ~에 따라 **population** 모집단(母集團) **island** 섬 **humid** 습한 **highland** 고지, 산악 지대 **domed** 둥근 지붕의[으로 덮은], 둥근 천장의; 반구형의 **denote** 조짐을 보여주다, 의미하다 **convex surface** 물체측에 볼록면, 볼록표면 **resemble** 닮다, 비슷하다 **dome** 돔, 반구형 지붕 **dry** 마른, 건조한 **lowland** 저지대 **saddleback** 안장 모양의 **arching** 아치 쌓기, 활 모양(의 부분) **front edge** 앞 가장자리 **saddle** (말에 얹는) 안장 **native to** 토종의, ~에 고유한 **volcanic** 화산의 **archipelago** 다도해, 군도 **mainland** 본토 **explorer** 탐험가 **discover** 발견하다 **name A after B** B를 본떠서 A 이름을 짓다 **mean** 의미하다 **mating** 짝짓기 **occur** 발생되다 **at any time of** 어느 때라도 **dig** 파다 **surface** 표면 **take+시간** 시간이 (얼만큼) 걸리다 **emerge from** ~에서 벗어나다, 나오다 **except for** ~이 없으면, ~을 제외하고는(= but for) **accident** 사고, 재난 **a fall down precipices** 벼랑에서 떨어지기 **predator** 포식자 **apart from** ~외에는, ~을 제외하고, 외에도[뿐만 아니라] **feed on** ~을 먹고 살다 **cacti** 선인장 **endure** 견디다, 참다, 인내하다 **deprive A of B** B에게서 A를 빼앗다 (수동태: be deprived of) **survive** 살아남다 **break down** 분해하다 **body fat** 체지방 **byproduct** 부산물 **thirsty** 목이 마른, 갈증이 나는 **quantity** 양 **store** 저장하다 **bladder** 방광 **exploitation** 착취, 개발, 부당한 이용 **source** 근원 **rat** 쥐 **goat** 염소 **cause** 초래하다 **decline** 감소, 감소하다 **population** 개체수 **from the start of** 시작부터 **conservation** (자연 환경) 보호, (자원 등의) 보존, 유지 **effort** 노력 **result in** (어떤) 결과를 초래하다 **captive-bred** 인공적으로 번식한 **juvenile** 소년 소녀, 청소년 **release** 놓아 주다, 풀어 주다 **ancestral** 조상의 **increase** 증가하다 **classify+목적어+as 보어** ~을 ~로 분류하다 (수동태: be classified+as 보어) **the number of** ~의 수 **estimate** 측정하다 **threatened** (야생 동물의 종(種)이) 멸종할 위기에 직면한 **growth rate** 성장률 **maturity** 성숙함, 성숙도 **endemism** 고유성, 풍토성 **particularly** 특히, 특별히 **prone to** ~을 잘 하는, ~의 경향이 있는 **extinction** 멸종

---

67 정답 (b)

How can the Galapagos tortoises be described?

(a) Their height is generally 1.8 meters.
(b) Their life expectancy is over a century.
(c) Their physical features are uniform.
(d) There are similar kinds of heavy tortoises.

갈라파고스 거북이가 어떻게 묘사되는가?

(a) 그들의 크기는 일반적으로 1.8미터다.
(b) 그들의 기대 수명은 백년이 넘는다.
(c) 그들의 체격은 균일하다.
(d) 비슷한 종류의 무거운 거북이들이 있다.

해설 ▶ 본문에 그들의 수명이 100년을 넘는다고 명시되어 있으므로 (b)가 답이다. 나머지 답은 본문에서 찾아 볼 수 없는 내용이므로 답이 될 수 없다.

어휘 ▶ **describe** 설명하다, 묘사하다 **height** 신장, 키 **generally** 일반적으로 **life expectancy** 기대 수명[여명] **physical feature** 신체적 특징 **uniform** 균일한, 변함없는 **there is/are+단수/복수 주어** ~이 있다

---

68 정답 (d)

What is one way used to determine the habitat of Galapagos tortoises?

(a) by observing the movement of their hind limbs
(b) by examining their color of their shell
(c) by measuring the length of their heads
(d) by looking at the shape and size of the tortoises

갈라파고스 거북이의 서식지를 결정하는 데 사용되는 한 가지 방법은 무엇인가?

(a) 그들의 뒷다리 움직임을 관찰함으로써
(b) 그들의 등껍질의 색을 검사함으로써
(c) 그들의 머리 길이를 측정함으로써
(d) 거북이들의 모양과 크기를 관찰함으로써

해설 본문에 그들은 크기와 모양에 따라 다양하다고 명시되어 있으므로 답은 (d)이다.

어휘 **be used to-동사원형** ~하는 데 사용되다 **determine** 결정하다 **habitat** 서식지 **observe** 관찰하다 **hind limbs** 뒷다리 **examine** 검사하다 **measure** 측정하다, 관측하다 **look at** ~을 (자세히) 살피다, ~을 검토[진찰]하다

---

69 정답 (b)

Where did the Galapagos tortoises get their names?

(a) from the location of Galapagos Islands
(b) from people who discovered the islands
(c) from the features of their appearance
(d) from people who were from the Ecuadorian mainland

- -

갈라파고스 거북이들은 어디서 그들의 이름을 얻게 되었는가?

(a) 갈라파고스 섬 위치에서
(b) 섬을 발견한 사람들에게서
(c) 그들의 생김새의 특징에서
(d) 에콰도르 본토에서 온 사람들에게서

해설 본문에 스페인 탐험가들이 16세기에 섬을 발견했고, 그들이 거북이를 뜻하는 스페인어 galapago라는 이름을 붙여준 것이 명시되어 있으므로 정답은 (b)이다.

어휘 **location** 위치 **discover** 발견하다 **feature** 특징 **appearance** 생김새, 외모

---

70 정답 (c)

What is most likely the reason why the Galapagos tortoises are able to live without water for a certain period?

(a) They only eat plants.
(b) They need to protect themselves from predators.
(c) They create water from body fat.
(d) They are less likely to feel thirsty.

- -

갈라파고스 거북이들이 일정한 기간 동안 물 없이 살 수 있는 가장 적절한 이유는 무엇일까?

(a) 그들은 오로지 식물만 먹기 때문이다.
(b) 포식자로부터 그들을 지켜야 하기 때문이다.
(c) 그들은 몸의 지방으로부터 물을 생산할 수 있기 때문이다.
(d) 그들은 갈증을 잘 느끼지 않기 때문이다.

해설 본문에 갈라파고스 거북이들은 지방을 분해하여 부산물로 물을 생산할 수 있다고 명시되어 있기 때문에 정답은 (c)이다.

어휘 **be able to-동사원형** ~할 수 있다 **certain** 일정한 **period** 기간 **need to-동사원형** ~하는 것을 요하다 **protect A from B** B로부터 A를 보호하다 **predator** 포식자 **body fat** 체지방 **be likely to-동사원형** ~하기 쉽다, ~일 것 같다 **thirsty** 목마른, 갈증이 난

Why are the Galapagos tortoises threatened with extinction?

(a) The small number of tortoises is released onto home islands.
(b) Conservation efforts by humans have been unsuccessful.
(c) Non-native animals in the islands are not exploited by humans.
(d) It takes time for tortoises to be matured.

왜 갈라파고스 거북이들은 멸종 위기에 처해 있는가?

(a) 적은 수의 거북이들이 그들의 본 서식지에 풀어졌기 때문이다.
(b) 인간들의 보호 노력이 성공하지 못했기 때문이다.
(c) 섬의 외래 생물 종들이 인간들에 의해 채집되지 않았기 때문이다.
(d) 거북이들이 성숙해지는 데 오랜 시간이 걸리기 때문이다.

해설 ▶ 느린 성장과 성숙한 거북이가 되는 데 오래 걸리기에 갈라파고스 거북이는 현재 멸종 위기에 처해 있다고 본문에 명시되어 있으므로 정답은 (d)이다.

어휘 ▶ **be threatened with extinction** 멸종 위험에 처하다   **release** 풀어주다   **conservation effort** 보호 노력   **unsuccessful** 성공하지 못한, 실패한   **exploit** 착취하다, 채집하다   **It takes** 시간+for 목적격+to-동사원형 ~가 …하는 데 시간이 (얼만큼) 걸린다   **mature** 성숙한, 원숙한, 성인이 된

In the context of the passage, precipices mean _____.

(a) sands   (b) cliffs   (c) hills   (d) rocks

본문 맥락에 따르면, precipices는 _____을/를 의미한다.

(a) 모래   (b) 절벽   (c) 언덕   (d) 바위

해설 ▶ 본문에 갈라파고스 거북이들이 죽는 이유가 사고에 의해서 혹은 벼랑에서 추락하는 것 외에는 없다고 명시되어 있으므로 precipices는 (b) cliffs '절벽'으로 대체될 수 있다.

In the context of the passage, endure means _____.

(a) bear   (b) grow   (c) drag   (d) exhaust

본문 맥락에 따르면, endure는 _____을/를 의미한다.

(a) 참다   (b) 기르다   (c) 끌다   (d) 기진맥진하게 만들다

해설 ▶ endure의 사전적 의미는 '견디다'이고 본문에서도 갈라파고스 거북이들이 물 없이 참고 산다는 것을 나타내고자 하므로 정답은 (a) bear '참다'이다.

August 11, 2018

Linda Knight
Vice President
BrightTech Co

Dear Ms. Knight:

(Q74) I am sorry to inform you that I have decided to resign from my position as a computer programmer in order to seek a more rewarding position elsewhere. In accordance with our company policy, my last day of employment will be on September 10, 2018.

While I have enjoyed my job, my contributions here are unrewarded and my ideas are ignored. (Q76) I have much to offer and feel frustrated that I am consistently passed over for special projects that were included in the contract I signed when I joined the company. It is important to me to work for a company that encourages creativity rather than restricts it. Although your compensation has been fair, (Q78) you have been unable to provide other types of incentives that I need.

It has been six months since I joined BrightTech, but I have yet to be a member of any project despite the increasing number of projects. In addition, (Q74) I have gone on one business trip by myself and had to shoulder all expenses, including the flight ticket and accommodation, which the company reimbursed just 15 days after the trip.

The HR department is clearly aware of my case and has replied to my concerns in writing three times. Nonetheless, (Q77) I was merely told to work alone and to learn more team management skills. While I have fulfilled my responsibilities as a computer programmer, I can no longer continue due to the circumstances described above.

(Q78) As I tender my resignation, I likewise expect to be given all the legal compensation. Thank you and I wish the company success.

Sincerely,
Tom Cooper

2018년 8월 11일

린다 나이트
부회장
브라이트테크회사

친애하는 Ms. Knight:

다른 곳에서 더욱 보람 있는 자리를 찾기 위해 이 회사의 컴퓨터 프로그래머 자리에서 사직하기로 결정했다는 것을 알려드리게 되어 유감입니다. 우리 회사 방침에 따라 저의 마지막 근무일은 2018년 9월 10일이 될 것입니다.

제가 일을 즐기긴 했지만, 여기에서 제 공헌은 보상받지 못하고 생각은 무시됐습니다. 입사 당시 체결한 계약에 포함된 특별 프로젝트에 꾸준히 제외되었기에 답답함을 느꼈습니다. 저에게는 창의력을 제한하는 회사보다는 창의성을 장려하는 회사에서 일하는 것이 중요합니다. 비록 당신의 보상은 공정했지만, 당신은 제가 필요로 하는 다른 종류의 인센티브를 제공할 수 없었습니다.

BrightTech에 입사한 지 6개월이 지났지만, 프로젝트 수가 늘고 있음에도 불구하고 아직 어떤 프로젝트에도 참여하지 못하고 있습니다. 게다가 저는 혼자 한 번 출장을 갔었고, 비행기 표와 숙박비 등 모든 비용을 제가 부담해야 했고, 그 출장 보름 후에 회사에서 배상해 주었습니다.

인사과에서는 제 사건을 분명히 알고 있으며, 저의 우려에 대해 서면으로 세 번 대답해줬습니다. 그럼에도 불구하고, 저는 단지 혼자 일하고 더 많은 팀 관리 기술을 배우라는 말을 들었습니다. 저는 컴퓨터 프로그래머의 책임을 다했지만, 위에서 설명한 사정으로 인해 더 이상 계속할 수 없습니다.

제가 사직서를 제출함에 따라, 저는 제가 받아야 할 모든 법적 보상을 받을 수 있기를 기대합니다. 감사하고 회사의 성공을 기원합니다.

진심으로,
Tom Cooper

어휘 **inform** 알려주다, 알리다 **decide to-동사원형** ~을 결심[결정]하다 **resign from** ~에서 사직하다, 물러나다 **position** 자리, 지위, 직책 **in order to-부정사** ~하기 위해서 **seek** 찾다, 구하다 **rewarding** 보람 있는, 돈을 많이 버는, 수익이 많이 나는 **elsewhere** (어딘가) 다른 곳에서[으로] **in accordance with** ~에 부합되게, (규칙·지시 등에) 따라 **policy** 방침, 정책 **employment** (고용되어 급료를 받고 일하는) 일자리 **while** 반면에 **contribution** 기여, 공헌 **unrewarded**

(노력에 대한) 보상을 못 받는 **ignore** 무시하다 **have much to do** ~해야 할 일이 많다 **frustrate** 좌절감을 주다, 좌절시키다 **consistently** 일관하여, 지속적으로 **pass over** ~을 무시하다 **include** 포함하다 **contract** 계약 **work for** ~을 지지하다, ~을 위해 일하다(= **support**) **encourage** 격려하다, 용기를 북돋우다 **restrict** 제한하다, 방해하다 **compensation** 보상 **fair** 공정한 **be unable to-동사원형** ~할 수 없다 **incentive** 장려금, 장려책 **despite** ~에도 불구하고 **the number of** ~의 수 **in addition** 게다가 **go on a business trip (to 장소)** (~로) 출장을 가다 **by oneself** 혼자, 다른 사람 없이, 도움을 받지 않고 **shoulder** 비용을 부담하다 **expense** 비용 **including** ~을 포함하여 **flight ticket** 항공권 **accommodation** 숙소, 숙박 시설 **reimburse** 배상하다 **HR department** 인력개발부 (**HR = Human Resources**) **be aware of** ~을 알다 **clearly** 분명하게 **case** 사건, 경우 **reply** 응답[대답]하다 **concern** 우려, 걱정 **nonetheless** 그럼에도 불구하고 **merely** 단지 **work alone** 일을 혼자 하다 **management** 경영, 관리 **fulfill** 이행하다, 수행하다 **responsibility** 책임, 책무 **no longer** 더 이상 ~않다 **continue** 계속하다 **due to** ~ 때문에 **circumstances** 사정, 상황 **describe** 설명하다 **above** 위에서 **tender** 제출하다; 제공하다, 제안하다, 신청하다 **resignation** 사직서, 사직, 사임 **likewise** 같이, 마찬가지로 **expect to-동사원형** ~을 기대하다 **legal** 법적인 **compensation** 보상[금]

---

74 정답 (c)

Why did Tom Cooper write Linda Knight a letter?

(a) to inquire his benefits package
(b) to negotiate his working conditions
(c) to inform her that he is quitting the company
(d) to express his achievement at international level

- -

왜 Tom Cooper가 Linda Knight에게 편지를 쓴 것인가?

(a) 그의 복리 후생 제도를 문의하기 위해
(b) 그의 고용 조건을 협상하기 위해
(c) 회사를 그만둔다고 그녀에게 알리기 위해
(d) 그의 업적을 국제적인 수준으로 표현하기 위해

해설 ▶ 본문 첫 문단에 회사의 컴퓨터 프로그래머에서 사직한다고 명시되어 있기 때문에 정답은 (c)이다.

어휘 ▶ **inquire** 문의하다, 묻다 **benefits package** 복리 후생 제도 **negotiate** 협상하다 **working conditions** 근로 조건 **inform** 알리다, 알려주다 **quit** 그만두다 **achievement** 업적, 성취

---

75 정답 (d)

Which of the following was included in BrightTech's job offer to Tom?

(a) a compensation policy
(b) an all-expense-paid holiday
(c) regular workshops
(d) an all-expense-paid business trip

- -

다음 중 BrightTech에서 Tom에게 제공한 일자리 제의에 포함된 것은?

(a) 보상 정책
(b) 비용이 전액 지불되는 휴가
(c) 정기적인 워크샵
(d) 비용이 전액 지불되는 출장

해설 ▶ Tom이 출장을 다녀왔는데 출장 비용을 본인이 모두 부담했고 회사가 15일 후에 배상해주었다. 점이 명시된 것을 보아 정답은 (d)이다.

어휘 ▶ **compensation** 보상 **all-expense-paid** (여행 등) 비용이 전액 지불되는 **regular** 정기적인

---

76 정답 (b)

Based on the letter, what does Tom most likely believe about the special projects?

(a) that he should not sign the project
(b) that he deserved to be a member of team projects
(c) that he deserved to be a team leader in projects
(d) that he should change the goals of projects

- -

이 편지에 따르면, Tom은 이 특별한 프로젝트에 대해 어떤 믿음을 가지고 있었는가?

(a) 그가 프로젝트에 서명을 하지 않아야 한다는 것
(b) 그가 팀 프로젝트의 일원이 될 자격이 있다는 것
(c) 그가 팀 프로젝트의 리더가 될 자격이 있다는 것
(d) 그가 프로젝트의 목표를 바꿔야 한다는 것

해설 ▶ 회사와 계약할 때 특별한 팀 프로젝트의 일원이 될 것이라는 조건에 서명을 하였는데 일원이 되지 못했다는 Tom의 말에 따라 정답은 (b)이다.

어휘 ▶ **deserve to** ~할 만한 가치가 있다

---

77 정답 (a)

How did the HR department respond to his complaints?

(a) by telling him to work independently
(b) by suggesting an appropriate solution immediately
(c) by insisting his negligence
(d) by complimenting his team management skills

- -

인사팀에서 그의 항의에 대해 어떻게 대처했는가?

(a) 그에게 독립적으로 일하라고 말을 했다.
(b) 적절한 해결책을 바로 제안했다.
(c) 그의 태만을 주장했다.
(d) 그의 팀 관리 기술을 칭찬했다.

해설 ▶ 인사팀에 세 번이나 문의했지만 단지 혼자 일하고 팀 관리 기술을 더 배우라는 인사팀의 대답만을 들었다는 Tom의 말로 미루어 보아 정답은 (a)임을 알 수 있다.

어휘 ▶ **respond to** ~에 응답[대응]하다 **complaint** 불평, 불만, 푸념 **tell+목적어+to-동사원형** ~가 …하도록 말하다 [명령하다] **independently** 독립적으로 **appropriate** 적절한 **solution** 해결책 **immediately** 즉시 **negligence** 태만, 불성실함 **compliment** 칭찬하다(= **praise**)

78 정답 (c)

Which additional pay does Tom probably expect to receive upon his resignation?

(a) his business trip expenses
(b) his 6 month salary
(c) his incentives when joining special projects
(d) his health insurance

Tom은 사직할 때 어떤 추가 급여를 받을 것으로 예상하는가?

(a) 출장 비용
(b) 6개월 치 급여
(c) 특별 프로젝트에 참여했을 때의 보수
(d) 건강 보험

해설 Tom이 회사한테 특별 프로젝트 참여에 대한 계약을 이행하지 않음에 따른 적절한 보상을 청구하고 있으므로 정답은 (c)이다.

어휘 **additional pay** 추가 급여 **probably** 아마도 **expect to-동사원형** ~하는 것을 기대하다 **receive** ~을 받다 **resignation** 사임, 사직 **salary** 급여 **incentive** 장려금, 보상물 **health insurance** 건강 보험

79 정답 (d)

In the context of the passage, reimbursed means _____.

(a) reintroduced | (b) reinforced | (c) recommended | (d) repaid

---

본문 맥락에 따르면, reimbursed는 _____을/를 의미한다.

(a) 재도입했다 | (b) 강화했다 | (c) 추천했다 | (d) 되돌려주었다

해설 reimbursed의 사전적 의미는 '배상(변제)했다'이고 본문 맥락에서 자신이 출장 비용을 부담했고 15일 후에 회사가 배상해주었다고 했으므로 비용을 되돌려주었다는 의미로 정답은 (d)이다.

80 정답 (b)

In the context of the passage, tender means _____.

(a) express | (b) submit | (c) propose | (d) insist

본문 맥락에 따르면, tender는 _____을/를 의미한다.

(a) 표현하다 | (b) 제출하다 | (c) 의도하다 | (d) 주장하다

해설 본문에서 Tom은 회사에 사직서를 제출한 상태로 묘사되므로 정답은 (b)이다.

지텔프 32+ 벼락치기

시험장 암기 노트

PAGODA Books

지텔프 32+ 벼락치기

시험장 암기 노트

PAGODA Books

1 동사의 시제

동사의 시제 ❶ 현재진행 (am / is / are 동사원형-ing)

◎ 정답의 근거

now 지금 ~하고 있는 중이다

today 오늘

this week / year 이번 주, 올해

at the moment 바로 지금, 마침

at this time 이때에

right now 바로 지금 ~하고 있는 중이다

these days 요즘

currently 최근에

at the present time 현재로서는

while + 주어 + 동사 ~하는 동안에

❌ 오답의 근거

현재형 동사, will 동사원형, had p.p., 과거 동사, have/has p.p., have/has been 동사원형-ing, will now 동사원형, now 현재 동사, have now p.p.

동사의 시제 ❷ 현재완료진행 (have / has been 동사원형-ing)

◎ 정답의 근거

since + 과거 동사 ~한 이래로

ever since + 주어 + 과거 동사 ~이후에 줄곧[계속]

lately 최근에

up to now 지금까지

already 이미, 벌써

after + 주어 + have / has p.p. ~후에

for + 기간 + now ~동안[에]

recently 최근에

all day 하루 종일

just 이제 방금, 막

현재형 동사, am/is/are 동사원형-ing, 과거 동사, was/were 동사원형-ing, would have p.p., will 동사원형, will have been 동사원형-ing

---

| 동사의 시제 ❸ | 과거진행 (was/were 동사원형-ing) |

◎ **정답의 근거**

always 항상, 늘

constantly 끊임없이

when + 주어 + 과거 동사 ~할 때

at + 시간 (때의 한 점·시각·시점 등)에

forever 영원히

continually 계속해서

while + 주어 + 과거 동사 ~하는 동안[에]

in + 시간 ~(사이)에, ~동안, ~(기간) 중에

🅧 **오답의 근거**

am/is/are 동사원형-ing, have/has p.p., 과거 동사, would 동사원형, had p.p., would have p.p., will be 동사원형-ing

---

| 동사의 시제 ❹ | 과거완료진행 (had been 동사원형-ing) |

◎ **정답의 근거**

for + 기간 ~동안[에]

last night 지난밤에

before + 동사원형-ing ~전에

until + 주어 + 과거 동사 ~할 때까지

ever since + 과거 동사 그 후로 쭉 ~했다

by the time + 주어 + 과거 동사 ~할 때쯤

before/when + 주어 + 과거 동사 ~전에, ~할 때

since + 주어 + 과거 동사 ~한 이래로

have/has p.p. ~해왔다

주어 + 과거 동사 ~했다

🅧 **오답의 근거**

현재형 동사, am/is/are 동사원형-ing, 과거 동사, was/were 동사원형-ing, would 동사원형, would have p.p., will have been 동사원형-ing

동사의 시제 ❺   미래진행 (will be 동사원형-ing)

◎ 정답의 근거

when + 주어 + 현재 동사 ~할 때   if + 주어 + 현재 동사 만약 ~한다면

next week / month / year 다음주/달/년에   for + 기간 ~동안[에]

by the time + 주어 + 현재 동사 ~할 때쯤   beginning this afternoon 오후에 시작하면서

till ~할 때까지   tomorrow 내일

soon 곧

[by the time 용법]   주절과 종속절의 위치는 서로 바뀔 수 있음

	종속절			주절	
by the time	주어	과거 동사 ~,	주어		had p.p.
by the time	주어	현재형 동사 ~,	주어		will have p.p.

✖ 오답의 근거

will 동사원형, 현재형 동사, am/is/are 동사원형-ing, 과거 동사, would have p.p.,
will have been 동사원형-ing, have p.p.

동사의 시제 ❻   미래완료진행 (will have been 동사원형-ing)

◎ 정답의 근거

for + 기간 ~동안   by the time + 주어 + 현재 동사 ~할 때쯤에 …하고 있을 것이다

by that time 그때까지   since + 시간 ~이래로

✖ 오답의 근거

am/is/are 동사원형-ing, have/has p.p., have/has been 동사원형-ing, will 동사원형,
will be 동사원형-ing, 과거 동사, were/was 동사원형-ing, had been 동사원형-ing, 조동사 + have p.p.

2 조동사

조동사 ❶ 조동사의 문장 구조

긍정문 조동사 + 동사원형
부정문 조동사 + not + 동사원형
긍정의문문 조동사 + 주어 + 동사원형 ～?
부정의문문 조동사 + not + 주어 + 동사원형 ～?

주의 '조동사 + 조동사' 동사에 사용 불가, 둘 중 하나만 사용

조동사 ❷ 시험에 정답으로 자주 나오는 조동사

can (가능성, 능력) ～할 수 있다   could (추측) ～할 수 있다
may (약한 추측) ～할지도 모른다   might (약한 추측) ～할지도 모른다
must (의무) ～해야만 한다   shall (명령, 지시) ～해야만 한다
should (의무, 당위성) ～해야만 한다   will (미래, 예정) ～할 것이다
would (소망, 미래, 예정, 현재 사실의 반대) ～일 것이다

조동사 ❸ will (미래)

❷ 용법과 의미

예측, 추측, 예정 ～일[할] 것이다   주어의 의지 미래 ～할 것이다, ～하려고 하다
짐작 (아마도) ～일 것이다   진리 ～할 것이다
진실, 가능한 일 ～한다   습관, 고집, 경향 곧잘 ～한다, ～하는 법이다
의지 ～할 작정입니까?   부탁, 요청 ～해주시겠습니까?
권유 ～하시죠?   명령 ～해라
거절 ～하지 않을 것이다

❯ 대용어

be going to-동사원형 ~할 예정이다   be about to-동사원형 ~할 것이다

be to-동사원형 ~할 예정이다   be due to-동사원형 ~하기로 예정되어 있다

왕래 · 발착 동사 go / come / leave / start / arrive 등

현재 시제 시간이나 조건의 부사절에서는 현재 시제가 미래 시제를 대신

조동사 ❹   can (능력)

❯ 용법과 의미

가능 ~할 수 있다   능력 ~할 줄 알다

추측 ~이 있을 수 있다, ~할 적이 있다   허락, 허가 ~해도 좋다, ~해도 된다

의심, 의혹 과연 ~일까?   가벼운 명령, 권고 ~해라, ~하는 것이 좋다

호의, 의도 ~해주다   비난, 원망 ~해도 좋으련만

제안 ~할 수도 있다

❯ 대용어

[be able to]

능력 ~할 수 있다   가능 ~할 줄 안다

조동사 ❺   must / should / have to (의무 · 당위성)

❯ 용법과 의미

[must]

필요, 중요성 ~해야 한다   의무, 명령, 충고 ~해야만 한다

주장, 권유 꼭 ~해야 한다   추정 ~임에 틀림없다

필연 반드시 ~하다

[shall / should]

단순미래 ~일 것이다   의지미래 ~하겠다, ~할까요?

의무, 당연 ~하여야 한다   유감, 놀람 ~하다니

가능성, 기대 반드시 ~일 것이다   가정, 양보 만일 ~이라면

[have to]

의무 ~해야 한다　　　　　　　　　　　　충고, 권고 ~해야 한다

확신 틀림없이 ~일[할] 것이다

[의무·당위성을 나타내는 표현의 강도 비교]

must ＞ should (ought to) ＞ have/has/had to ＞ need

조동사 ❻　could / may / might (추측)

❷ 용법과 의미

[could]

능력, 가능, 경향 ~할 수 있었다　　　　　　허가, 부탁 ~해 주시겠습니까?

조건절, 소망 ~할 수 있었다[면]

[may]

불확실한 추측 ~일[할]지도 모른다, 아마 ~일[할] 것이다　　허가 ~해도 좋다, ~해도 괜찮다

용인 ~라고 해도 무방하다, ~하는 것은 당연하다　　목적, 결과 ~하기 위해서, ~할 수 있도록

양보 ~인지 모르지만, ~일지라도　　　　　　감탄문 ~하기를

[might]

현재·과거의 가능성 ~일지는 모르겠다　　　　정중한 제안을 할 경우 ~해 보세요

정중한 허락을 구할 경우 ~해야 될까요?　　　남의 말을 전달할 경우 ~할지도 모른다고 했다

[가능성을 나타내는 표현의 강도 비교]

can ＞ could ＞ may ＞ might

[특정한 종류의 동사] `기출 예상`

결정 decide
명령 commend, direct, order,
요구 ask, claim, demand, desire, lobby, request, require
제안 prefer, propose, suggest
주장 argue, insist, plead, urge
충고 advise, recommend

❯ 빈출 오답

현재형 동사, am/is/are 동사원형-ing, am/is/are not p.p., have p.p., have not been p.p.,
과거 동사, will 동사원형, will not be p.p., to-동사원형

[특정한 종류의 형용사] `기출 예상`

best 가장 잘하는	compulsory 강제적인, 의무적인, 필수의
desirable 바람직한	essential 필수적인, 극히 중요한
imperative 반드시 해야 하는, 긴요한	important 중요한, 중대한, 소중한
necessary 필요한	urgent 긴급한, 시급한

[이성적 판단의 형용사] `기출 예상`

advisable 권할 만한, 바람직한	appropriate 적절한
good 좋은, 바람직한	natural 당연한
proper 적절한, 올바른, 정당한	rational 합리적인, 이성적인
right 바른, 옳은	vital 필수적인

[감성적 판단의 형용사] `기출 예상`

curious 호기심이 강한, 이상한	fortunate 운이 좋은, 행운의

regrettable 유감스러운, 후회되는   strange 이상한
stupid 어리석은   surprising 놀라운

❯ 빈출 오답

현재형 동사, am/is/are 동사원형-ing, am/is/are not 동사원형-ing, am/is/are not p.p., have/has p.p., have/has not p.p., have not been p.p., 과거 동사, will 동사원형, would 동사원형, will not 동사원형, will not be p.p., to-동사원형

조동사 ❾ 조동사 + have p.p.

❯ 용법과 의미

should have p.p. (과거 사실에 대한 후회나 유감) ~했어야 했는데 (결국 못했다)
would have p.p. (과거 사실에 대한 추측) ~했을 텐데
will have p.p. (미래의 기준 시점까지 완료 · 계속 · 경험 · 결과) (미래에) ~일[할] 것이다

[과거 사실에 대한 추측]

may[might] have p.p. (과거 사실에 대한 약한 추측) ~이었을지도 모른다
must have p.p. (과거 사실에 대한 강한 추측) ~이었음이 틀림이 없다
cannot have p.p. (과거 사실에 대한 부정적인 추측) ~이었을 리가 없다
could have p.p. (과거 사실에 대한 아쉬움이나 가능성) ~할 수도 있었다
would have p.p. (과거 사실에 대한 유감) ~했을 것이다

[과거 사실에 대한 후회]

should[ought to] have p.p. ~했었어야 했는데 (하지 못했다)
need not have p.p. ~할 필요가 없었는데 (했다)
shouldn't have p.p. ~하지 말았어야 했는데 (했다)

3 가정법

가정법 ❶ > 가정법과거

❯ 문장의 형태

종속절		주절	
주어	동사	주어	동사
(Even) If · I we you he she it they	과거형 동사 were were not 축약형 weren't were to-동사원형 조동사 과거형^{would/should/could/might} + 동사원형	I we you he she it they	조동사 과거형^{would/should/could/might} + 동사원형
	(주어 + be동사) 현재분사/과거분사		

❯ 오답의 근거

현재형 동사, 동사원형(-es), doesn't 동사원형, am/is/are to-동사원형, 동사원형-ing, am/is/are not 동사원형-ing, hasn't p.p., 과거 동사, wasn't 동사원형-ing, did not 동사원형, had p.p., had not p.p., will 동사원형, will not 동사원형, will be 동사원형-ing, will not be 동사원형-ing, can 동사원형, may 동사원형, should 동사원형, would not have p.p., have/has p.p., have/has been 동사원형-ing, will now 동사원형, now 현재 동사, have/has now p.p.

가정법 ❷ 　가정법과거완료

❯ 문장의 형태

종속절			주절	
If	주어	동사 had p.p.	주어	동사
				조동사 과거형^{would/should/could/might} + have p.p.

◉ 정답의 근거

상황에 따라 had not p.p., hadn't p.p., had been p.p., had been 동사원형-ing 등이 사용될 수 있다.

☒ 오답의 근거

[능동태]

현재형 동사, 동사원형(-es), doesn't 동사원형, am/is/are to-동사원형,
am/is/are 동사원형-ing, am/is/are not 동사원형-ing, hasn't p.p., 과거 동사,
wasn't 동사원형-ing, did not 동사원형, had p.p., had not p.p., will 동사원형,
will not 동사원형, will be 동사원형-ing, will not be 동사원형-ing, can 동사원형,
may 동사원형, should 동사원형, would not have p.p.

[수동태]

am/is/are p.p., was/were 동사원형-ing, was/were being p.p., were/was p.p., had been p.p.

가정법 ❸ If 생략 가정법 도치

[가정법과거]

(Even) If	종속절		주어	주어	주절 동사
	동사	주어	주어		동사
	과거 동사	I we you he she it they	I we you he she it they	조동사 과거형 would/should/could/might + 동사원형
	Were				
	Were not 축약형 weren't				
	Were to-동사원형				
	조동사 과거형 would/should/could/might + 동사원형				
	현재분사/과거분사	(주어+be동사)			

[가정법과거완료]

종속절			주절	
종속접속사	(주어+be동사)	동사원형-ing 현재분사	주어	동사
		p.p. 과거분사		
		형용사		
		전치사구		
		명사		

가정법 ❹ If [대용어]구

[~라는 조건이라면]

Provided / Providing (that) + 주어 + 동사 ~, 주어 + 동사

As long as + 주어 + 동사 ~, 주어 + 동사

On condition (that) + 주어 + 동사 ~, 주어 + 동사

[~을 고려해보면]

Considering (that) + 주어 + 동사 ~, 주어 + 동사

Given / Giving (that) + 주어 + 동사 ~, 주어 + 동사

[~을 가정하면]

Supposed / Suppose (that) + 주어 + 동사 ~, 주어 + 동사

Imagine (that) 주어 + 동사 ~, 주어 + 동사

[기타]

In case + 주어 + 동사 ~, 주어 + 동사

Unless + 주어 + 동사 ~, 주어 + 동사

As if + 주어 + 동사 ~, 주어 + 동사

As though + 주어 + 동사 ~, 주어 + 동사

4 준동사

준동사 ❶	to부정사의 형용사적 용법

[to부정사 vs. 현재분사]

	to부정사	현재분사
구조	to-동사원형	동사원형-ing
용법	능동, 미래	능동, 진행
해석	~하는, ~할	~하는

✖ 오답의 근거

to have p.p. * G-TELP 시험에서 완료시제는 거의 다루지 않음

준동사 ❷	to부정사의 부사적 용법

[to부정사 vs. 전치사 to]

	to부정사	전치사 to
구조	to + 동사원형	to + (동)명사

✖ 오답의 근거

to have p.p., to 동사원형-ing, 동사원형-ing, having p.p.

[to부정사의 다양한 부사적 용법]

목적 ~하기 위해서
원인 ~해서, ~하게 돼서
결과 ~해서 (결국) …하다
이유 · 판단의 근거 ~하다니

준동사 ❸ to부정사의 명사적 용법

[to부정사를 목적어로 취하는 동사 – 완전 타동사] 빈출

choose ~을 택하다

decide ~을 결심[결정]하다

fail (~하지) 못하다[않다], 게을리하다

learn ~을 배우다, 익히다, 습득하다

need ~할 필요가 있다

refuse ~하는 것을 거부하다

want ~하고 싶다

claim ~을 (사실이라고) 주장하다

expect ~을 기대[예기, 예상]하다

hope ~을 바라다, 희망하다

manage 용케[잘] ~을 해내다

promise ~을 약속[계약]하다

seek ~하려고 노력[시도]하다

wish ~을 희망하다, 바라다

[to부정사를 목적어로 취하는 동사 – 완전 타동사] 출제 예상

afford ~할 여유가 있다

ask ~을 부탁하다, 청하다

care ~하고 싶다고 생각하다

demand ~을 요구하다

determine ~을 결정하다

guarantee ~을 보증[약속]하다, 책임지다

offer 제공하다, 제의[권고]하다, ~하려고 시도하다

pretend ~인 체하다, 속이다, 감히 ~하다

volunteer ~하겠다고 자신하여 떠맡다

agree ~하기로 의견이 일치[합의]하다

attempt ~을 꾀하다, 시도하다

dare 감히 ~하다

desire ~을 바라다, 원하다

elect ~을 결정[채택]하다

intend ~할 작정[의도]이다

plan ~을 계획하다, ~할 작정이다, 마음먹다

resolve ~을 하려고 결심[결의]하다

[to부정사를 목적어로 취하는 자동사 – 불완전 자동사]

appear ~인 듯하다

consent ~하는 것을 동의[승낙]하다

hurry 서두르다

prepare ~할 각오하다, 마음의 준비를 하다

tend ~하는데 도움이 되다

wait ~하는 것을 기다리다

arrange 미리 짜다, 준비하다, 타협하다, 의논하다

hesitate 주저하다, 망설이다

long ~하기를 열망[갈망]하다

seem ~처럼 보이다, ~인 듯하다

yearn 몹시 ~하고 싶다, 열망하다

⊗ 오답의 근거

to-동사원형, to be 동사원형-ing, to have p.p., 동사원형-ing, having p.p.

[to부정사를 목적격보어로 취하는 동사 − 불완전 타동사]

advise ~에게 …하는 것을 충고[조언]하다   allow ~에게 …하는 것을 허락[허가]하다

ask ~에게 …하는 것을 묻다   encourage ~에게 …하도록 격려하다

expect ~가 …하는 것을 기대하다   force ~가 …하는 것을 강요하다

instruct ~에게 …하라고 지시[명령]하다   order ~에게 …하도록 지시[명령]하다

require ~에게 …하도록 요구[명령]하다   tell ~에게 …하라고 말[충고, 명]하다

want ~가 …하기를 원하다

[to부정사를 목적격보어로 취하는 동사 − 완전 타동사]

beg ~에게 …해 달라고 부탁[간청]하다   cause ~로 하여금 …하게 하다

compel ~에게 …하도록 시키다[강요하다]   decide ~에게 …할 결심을 하게 하다

deem ~은 …하다고 생각하다   design ~가 …하도록 꾀하다, ~에게 …을 시킬 작정이다

drive ~을 할 수 없이 …하게 하다   enable ~을 …할 수 있게 하다

forbid ~에게 …하기를 금하다[허락하지 않다]   intend ~에게 …을 시킬 작정이다

incline ~에게 …하고 싶어지게 하다, 마음이 기울이게 하다

invite ~에게 …하도록 요구[요청]하다   lead ~에게 …할 마음이 내키게 하다

like ~가 …해 주기를 바라다[원하다]   motivate ~에게 …할 동기를 주다

permit ~에게 …할 것을 허락하다   persuade ~을 재촉하여 …하도록 시키다

pressure ~에게 …하도록 강요하다   program ~가 …하도록 계획하다[방향을 잡아주다]

push ~에게 …하도록 강요하다   teach ~에게 …하는 방법을 가르치다[훈련시키다]

train ~하도록 …을 훈련시키다   urge ~에게 …하도록 강제[설득, 간청, 권고]하다

warn ~에게 …하도록 주의하다[타이르다]   wish ~에게 …하기를 바라다[요구하다]

[(to be) 보어를 목적격보어로 취하는 동사 − 불완전 타동사]

assume ~을 …이라고 생각[추정, 추측]하다   believe ~을 …이라고 생각하다[믿다]

consider ~을 …이라고 여기다[생각하다]   declare ~을 …이라고 단언하다

deem ~을 …이라고 생각하다[여기다]   discover ~이 …임을 알다

feel ∼을 …이라고 생각하다

find ∼가 …이라는 것을 알다[깨닫다]

guess ∼가 …이라고 추측하다

hold ∼을 …이라고 생각하다

imagine ∼이 …이라고 상상하다

intend ∼을 …로서 나타내려고 하다

know ∼이 …임을 알고 있다

presume ∼가 …이라고 생각[간주]하다

prove ∼가 …임을 증명하다

show ∼가 …이라고 증명하다

suppose ∼가 …이라는 것을 가정하다

take ∼을 …이라고 생각하다[느끼다]

think ∼을 …이라고 생각[간주]하다

wish ∼가 …이기를 바라다

⚠ 오답의 근거

현재형 동사, to be 동사원형-ing, to have p.p., to having p.p., 동사원형-ing, having p.p., will 동사원형

준동사 ❹ 가주어 It과 진주어 to부정사

[주어가 될 수 있는 것들]

단어 명사, 대명사

구 to부정사, 동명사

절 that절, what절, whether절, 의문사절, 복합관계대명사절

준동사 ❺ to부정사의 관용적 표현

[to부정사의 관용적 표현] 빈출

be able to ∼할 수 있다

be likely to ∼할 것 같다

be unlikely to ∼일 것 같지 않다

be about to 막 ∼하려고 하다

be willing to 기꺼이 ∼하다

be unwilling to ∼하기를 꺼리다

be supposed to ∼하길 되어 있다, ∼할 의무가 있다

be ready to ∼할 준비가 되다

be reluctant to ∼하기를 꺼리다

be due to ∼할 예정이다

have no choice but to ∼하지 않을 수밖에 없다

would like to ∼하고 싶다

would love ∼하고 싶다

[to부정사의 관용적 표현] 출제 예상

in order to ～하기 위해서   too 형용사/부사 to 너무 ～해서 …할 수 없다

형용사/부사 enough to ～할 만큼 충분히 …하다

⊗ 오답의 근거

to be 동사원형-ing, 동사원형-ing, having p.p.

준동사 ❻   동명사 (주어 자리)

[단문]

주어	동사
동사원형-ing	단수 동사

[중문]

주어	동사	대등(등위)접속사	주어	동사
동사원형-ing	단수 동사	and 순접 / but 역접	동사원형-ing	단수 동사

[복문]

주절		종속절		
주어	동사	종속접속사	주어	동사
동사원형-ing	단수 동사	(that)	동사원형-ing	단수 동사

⊗ 오답의 근거

to-동사원형, to be 동사원형-ing, to have p.p., having p.p.

준동사 ❼   동명사 (목적어 자리)

[목적어 자리에 나올 수 있는 것들]

단어 명사, 대명사

구 to부정사구, 동명사구

절 that절, what절, whether절, 의문사절, 복합관계대명사절

[타동사 & 전치사의 목적어 자리]

동명사는 주로 3형식 완전 타동사의 목적어 자리와 5형식 불완전 타동사의 목적어 자리에 사용된다.
또한, 전치사의 목적어 자리에도 동명사가 사용되기도 한다.

allow ~을 허락[허용]하다

advocate ~을 옹호[지지]하다

avoid ~을 피하다

conduct ~을 수행하다

contemplate ~을 생각하다

deny ~을 부정하다

enjoy ~을 즐기다

finish ~을 끝내다

include ~을 포함시키다

mention ~라고 말하다

overcome ~을 극복하다

postpone ~을 연기하다

recall ~을 상기하다

reconsider ~을 재고하다

require ~을 필요로 하다

suggest ~을 제안하다

tolerate ~을 묵인하다

anticipate ~을 기대하다

appreciate ~을 고맙게 여기다

ban ~을 금지하다

consider ~을 고려하다

delay ~을 늦추다

encourage ~을 격려하다

favor ~을 찬성하다

imagine ~하는 것을 상상하다

involve ~을 포함[수반]하다

mind ~을 꺼려하다

practice ~을 연습[훈련]하다

prohibit ~을 금지하다

recommend ~을 추천하다

report ~을 보고하다[전하다]

resist ~에 저항하다

take up ~을 계속하다

[목적어 자리에 동명사를 취하는 5형식 동사 – 불완전 타동사]

believe ~을 …라고 생각하다   consider ~을 …로 여기다

find ~을 …라고 여기다   make ~을 … 이 되게 만들다[하다]

think ~을 …라고 생각하다

[전치사 뒤에 나오는 목적어의 종류]

대명사, 명사, 동명사, 관계대명사 what절, 간접의문문

✖ 오답의 근거

현재 시제, to-동사원형, to have p.p., to be 동사원형-ing, to be p.p., having p.p., will 동사원형

준동사 ❽	동명사 (보어 자리)		

		동사원형-ing ^{동명사} to-동사원형 ^{to부정사}	과거 미래
주어	불완전 자동사	주격보어	의미

			동사원형-ing ^{동명사} to-동사원형 ^{to부정사}	과거 미래
주어	불완전 타동사	목적어	목적격보어	의미

✖ 오답의 근거

to be 동사원형-ing, having p.p.

[to가 전치사로 쓰인 경우]

be used to ~하는데 익숙하다

devote[dedicate] *A* to A를 ~에 바치다

look forward to ~을 기대하다

pay attention to ~에 주의를 기울이다

contribute to ~에 공헌하다

in addition to ~에 덧붙여

object to ~에 반대하다

when it comes to ~에 관해서 말하자면

주의▶ [be used to 표현]

be used to 동명사 ~하는데 익숙하다

used to부정사 ~하곤 했다

be used to부정사 ~하는데 사용되다

[전치사 in이 생략된 경우]

be busy (in) ~하느라 바쁘다

have a hard time/difficulty/problem/trouble (in) ~하는데 어려움을 겪다

spend 시간[돈] (on/in) ~에 시간[돈]을 쓰다

[keep 동사의 쓰임]

keep (on) 동명사 계속 ~하다

keep (목적어) from 동명사 ~을 …하는 것으로부터 막다

keep (목적어) 동명사 계속 ~하다

[기타]

be worth 동명사 ~할 가치가 있다

go 동명사 ~하러 가다

cannot help 동명사 ~하지 않을 수 없다

upon 동명사 ~하자마자

✖ 오답의 근거

to-동사원형, to be 동사원형-ing, having p.p.

[to부정사와 동명사의 의미 차이]

to부정사	앞으로 일어날 일	미래지향적	일시적	즉흥적
동명사	이미 일어난 일	과거, 현재	지속적	경험적

to부정사 vs. 동명사 (주어 자리는 주로 동명사 사용)

[주어로 쓸 수 있는 것들]

단어 명사, 대명사

구 to부정사구, 동명사구

절 that절, what절, whether절, 의문사절, 복합관계대명사절

to부정사 vs. 동명사

[목적어 자리에 to부정사와 동명사 모두 사용 가능] 의미 차이 없음

begin ~을 시작하다   cease ~을 중단하다

continue ~을 계속하다   deserve ~할 가치[자격]가 있다

dislike ~을 싫어하다   hate ~을 싫어하다

like ~을 좋아하다   love ~을 사랑하다

prefer ~쪽을 좋아하다   require ~을 요구하다

start ~을 시작하다

[목적어 자리에 to부정사와 동명사 모두 사용 가능] 의미 차이 있음

	to부정사	동명사
try	~하려고 노력하다[애쓰다]	~을 시험 삼아 해보다[시도하다]
stop / quit	~하기 위해 멈추다[그만두다]	~을 멈추다[그만두다]
remember	~할 것을 기억하다 미래	~한 것을 기억하다 과거
forget	~할 것을 잊어버리다 미래	~을 잊어버리다 과거
regret	~을 하게 되어 유감이다 미래	~한 일을 후회하다 과거

Chapter

5 연결어(사)

연결어 ❶ 연결어의 종류

전치사 단순 전치사, 이중 전치사, 구 전치사, 분사형 전치사
접속사 대등접속사, 상관접속사, 종속접속사, 접속부사
관계사 관계대명사, 유사관계대명사, 관계형용사 + 명사, 관계부사
복합관계사 복합관계대명사, 복합관계형용사 + 명사, 복합관계부사

연결어 ❷ 전치사

[전치사 뒤에 나오는 목적어의 종류]

대명사, 명사, 동명사, 관계대명사 what절, 간접의문문

[단순 전치사의 종류]

시간	at / in / on, within / after / before, since / from, for / during / through, by / until
원료 / 방법	of, from, into, with
교통수단	by, in, on
단위 / 가격	by, at, for
목적	for, after, on
수단 / 도구	by, through, with
연관 / 언급	about, of, on, over
원인 / 이유	of / from / through, at / with
장소 / 위치 / 방향	at / in / on, on / beneath, over / under, above / below, to / for / toward, up / down, behind / in front of, after / before, near / by / beside / next to, round / around / about, between / among
찬성 / 반대	for, against

[이중 전치사의 종류]

across from ~의 바로 맞은편에

as for ~에 관해 말하면

except for ~을 제외하고는 (= but for)

from behind ~뒤에서부터

since before ~이전부터

as against ~과 대조적으로, ~에 비해

as to ~에 관해

from among ~의 가운데서

from under ~밑에서부터

till after ~이후까지

[구전치사의 종류]

according to ~에 따르면

but for ~이 없으면

due to ~ 때문에

in front of ~앞에

in the middle of ~의 가운데에

owing to ~ 때문에

thanks to ~ 덕택에

because of ~ 때문에

by means of ~에 의하여

in addition to ~ 외에도

in spite of ~에도 불구하고

instead of ~대신에

regardless of ~을 개의치 않고

up to ~까지

[분사형 전치사의 종류]

according to ~에 따르면

barring ~이 앞으로 없다면[막는다면]

concerning ~에 관하여

depending on ~에 따라

excluding ~을 제외하고

forthcoming 다가오는

including ~을 포함하여

notwithstanding ~에도 불구하고

pending 발생할 때까지

regarding ~에 관하여

seeing ~이므로, ~인 것으로 보아

touching ~에 관하여

assuming 가정할 때

based on ~에 근거해 볼 때

considering ~을 고려하면

during ~동안에

following ~이후에 (= after)

given ~을 고려해 볼 때, ~이 주어진다면

involving ~에 관한

owing to ~ 때문에

ranging from *A* to *B* A부터 B까지 아울러

respecting ~에 관하여

surrounding ~을 둘러싼

upcoming 다가오는

[순접과 관련된 전치사]

도입	speaking of ~에 대해 말하자면	regarding ~에 관하여
동의	according to ~에 따르면	
매개	through ~을 통해	by means of ~을 통해
목적	to the purpose of ~의 목적으로	in an effort to ~할 노력으로
상황	in the midst of ~의 와중에	from the viewpoint of ~의 관점에서
시간 관련	during ~동안에	for ~동안에
	since ~이래로	
예시	such as ~와 같은	like ~처럼, 가령
	including ~을 포함하여	
인과 관계	because of ~ 때문에	due to ~ 때문에
	on account of ~ 때문에	owing to ~ 때문에
조건	in the event of ~의 경우에	in case of ~의 경우에

[역접과 관련된 전치사]

대조	unlike ~와 달리	
대체	instead of ~ 대신에	in place of ~ 대신에
양보 · 대조	unlike ~와 달리	despite ~에도 불구하고
	in spite of ~에도 불구하고	
예외 · 제외	except for ~ 외에는, ~을 제외하고	aside from ~ 외에는, ~은 별도로 하고
	apart from ~은 별도로 하고	

연결어 ❸ 등위접속사

[등위(대등)접속사의 종류] FANBOYS로 암기

for 왜냐하면

nor 역시 아니다

or 또는, ~해라 그렇지 않으면 …할 것이다

so 그래서

and 그리고, ~해라 그러면 …할 것이다

but 그러나

yet 아직

[상관접속사의 종류]

not *A* but *B* A가 아니라 B (= B, not A)
not only *A* but also *B* A뿐만 아니라 B도 (= B as well as A)
either *A* or *B* A와 B 둘 중 하나
neither *A* nor *B* A와 B 둘 다 아닌
both *A* and *B* A와 B 둘 다

[절의 종류]

주절 주어 + 동사
종속절 종속접속사 + 주어 + 동사

[종속절의 기능과 역할]

명사절 주어, 목적어, 보어
형용사절 명사 수식, 보어
부사절 동사, 형용사, 부사구, 문장 전체, 다른 부사 수식

[종속접속사의 종류]

원인 · 이유

as ~ 때문에	because ~ 때문에
in order that ~하기 위하여, ~할 목적으로	in that ~이므로, ~라는 점에서
inasmuch as ~ 때문에	now (that) ~이기 때문에
on account that 이런[그런] 이유로	on the ground(s) that ~라는 근거[이유, 까닭]로
seeing that ~인 것으로 보아	since ~ 때문에
so (that) 그래서 ~하다	that is because 그건 ~ 때문이다
that is why 그건 ~이유 때문이다	not because ~가 아니기 때문에

인과 관계

as ~함에 따라, ~해서

because ~ 때문에

for 왜냐면

in order that ~하기 위해

now that ~이니까, ~이므로

since ~이니까, ~이므로

so (that) 그래서 (~하다)

that is because 그건 ~ 때문이다

that is why 그건 ~ 이유 때문이다

결과

so ~ that 너무 ~해서 그 결과 …하다

such ~ that 너무 ~해서 …하다

목적

in order that ~하기 위해서

so that ~하기 위해서

that ~하기 위해서

for fear (that) ~하지 않기 위해서

lest (that) ~하지 않기 위해서

시간

after ~한 후에

as soon as ~하자마자

as long as ~하는 한

just as 동시에 ~할 때

at the time ~할 때

before ~하기 전에

by the time ~할 무렵, ~할 때쯤

even as ~함과 동시에

ever since ~이후로 줄곧[계속]

every time ~할 때 마다

just as ~함과 동시에

not A before B A하지 않아 B하다

not A until B B하고 나서야 비로소 A하다

once ~하자마자, 일단 ~하면

shortly (after) ~한 직후

since ~한 이래로

the first time 처음 ~했을 때

the instant[minute, moment] ~하자마자

the last time 마지막으로 ~했을 때

the next time 다음에 ~할 때

until ~할 때 까지

when ~할 때

whenever ~할 때 마다

while ~하는 동안

부대 상황

as ~할 때

while ~하면서

양보 · 대조

although 비록 ~일지라도

even if 비록 ~일지라도

granting[granted] that 설령 ~일지라도

no matter + 의문사 ~일지라도 (= 의문사 + ever)

though 비록 ~일지라도

whatever 무엇 ~한다 해도

whether or not ~이든지 아니든지

while ~이지만, ~인 반면에

as 비록 ~일지라도

even though 비록 ~일지라도

however 아무리 ~한다 하더라도

unless ~가 아니라면

whereas ~이지만, ~인 반면에

whichever 어느 것이 ~한다 해도

whoever 누가 ~한다 해도

조건 · 가정

as if 마치 ~처럼

as though 마치 ~처럼

in case (that) ~하는 경우에는

on condition that ~라는 조건으로

only if ~인 경우에만, 일단 ~하면

suppose[supposing] (that) 만약 ~한다면

even if 비록 ~라고 할지라도

unless 만약 ~하지 않는다면

as long as ~하는 한

if 만약 ~라면

in the event (that) ~인 경우에

once 일단 ~하기만 한다면

providing[provided] (that) 일단 ~하기만 한다면

but that ~이 아니면, ~하지 않으면 (= unless)

if not ~아니라면

whether A or not A인지 아닌지

예외 · 제외

but ~ 외에는, ~을 제외하고

except when ~하는 것을 제외하고

제한

in so far as ~하는 한

as[so] far as ~에 관한

as[so] long as ~하는 동안은

28

연결어 ❻   접속부사

[접속부사의 종류]

강조

at length 상세히

definitely 분명히

if so 만약 그렇다면

in especial 특히

in particular 특히

naturally 당연히

particularly 특히

specifically 구체적으로

unquestionably 당연히

better yet 금상첨화로

even worse 설상가상으로

in any event 좌우간, 여하튼

in fact 사실상

indeed 사실상

of course 물론

principally 주로, 대개

undoubtedly 당연히

without a doubt 의심의 여지없이

인과 관계

as a result 그 결과로서

eventually 마침내

hence 그러므로

therefore 그러므로

consequently 결과적으로

for this reason 이러한 이유로

in conclusion 결과적으로

thus 그러므로

결과

thus 따라서

as a consequence 그 결과

consequently 결과적으로

hence 그래서

in short 간단히 말해

thereby 그래서

accordingly 따라서

as a result 그 결과

for this reason 이런 이유 때문에

in consequence 따라서

then 그래서

therefore 따라서

결론

accordingly 따라서

at last 결국

after all 결국

briefly 간단히 말해

finally 마침내, 결국

in conclusion 결론적으로

lastly 마지막으로

thus 고로

to sum up 요약하자면

in brief 간단히 말해

in summary 요약하자면

on the whole 대체로

to conclude 결론짓자면

목적

for this reason 이런 목적으로

with this purpose 이런 목적으로

to this end 이런 목적으로

요약

after all 결국

at last 결국

finally 마침내

in conclusion 결론적으로

in sum 요컨대

last(ly) 마지막으로

thus 고로

to sum up 요약하자면

altogether 전체적으로 보아, 요컨대

briefly 간단히 말해

in brief 간단히 말해

in short 간단히 말해

in summary 요약하자면

on the whole 대체로

to conclude 결론짓자면

반복 · 재언급 · 부연 설명

in other words 다시 말해서, 달리 말하자면

more simply 더 간단히 말하면

rather 차라리

that is 즉

in short 간단히 말하면

namely 즉

so to speak 말하자면

that is to say 즉

증거 · 확실성

certainly 분명히

evidently 분명히

naturally 당연히, 물론

not to mention ~은 말할 필요도 없이

of course 물론

without a doubt 의심의 여지없이

doubtlessly 의심의 여지없이

indeed 실로, 사실상

needless to say ~은 말할 필요도 없이

obviously 분명히

undoubtedly 의심의 여지없이

without question 의심의 여지없이

추가 · 첨가

additionally 부가적으로

also 또한

as well as ~ 외에도

besides 게다가

furthermore 더군다나

in addition (to) ~외에도, 게다가

indeed 실로, 사실상

moreover 게다가

on the other hand 다른 한편으로

similarly 유사하게

together with ~와 함께

again 또한

and (then) 그리고

at the same time 동시에, 또한

further 게다가, 더 나아가

in fact 사실상

in the same way 동일한 방법으로

likewise 유사하게

next 다음으로

or 즉

to begin with 우선 첫째로

what is more 게다가

환언

at any rate 하여튼, 어쨌든

in other words 다른 말로 하면

that is 즉, 다시 말해서

to put it another way 달리 말하면

by the way 그런데

namely 즉, 다시 말해

that is (to say) 즉, 다시 말해서

to put it simply 간단히 말하면

비교

in comparison ~와 비교하면

likewise 마찬가지로

in the same way 비슷하게

similarly 마찬가지로

예시

for example 예를 들어

in another case 다른 경우라면

in this case 이 경우에

[let's] say 예를 들면

that is 즉

for instance 예를 들면

in particular 특히

in this manner 이런 식으로

namely 즉

to illustrate 예를 들면

시간 관련

after a while 잠시 후에

as time goes by 시간이 흐름에 따라

at present 현재로선

at this point 지금

in the meantime 한편

later 나중에, 그 후에

now 지금

presently 현재

soon 곧

then 그 때

while ~동안에

afterward(s) 나중에

at last 마침내

at the same time 동시에

immediately 즉시, 당장

lately 최근에

meanwhile 한편

nowadays 현재는, 요즘에

simultaneously 동시에

temporarily 일시적으로

up until now 지금까지

yet 아직

시간의 순서

after that 그 후에

first 첫째

later 나중에

second 둘째

third 셋째

finally 마지막으로

in the first place 우선

next 다음으로

then 그런 후에

도입

at the same time 동시에, 또한

first of all 먼저, 무엇보다도

initially 우선

to begin with 우선, 먼저

by the way 그런데

in the first place 먼저, 무엇보다도

on the one hand 한편으로

to start with 우선, 먼저

대체

or 혹은

rather 차라리

기타

in agreement ~에 동의하여

in my opinion 내 견해로는

similarly 마찬가지로

this way 이런 식으로

worse 더욱 나쁘게

대조

after (all) ～에도 불구하고
at the same time 동시에
by contrast 대조적으로
despite ～에도 불구하고
for all that ～에도 불구하고
in contrast 대조적으로
in spite of that ～임에도 불구하고
notwithstanding ～임에도 불구하고
on the other hand 반면에
though 비록 ～일지라도
while 반면에, ～동안에

although ～에도 불구하고
but 그러나
conversely 반대로
even though 비록 ～일지라도
however 그러나
in spite of it that ～임에도 불구하고
nevertheless ～임에도 불구하고
on the contrary 반대로, 반면에
still 그러나
whereas 반면에, ～에 반해서
yet 그러나

반박

instead 대신에, 그런 게 아니라
rather 그렇기는커녕, 반대로, 도리어

on the contrary 그와는 반대로

양보 · 대조

after all ～에도 불구하고
anyhow 아무리 ～해도 (*부정문)
besides ～말고는 (*부정문)
conversely 반대로
even ～할지라도
however 그러나
in spite of that 그럼에도 불구하고
nevertheless 그럼에도 불구하고
notwithstanding ～에도 불구하고
on the other hand 반면에, 반대로
otherwise 그렇지 않다면
though 그럼에도 불구하고

all[just] the same 그래도, 그럼에도 불구하고
anyway(s) 아무리 해도 ～할 수 없는 (*부정문)
by contrast 대조적으로, 반대로
despite ～에도 불구하고
for all ～에도 불구하고
in contrast 대조적으로
instead ～대신에
nonetheless ～에도 불구하고
on the contrary 반대로, 반면에
oppositely 반대로
still 그러나
yet 그러나

역접

however 하지만, 그러나   **nevertheless** 그렇기는 하지만, 그럼에도 불구하고

nonetheless 그렇기는 하지만, 그럼에도 불구하고

otherwise 그렇지 않으면   **still** 그런데도, 그럼에도 불구하고

though 비록 ~일지라도   **unfortunately** 불행하게도

worst of all 가장 나쁜 것은   **yet** 그렇지만, 그런데도

연결어 ❼ 전치사 vs. 종속접속사

[시간]

전치사	during	+ 명사 상당 어구
종속접속사	while	+ 주어 + 동사

[원인·이유]

	because of	+ 명사 상당 어구
	owing to	
전치사	due to	
	on account of	
	for	
	because	+ 주어 + 동사
종속접속사	as	
	since	
	now (that)	

[양보·대조]

전치사	in spite of	+ 명사 상당 어구
	despite	
종속접속사	though	+ 주어 + 동사
	although	
	even though	
	even if	
	as	
	while	
	whereas	

6 관계사

| 관계사 | 관계대명사 |

[관계대명사의 종류]

격 　　　선행사	주격	소유격	목적격
사람	who	whose	whom
사람 · 동물	which	of which/whose	which
사람	that	X	that
사물 · 동물			
X (선행사 포함)	what	X	what

[제한적 용법 vs. 계속적 용법]

이 둘의 차이는 콤마의 유무로 확인한다. 관계대명사 앞에 콤마가 없는 경우 제한적 용법이라 하고, 그 반대를 계속적 용법이라고 한다.

제한적 용법으로 사용된 관계대명사절은 앞에 있는 선행사를 수식하는 형용사절로 '~하는'이라고 해석한다. 계속적 용법으로 사용된 관계대명사는 '접속사 + 대명사'로 해석한다. 이때 대명사는 앞에 있는 선행사와 동일하다.

G-TELP 문법 파트에서는 제한적 용법과 계속적 용법으로 사용할 수 있는 관계대명사와 그렇지 못한 관계대명사를 묻는 문제가 출제된다.

보격 관계대명사

	보격 관계대명사절				
2형식	선행사	주어	동사	주격보어	–
5형식				목적어	목적격보어

관계사 ❸ 주격 관계대명사

주격 관계대명사는 선행사의 종류에 따라 who, which, that을 쓰고, 이들은 선행사를 수식하는 형용사절로 '~하는'이라고 해석한다. 반면, 선행사가 없는 what은 명사절로 '~하는 것(들)'이라고 해석한다. 주격 관계대명사 who와 which는 제한적 용법과 계속적 용법 모두 사용 가능하지만, 주격 관계대명사 that과 what은 계속적 용법으로 사용할 수 없다.

[제한적 용법으로 사용된 주격 관계대명사] who, which, that 사용 가능

		주격 관계대명사절				
1형식	선행사	who which that	주어	완전 자동사	–	
2형식				불완전 자동사	주격보어	–
3형식				완전 타동사	목적어	–
4형식				수여동사	간접목적어	직접목적어
5형식				불완전 타동사	목적어	목적보어

[주격 관계대명사 that인 경우]　계속적 용법 사용 불가

형식	선행사	,	that	주어	주격 관계대명사절		
1형식	선행사	,	that	주어	완전 자동사	−	
2형식					불완전 자동사	주격보어	−
3형식					완전 타동사	목적어	−
4형식					수여동사	간접목적어	직접목적어
5형식					불완전 타동사	목적어	목적격보어

[선행사를 포함한 주격 관계대명사 what인 경우]　계속적 용법 사용 불가

형식	선행사	,	what	주어	주격 관계대명사절		
1형식	선행사	,	what	주어	완전 자동사	−	
2형식					불완전 자동사	주격보어	−
3형식					완전 타동사	목적어	−
4형식					수여동사	간접목적어	직접목적어
5형식					불완전 타동사	목적어	목적격보어

관계사 ❹　소유격 관계대명사

소유격 관계대명사는 선행사가 사람이면 whose, 사물이나 동물이면 whose 또는 of which를 사용하고, 이들은 선행사를 수식하는 형용사절로 '~하는'이라고 해석한다. 반면, 관계대명사 that이나 선행사가 없는 what은 소유격이 없다. 소유격 관계대명사는 제한적 용법과 계속적 용법 모두 사용 가능하다.

[제한적 용법으로 사용된 소유격 관계대명사] whose, of which 사용 가능

	선행사	소유격 관계대명사절						
1형식					완전 자동사		−	
2형식	사람·사물·동물	whose/of which	소유격	명사	불완전 자동사	동사	주격보어	−
3형식					완전 타동사		목적어	−
4형식					수여동사		간접목적어	직접목적어
5형식					불완전 타동사		목적어	목적격보어

[계속적 용법으로 사용된 소유격 관계대명사] whose, of which 사용 가능

	선행사	콤마	소유격 관계대명사절					
1형식							−	
2형식	사람·사물·동물	,	whose/of which	소유격	명사	동사	주격보어	−
3형식							목적어	−
4형식							간접목적어	직접목적어
5형식							목적어	목적격보어

관계사 ❺ 목적격 관계대명사

목적격 관계대명사는 선행사의 종류에 따라 whom, which, that이 있고, 이들은 선행사를 수식하는 형용사절로 '~하는'이라고 해석한다. 반면, 선행사가 없는 what은 명사절로 '~하는 것(들)'이라고 해석한다. 목적격 관계대명사 whom과 which는 제한적 용법과 계속적 용법 모두 사용할 수 있지만, 목적격 관계대명사 that과 what은 계속적 용법으로 사용할 수 없다.

[제한적 용법으로 선행사를 수식하는 형용사절로 사용되는 경우]   whom / which는 that 으로 바꿔 사용 가능

	선행사			목적격 관계대명사절		
3형식	사람 · 사물 · 동물	whom which that	주어	완전 타동사	목적어	–
4형식				수여동사	간접목적어	직접목적어
				수여동사	간접목적어	직접목적어
5형식				불완전 타동사	목적어	목적격보어

[계속적 용법으로 사용되는 경우]   목적격 관계대명사 that은 사용 불가

	선행사	콤마		목적격 관계대명사절		
3형식	사람 · 사물 · 동물	,	whom which	주어	완전 타동사	목적어	–
4형식					수여동사	간접목적어	직접목적어
					수여동사	간접목적어	직접목적어
5형식					불완전 타동사	목적어	목적격보어

관계사 ❻   관계부사

[관계부사의 종류]

용도	선행사	관계부사	전치사 + 관계대명
시간	the time	when	in/at/on 등 + which
장소	the place	where	in/at/on 등 + which
이유	the reason	why	for which
방법	(the way)	(how)	in which
	the way how는 같이 사용 못함, the way, how the way in which, the way that은 사용 가능		

[관계부사의 계속적 용법]

관계부사 when, where, why, how는 모두 제한적 용법으로 사용 가능하고, 그 중 when과 where 만 계속적 용법으로 사용할 수 있다.

용도	선행사	콤마	관계부사	전치사 + 관계대명사
시간	the time	,	when	in/at/on 등 + which
장소	the place	,	where	in/at/on 등 + which
이유	the reason	⤬	why	for which
방법	(the way)	⤬	how	in which

관계사 ❼ 복합관계대명사

복합관계대명사는 '관계대명사 + ever' 형식으로 선행사가 anyone이나 anything일 경우에 사용되고, 문장에서의 역할은 명사절(주어, 목적어, 보어)과 부사절(양보)이다.

[복합관계대명사] 명사절인 경우

	주격	소유격	목적격
사람	whoever ~하는 사람은 누구나 anyone who	whosever 누구의 ~든지 anyone whose	who(m)ever ~하는 사람은 누구에게나 anyone whom
사물	whatever ~하는 것은 무엇이든 anything which[that]	X	whatever ~하는 것은 무엇이든 anything which[that]
선택 (사람 · 사물)	whichever 사람: 어느 사람이든 간에 (anyone who[that]) 사물: ~하는 것은 어느 것[쪽]이든지 (anything which[that])	X	whichever 사람: 어느 사람이든 간에 (anyone who[that]) 사물: ~하는 것은 어느 것[쪽]이든지 (anything which[that])

[복합관계대명사] – 부사절인 경우

		주격	소유격	목적격
사람		whoever	whosever	who(m)ever
		누가 ~하더라도[할지라도]	누구의 ~이든지	누구를 ~하더라도[할지라도]
		no matter who	no matter whose	no matter whom
사물		whatever		whatever
		무엇을[이] ~하더라도[할지라도]	X	무엇을[이] ~하더라도[할지라도]
		no matter what		no matter what
선택 (사람 · 사물)		whichever 사람: 어느 사람이든 간에 (no matter who) 사물: ~하는 것은 어느 겠[쪽]이든지 (no matter which)	X	whichever 사람: 어느 사람이든 간에 (no matter who) 사물: ~하는 것은 어느 겠[쪽]이든지 (no matter which)

[관계대명사 vs. 복합관계대명사]

구분	선행사	종류	형용사절	명사절	부사절
관계대명사	사람	who	O	X	X
	사람	whom	O	X	X
	사물 · 동물	which	O	X	X
	사람 · 사물 · 동물	that	O	X	X
	(없음)	what	X	O	X
복합관계대명사	(없음)	whoever	X	O	O
		whosever	X	O	O
		whomever	X	O	O
		whichever	X	O	O
		whatever	X	O	O

관계사 ❽　복합관계부사

복합관계부사는 '관계부사 + ever' 형식으로 선행사가 any time이나 any place일 경우에 사용되고, 문장에서 부사절로 시간, 장소, 양보로 사용된다.

	복합관계부사	시간 · 장소의 부사절	양보의 부사절
시간	whenever	at[on, in] any time when[that] ~할 때는 언제나 (= every time)	no matter when 언제 ~할지라도
장소	wherever	at[on, in] any place where[that] ~하는 곳은 어디나	no matter where 어디에서 ~할지라도
방법	however	–	no matter how 아무리 ~할지라도
			by whatever means 어떻게 ~한다 할지라도

[관계부사 vs. 복합관계부사]

구분	선행사	종류	형용사절	명사절	부사절
관계부사	시간	when	O	X	X
	장소	where	O	X	X
	이유	why	O	X	X
	방법	how	O	X	X
복합관계부사	(없음)	whenever	X	X	O
		wherever	X	X	O
		however	X	X	O

지텔프 32+
벼락치기

10시간 완성
Level 2